建筑工程施工专业重点建设成果

建筑机械设备操作

主　审：黄从荣
主　编：蔡林茂　贾政勇　罗尚书
副主编：何冬梅　严　超　张正林　何　强
编　委：张元武　侯　蓉　何　俊　杨　志

湘潭大學出版社
XIANGTAN UNIVERSITY PRESS

前 言

建筑机械化程度是衡量一个国家建筑工业水平的重要指标。在建筑施工中采用机械，对于减轻体力劳动、节约劳动力、提高劳动生产率、加速工程进度、提高工程质量、降低工程造价，起着重要的作用。近年来，随着先进的施工机械大量引进和国产施工机械的快速发展，机械施工已成为施工企业的主要生产手段，管好、用好、维修好机械设备，充分发挥机械设备作用，已成为施工企业立足市场、提高市场竞争能力的重要条件。

中职教育作为我国教育的一种重要形式，致力于培养具备基础理论知识、技术应用能力强、知识面较宽、素质高的综合型人才。多年来，中职教育为我国人才的培养和输送作出了突出的贡献。随着我国建设事业的迅速发展，中职学校建筑专业教育已进入一个蓬勃发展的阶段。为适应建筑专业教育的发展需求，保证建筑专业教育的标准与规格，规范教育行为与过程，突出中职教育特色，加强中职教育教材建设，我们特意组织编写了本教材。

“建筑机械设备操作”是中职学校建筑学科相关专业一门重要的技术基础课，对于建筑工程施工与管理具有非常重要的指导作用。本教材以适应社会需求为目标，以培养技术能力为主线，以“必需、够用”为度，以“讲清概念、强化应用”为重点，深入浅出，注重实用。通过本教材的学习，学生可了解建筑机械的分类、性能和基本构造，掌握建筑机械的用途和使用方法，具备建筑机械与设备管理基本技能。

本次修订时参阅了国内同行的一些教材与著作，也得到了学校领导的帮助，并提出了许多宝贵意见和建议，在此表示感谢。

限于编者的学识和专业水平，本书修订后仍难免有疏漏或不妥之处，恳请广大读者批评指正。

编者

2022 年 3 月

目 录

第一章 土石机械 …………………………………… 1
第一节 挖掘机 …………………………………… 1
第二节 推土机 …………………………………… 30
第三节 装载机 …………………………………… 37
第四节 压路机 …………………………………… 54
第五节 常用机械钻孔桩机 ……………………… 63
第二章 建筑起重吊装与运输机械 ……………… 69
第一节 履带式起重机 …………………………… 69
第二节 汽车、轮胎式起重机 …………………… 77
第三节 塔式起重机 ……………………………… 81
第四节 龙门架（井字架）物料提升机 ………… 90
第五节 施工电梯 ………………………………… 101
第六节 建筑运输机械 …………………………… 108
第三章 混凝土机械 ……………………………… 114
第一节 混凝土搅拌机 …………………………… 114
第二节 混凝土泵 ………………………………… 122
第三节 混凝土振动器 …………………………… 127
第四章 钢筋机械 ………………………………… 134
第一节 钢筋调直剪切机 ………………………… 134
第二节 钢筋切断机 ……………………………… 139
第三节 钢筋弯曲机 ……………………………… 141
第四节 钢筋冷拉机 ……………………………… 145
第五节 钢筋对焊机 ……………………………… 147

第六节　钢筋气压焊机 …………………………………………………… 152
第七节　竖向钢筋电渣压力焊机具 ………………………………………… 155
第八节　全自动钢筋竖、横向电渣焊机 …………………………………… 159
第九节　钢筋挤压连接机 ………………………………………………… 161
第十节　直螺纹连接机 …………………………………………………… 167
第十一节　预应力钢筋加工机械 ………………………………………… 169
第五章　木工机械 ………………………………………………………… 174
第一节　锯剖机械 ………………………………………………………… 174
第二节　刨削机械 ………………………………………………………… 177
第三节　轻便机具 ………………………………………………………… 180
第六章　装修机械 ………………………………………………………… 184
第一节　灰浆搅拌机 ……………………………………………………… 184
第二节　单盘磨石机 ……………………………………………………… 186
第三节　地坪抹光机 ……………………………………………………… 188
参考文献 …………………………………………………………………… 211

第一章　土石机械

第一节　挖掘机

挖掘机是一种土石方施工机械，它是用铲斗上的斗齿切削土壤并将其装入斗内，装满土后提升铲斗并回转到卸土地点卸土，然后再使转台回转、铲斗下降到挖掘面，进行下一次挖掘。挖掘机主要进行土石方挖掘、装载，还可进行土地平整、修坡、吊装、破碎、拆迁、开沟等作业。据统计，工程施工中约60%土石方量是靠挖掘机完成的。

反铲式挖掘机是我们最常见的挖土设备，主要用于作业面以下的基坑（槽）或管沟、独立基坑及边坡的挖掘；可以完成直线挖掘、曲线挖掘、保持一定角度挖掘、超深沟挖掘和沟坡挖掘等工作。后面我们将以反铲式挖掘机为例进行研究。

一、挖掘机的总体结构和工作原理

（一）挖掘机简介

1．挖掘机的主要组成

挖掘机主要由动力装置、行走装置、回转装置、工作装置及液压系统、电气系统及辅助设备等组成。挖掘机通常为全回转式,可将液压挖掘机分为上车部分和下车部分。发动机、工作装置、液压系统、电气系统、驾驶室等辅助设备都安装在可回转的平台上，通常称为上车部分；将行走装置等称为下车部分。动力装置为行走装置、回转装置和工作装置等提供动力。行走装置支撑挖掘机的整机质量并完成行走任务，多采用履带式和轮胎式。

工作装置用来直接完成挖掘任务，包括动臂、斗杆、铲斗和连杆机构等。

回转装置使上车部分向左或向右回转，以便进行挖掘和卸料。单斗液压挖掘机的回转装置必须能把转台支撑在车架上，不能倾斜并使回转轻便灵活。因此，单斗液压挖掘机设有回转支撑装置（起支撑作用）和回转传动装置（驱动转台回转）,它们被统称为回转装置。

液压系统将发动机输出的动力传递给工作装置和行走装置。液压挖掘机电气控制系统主要是对发动机、液压泵、主阀和执行元件（液压缸、液压马达）的一些温度、压力、速度、开关量的检测，并将有关检测数据输给挖掘机的专用控制器，控制器综合各种测量值、设定值和操作信号发出相关控制信息，对发动机、液压泵、液压控制阀和整机进行控制。除此以外，挖掘机还有燃油箱、液压油箱、驾驶室、空调等辅助设备。

2. 挖掘机的类型

挖掘机可按型号大小、用途、动力装置、行走装置、工作装置、作业过程等进行分类。

（1）按型号大小分类

操作质量小于 20 t 的，称为小型挖掘机；操作质量在 20 ~ 59 t 的，称为中型挖掘机；操作质量在 60 t 及以上的，称为大型挖掘机。

（2）按用途分类

按用途分为建筑型挖掘机、采矿型挖掘机（专用型）、剥离型挖掘机、隧道挖掘机。

（3）按动力装置分类

按动力装置分为电动机驱动式、内燃机驱动式、复合型驱动式（柴油机 – 电力驱动、柴油机 – 液力驱动、柴油机 – 气力驱动、电力 – 液力驱动、电力 – 气力驱动）等。

（4）按传动方式分类

按传动方式分为机械传动、半液压传动、全液压传动。

（5）按行走装置分类

按行走装置分为履带式、轮胎式。

（6）按工作装置分类

① 正铲挖掘机

当铲斗置于停机面开始挖掘时，其斗口朝外（前），它适合挖停机面以上的工作面，对于液压操纵的正铲挖掘机可以挖停机面以下的工作面。

② 反铲挖掘机

当铲斗置于停机面开始挖掘时，其斗口朝内（后或下），工作过程中，铲斗向内转动，它适合挖停机面以下的工作面，对于液压操纵的反铲挖掘机可挖停机面以上的工作面。

③ 拉铲挖掘机

其铲斗是由钢索悬吊和操纵的。铲斗在拉向机身时进行挖掘，适合开挖停机面以下的工作面，其卸土是采用抛掷卸土的方式。

④ 抓斗（铲）挖掘机

工作装置是一种带双瓣或多瓣的抓斗，对于机械操纵挖掘机，它用提升索悬挂在动臂上，斗瓣的开闭由闭合索来实现。抓斗挖掘机也有液压操纵的抓斗。

（7）按工作装置的操纵方式分类

按工作装置的操纵方式，可分为机械 – 钢索操纵式；机械 – 液压综合式，机械 – 气压综合式，全液压式。

（8）按作业过程分类

按作业过程可分为单斗挖掘机（周期作业）和多斗挖掘机（连续作业）。

① 单斗挖掘机

单斗挖掘机是以一个铲斗进行挖掘作业的机械，是目前挖掘机中重要的种类。

② 多斗挖掘机

多斗挖掘机是一种由若干个挖斗连续循环进行挖掘作业的挖掘机械，主要用于Ⅳ级以下土壤中挖取土方或开挖沟渠、剥离采料场或露天矿场上的浮土、修理坡道，以及装卸松散物料等作业。多斗挖掘机可分为链斗式多斗挖掘机和轮斗式多斗挖掘机。链斗式多斗挖掘机是将挖斗连接在挠性构件（斗链）上。轮斗式多斗挖掘机是将轮斗固定在刚性构件（斗轮）上，以刚性斗轮取代斗链，斗轮装在动臂端部，动臂长度和倾角可调，转台可旋转，能挖出多种多样的掌子面。

3. 挖掘机的传动路线

单斗液压挖掘机的传动系统将柴油机的输出动力通过液压系统传递给行走机构、回转装置和工作装置等。单斗液压挖掘机的液压系统通常采用双泵双回路变量系统。如图 1.1 所示，柴油机驱动两个油泵，把高压油送到两个分配阀，操纵分配阀将高压油再送往有关执行元件（液压缸或液压马达）驱动相应的机构工作。

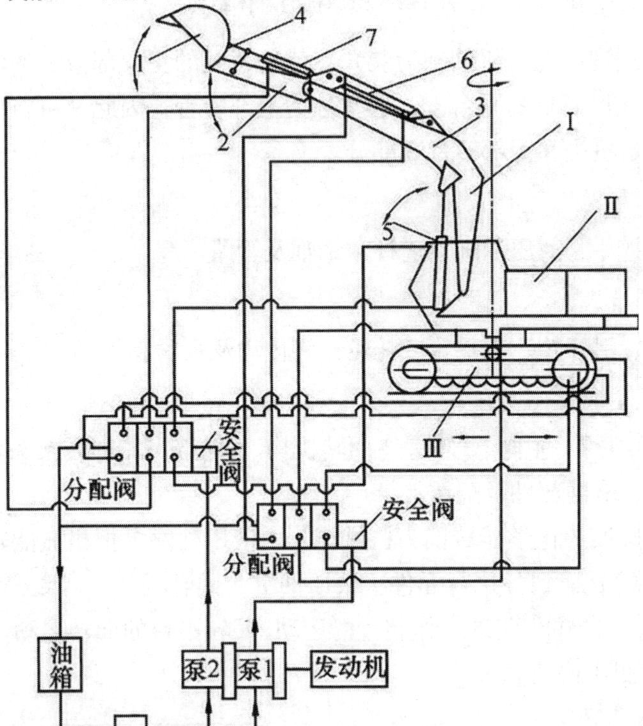

1—铲斗；2—斗杆；3—动臂操纵台；4—连杆；5—动臂油缸；6—斗杆油缸；7—铲斗油缸；

Ⅰ—挖掘装置；Ⅱ—回转装置；Ⅲ—行走装置

图 1.1　液压挖掘机传动示意图

（二）挖掘机的总体结构

单斗液压挖掘机的总体结构包括动力装置、工作装置、回转机构、操作机构、传动系统、行走机构及辅助设备，如图 1.2 所示。

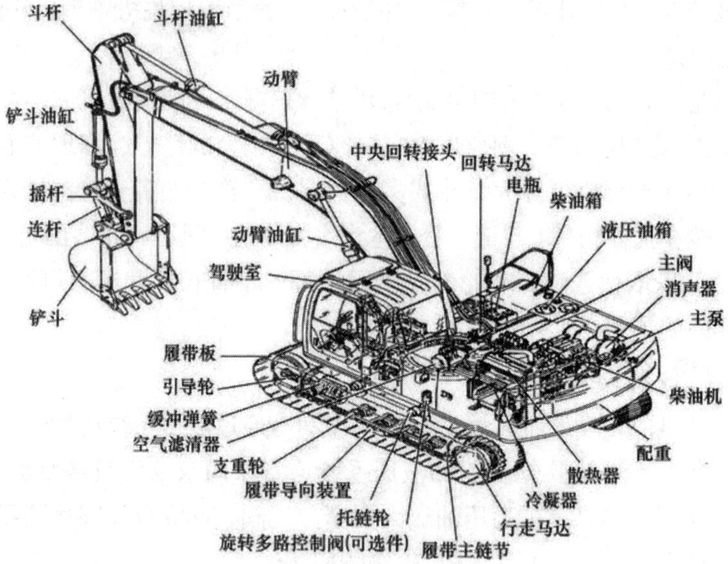

图 1.2　挖掘机的总体结构

常用的全回转式液压挖掘机的动力装置、传动系统的主要部分、回转机构、辅助设备和驾驶室等都安装在可回转的平台上，通常称为上部转台，因此又可将单斗液压挖掘机概括成工作装置、行走机构和上部转台 3 部分。

1. 工作装置

动臂、斗杆、铲斗、液压油缸、连杆、销轴及管路。

2. 行走机构

履带架、履带、引导轮、支重轮、托轮、终传动及张紧装置。

3. 上部转台

发动机、减振器主泵、主阀、驾驶室、回转机构、回转支承、回转接头、转台、液压油箱、燃油箱、控制油路、电器部件及配重。

挖掘机是通过柴油的化学能转换为机械能，由液压柱塞泵把机械能转换成液压能，通过液压系统把液压能分配到各执行元件（液压油缸、回转马达、行走马达），由各执行元件再把液压能转化为机械能，实现工作装置的运动、回转平台的回转运动、整机的行走运动。挖掘机的工作程序如图 1.3 所示。

图 1.3　挖掘机的工作程序

（三）挖掘机动力系统

挖掘机的动力系统如图 1.4 所示。

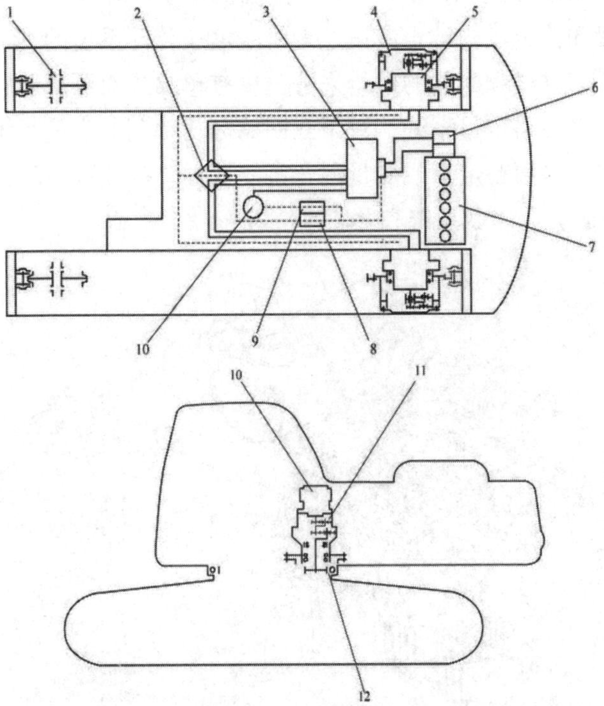

1—引导轮；2—中心回转接头；3—控制阀；4—终传动；5—行走马达；6—液压泵；7—发动机；

8—行走速度电磁阀；9—回转制动电磁阀；10—回转马达；11—回转机构；12—回转支承

图 1.4　挖掘机的动力系统

1. 挖掘机动力传输路线

① 行走动力传输路线。柴油机→联轴节→液压泵（机械能转化为液压能）→分配阀→

中央回转接头→行走马达（液压能转化为机械能）→减速箱→驱动轮→轨链履带→实现行走。

② 回转运动传输路线。柴油机→联轴节→液压泵（机械能转化为液压能）→分配阀→回转马达（液压能转化为机械能）→减速箱→回转支承→实现回转。

③ 动臂运动传输路线。柴油机→联轴节→液压泵（机械能转化为液压能）→分配阀→动臂油缸（液压能转化为机械能）→实现动臂运动。

④ 斗杆运动传输路线。柴油机→联轴节→液压泵（机械能转化为液压能）→分配阀→斗杆油缸（液压能转化为机械能）→实现斗杆运动。

⑤ 铲斗运动传输路线。柴油机→联轴节→液压泵（机械能转化为液压能）→分配阀→铲斗油缸（液压能转化为机械能）→实现铲斗运动。

2. 动力装置

液压挖掘机的动力装置，多采用直立多缸式、水冷、功率标定的柴油机。

3. 传动系统

挖掘机的发动机系统如图 1.5 所示。液压挖掘机传动系统将柴油机的输出动力传递给工作装置、回转装置和行走机构等。液压挖掘机用液压传动系统的类型很多，习惯上按主泵的数量、功率的调节方式和回路的数量来分类，有单泵或双泵单回路定量系统、双泵双回路定量系统、多泵多回路定量系统、双泵双回路分功率调节变量系统、双泵双回路全功率调节变量系统、多泵多回路定量或变量混合系统 6 种。按油液循环方式分为开式系统和闭式系统。按供油方式分为串联系统和并联系统。

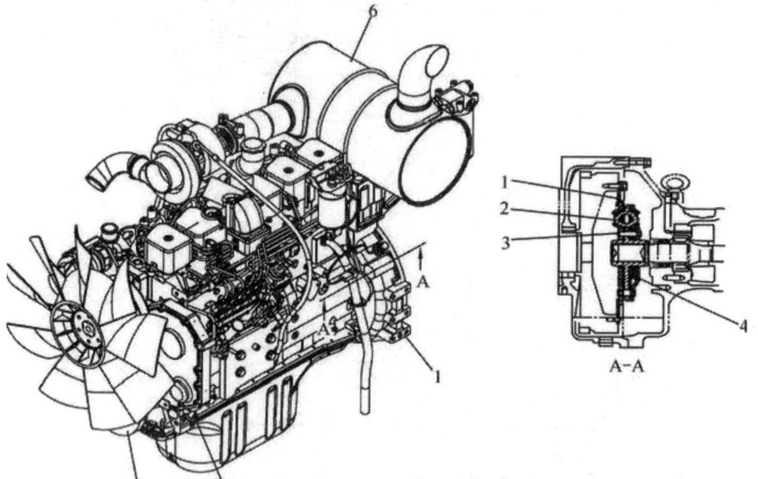

1—驱动盘；2—螺旋弹簧；3—止动销；4—摩擦片；5—减震器总成；6—消声器；7—发动机后部安装座；8—发动机前部安装座

图 1.5　挖掘机的发动机系统

凡主泵输出的流量是定值的液压系统为定量液压系统；反之，主泵的流量可以通过调节系统进行改变的则称为变量系统。在定量系统中各执行元件在无溢流情况下是按油泵供给的固定流量工作，油泵的功率按固定流量和最大工作压力确定；在变量系统中，最常见的是双泵双回路恒功率变量系统，有分功率变量与全功率变量之分。分功率变量调节系统是在系统的每个回路上分别装一台恒功率变量泵和恒功率调节器，发动机的功率平均分配给各油泵；全功率调节系统是由一个恒功率调节器同时控制系统中的所有油泵的流量变化，从而达到同步变量。

开式系统中执行元件的回油直接流回油箱，其特点是系统简单、散热效果好。但油箱容量大，低压油路与空气接触机会多，空气易渗入管路造成振动。单斗液压挖掘机的作业主要是油缸工作，而油缸大小腔的差异较大、工作频繁、发热量大，因此绝大多数单斗液压挖掘机采用开式系统；闭式回路中的执行元件的回油路是不直接回油箱的，其特点是结构紧凑，油箱容积小，进回油路中有一定的压力，空气不易进入管路，运转比较平稳，避免了换向时的冲击。但系统较复杂，散热条件差。单斗液压挖掘机的回转装置等局部系统中，有的采用闭式回路的液压系统（是为了防止液压马达正反转的油液漏损）。

4．回转机构

回转机构使工作装置及上部转台向左或向右回转，以便进行挖掘和卸料。单斗液压挖掘机的回转装置必须能把转台支撑在机架上，不能倾斜并使回转轻便灵活。为此单斗液压挖掘机都设有回转支撑装置和回转传动装置，它们被称为回转装置，如图 1.6 所示。

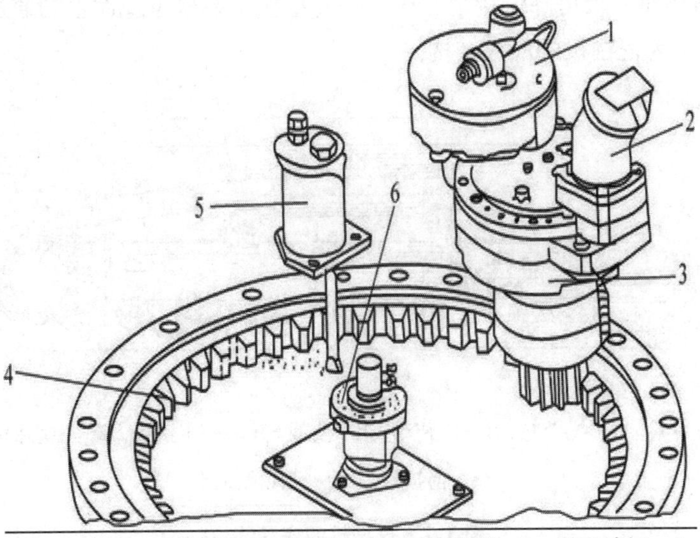

1—制动器；2—液压马达；3—行星齿轮减速器；4—回转齿圈；5—润滑油杯；6—中央回转接头

图 1.6　挖掘机的回转装置

全回转液压挖掘机回转装置的传动形式有直接传动和间接传动两种。

① 直接传动。是在低速大扭矩液压马达的输出轴上安装的驱动小齿轮，与回转齿圈啮合。

② 间接传动。是由高速液压马达经齿轮减速器带动回转齿圈的间接传动结构形式。它结构紧凑，具有较大的传动比，且齿轮的受力情况较好。轴向柱塞液压马达与同类型的液压油泵结构基本相同，许多零件可以通用，便于制造及维修，从而降低了成本。但必须设

制动器，以便吸收较大的回转惯性力矩，缩短挖掘机作业循环时间，提高生产效率。

5. 行走机构

行走机构支撑挖掘机的整机质量并完成行走任务，多采用履带式。

6. 履带行走机构

单斗液压挖掘机的履带式行走机构的基本结构与其他履带式机构大致相同，但它多采用两个液压马达各自驱动一个履带。与回转装置的传动相似可用高速小扭矩马达或低速大扭矩马达。两个液压马达同方向旋转时挖掘机将直线行驶；若只向一个液压马达供油，并将另一个液压马达制动，挖掘机将绕制动一侧的履带转向；若是左右两个液压马达反向旋转，挖掘机将倒退行驶。

行走机构的各零部件都安装在整体式行走架上。液压泵输入的压力油经多路换向阀和中央回转接头进入行走液压马达，该马达将液压能转变为输出扭矩后，通过齿轮减速器传给驱动轮，最终卷绕履带以实现挖掘机的行走。

单斗液压挖掘机大都采用组合式结构履带和平板型履带——没有明显履刺，虽附着性能差，但坚固耐用，对路面破坏性小，适用于坚硬岩石地面作业，或经常转场的作业。也有采用三履刺型履带，其接地面积较大，履刺切入土壤深度较浅，适宜于挖掘机采石作业。实行标准化后规定挖掘机采用质量轻、强度高、结构简单、价格较低的轧制履带板。专用于沼泽地的三角形履带板可降低接地比压，提高挖掘机在松土地面上的通过能力。

如图 1.7 所示为挖掘机的底盘结构。

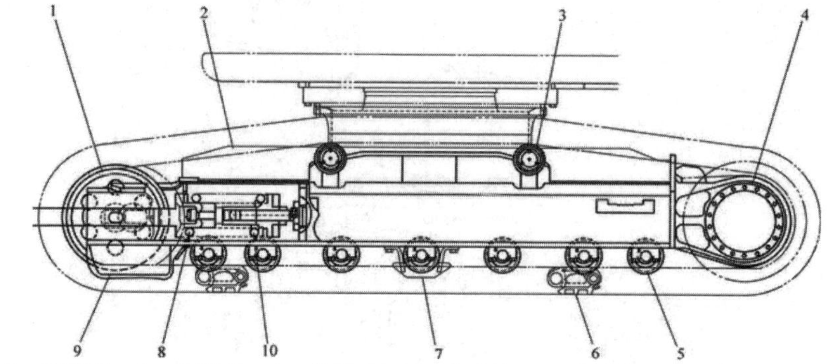

1—引导轮；2—履带架；3—托链轮；4—终传动；5—支重轮；6—履带板；7—中心护板；8—张紧弹簧；9—前护板；10—张紧油缸

图 1.7　挖掘机的底盘结构

单斗液压挖掘机的驱动轮均采用整体铸件，能与履带正确啮合、传动平稳。挖掘机行走时，驱动轮应位于后部，使履带的张紧段较短，减少履带的摩擦磨损和功率损耗。

二、挖掘机的工作装置

（一）反铲工作装置

反铲结构铰接是反铲式单斗液压挖掘机最常用的结构形式，动臂、斗杆和铲斗等主要部件彼此铰接，在液压缸的作用下各部件绕铰接点摆动，完成挖掘提升和卸土等动作。反铲工作装置如图 1.8 所示。

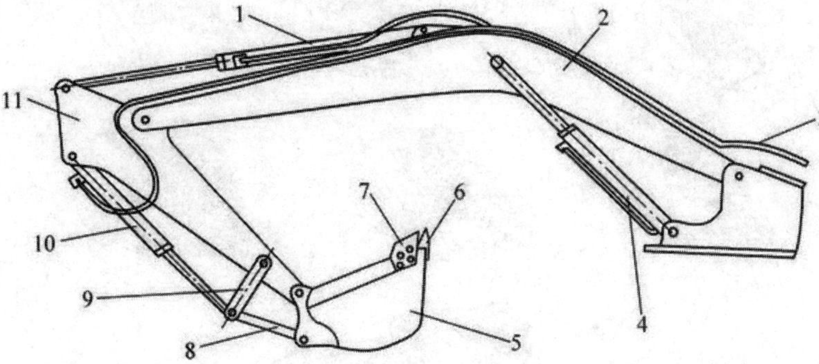

1—斗杆油缸；2—动臂；3—液压管路；4—动臂油缸；5—铲斗；6—斗齿；7—侧齿；8—连杆；9—摇杆；10—铲斗油缸；11—斗杆

图 1.8　反铲工作装置

动臂是反铲的主要部件，其结构有整体式和组合式两种。

整体式动臂的优点是结构简单，质量轻而刚度大。其缺点是更换的工作装置少，通用性较差，多用于长期作业、条件相似的挖掘机上。整体式动臂又可分为直动臂和弯曲动臂两种。其中，直动臂结构简单、质量轻、制造方便，主要用于悬挂式挖掘机，但它不能使挖掘机获得较大的挖掘深度，不适用于通用挖掘机；弯曲动臂是目前应用最广泛的结构形式，与直动臂相比，可以使挖掘机有较大的挖掘深度，但降低了卸土高度，这正符合挖掘机反铲作业的要求。

（二）铲斗

1. 基本要求

① 铲斗的纵向剖面应适应挖掘过程各种物料在铲斗中的运动规律，有利于物料的流动，使装土阻力最小，有利于将铲斗充满。

② 装设斗齿，以增大铲斗对挖掘物料的线压比，斗齿及斗形参数应具有较小单位切削阻力，便于切入及破碎土壤，斗齿应耐磨、易更换。

③ 为使装载铲斗的物料不易掉出，斗宽与物料直径之比应大于 4∶1。

④ 物料易于卸净，缩短卸载时间，并提高铲斗的容积效率。

2. 铲斗结构

用的铲斗形状尺寸与其作业对象有很大关系。为了满足各种挖掘机作业的需要，在同一台挖掘机上可以配置多种形式的铲斗，如图 1.9、图 1.10 所示分别为反用铲斗的基本形式和斗齿结构。铲斗的斗齿采用装配式，其形式有橡胶卡销式和螺栓连接式。铲斗与液压缸连接的结构形式有四连杆机构和六连杆机构。其中，四连杆机构连接方式是铲斗直接与液压缸连接，使铲斗转角较小，工作力矩变化较大；六连杆机构的特点是在液压缸活塞行程相同的条件下，铲斗可以获得较大的转角，并改善机构的传动特性。

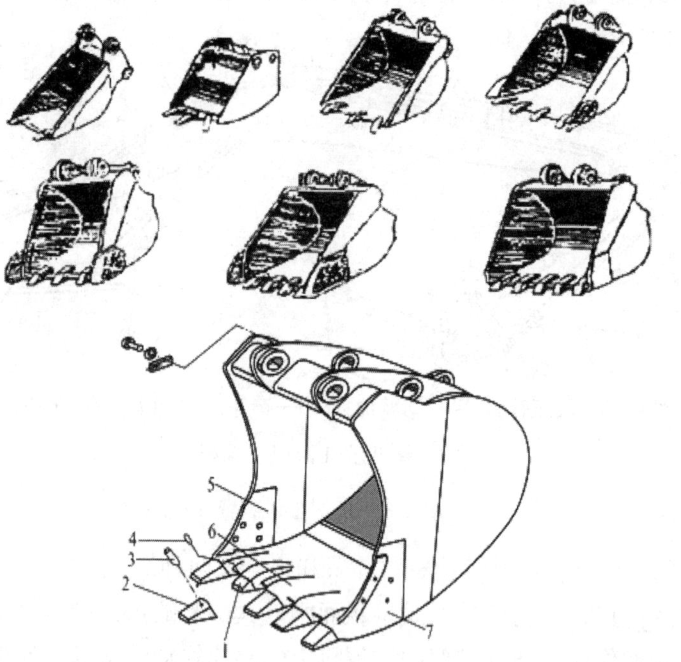

1—齿座；2—斗齿；3—橡胶卡销；4—卡销；5、6、7—斗口板

图 1.9　反用铲斗的基本形式

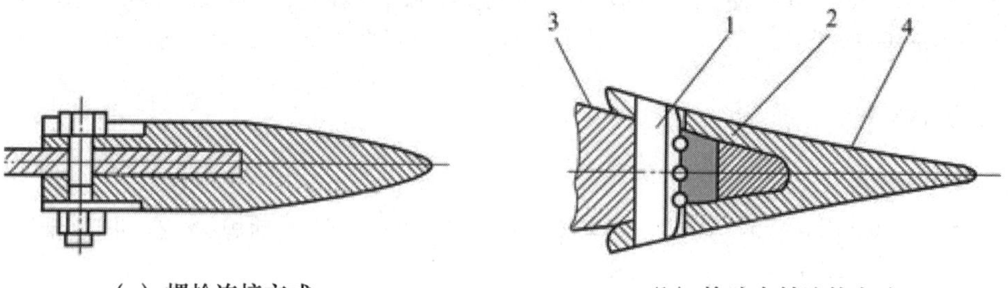

(a) 螺栓连接方式　　　　(b) 橡胶卡销连接方式

1—卡销；2—橡胶卡销；3—齿座；4—斗齿

图 1.10　斗齿结构

三、挖掘机的回转装置

(一) 回转装置

上部转台是液压挖掘机 3 大组成部分之一。在转台上除了有发动机、液压系统、司机室、平衡重、油箱等以外，还有一个很重要的部分——回转装置。液压挖掘机回转装置由转台、回转支承和回转机构组成，如图 1.11 所示，回转装置的外座圈用螺栓与转台连接，带齿的内座圈与底架用螺栓连接，内外圈之间设有滚动体。挖掘机工作装置作用在转台上的垂直载荷、水平载荷和倾覆力矩，通过回转支承的外座圈、滚动体和内座圈转传给底架。回转

机构的壳体固定在转台上，用小齿轮与回转支承内座圈上的齿圈相啮合，小齿轮可绕自身轴线旋转，也可绕转台中心线公转，当回传机构工作时就将相对底架进行回转。

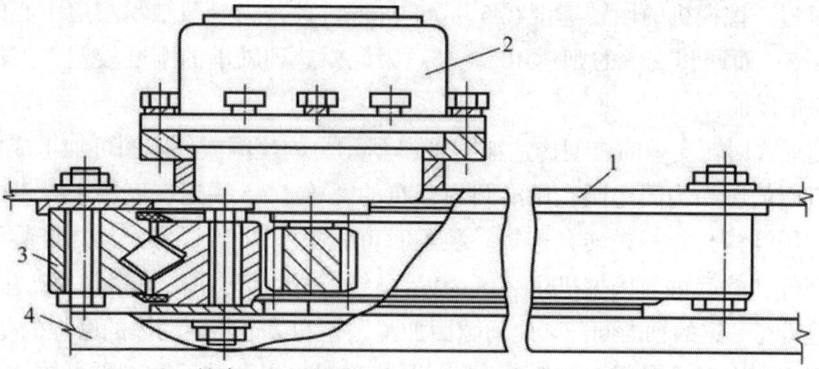

1—转台；2—回转机构；3—回转支承；4—底架

图 1.11　回转装置

液压挖掘机的回转装置必须能把转台支承在固定部分（下车）上。不能倾斜翻倒，并应使回转轻便灵活。为此，液压挖掘机都设置了回转支承装置（起支承作用）和回转传动装置（驱动转台回转），并统称为液压挖掘机的回转装置。

（二）回转支承的主要结构形式

1. 转柱式回转支承

摆动式液压马达驱动的转柱式回转支承如图 1.12 所示。

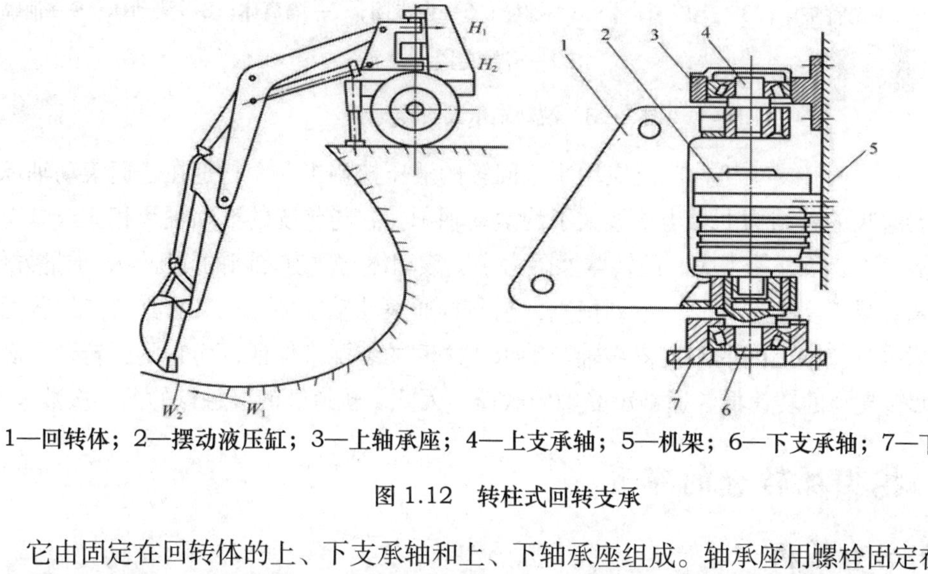

1—回转体；2—摆动液压缸；3—上轴承座；4—上支承轴；5—机架；6—下支承轴；7—下轴承座

图 1.12　转柱式回转支承

它由固定在回转体的上、下支承轴和上、下轴承座组成。轴承座用螺栓固定在机架上。回转体与支承轴组成转柱，插入轴承座的轴承中。外壳固定在机架上的摆动液压缸的输出轴插入下支承轴内，驱动回转体相对于机架转动。回转体常制成“匚”形，以避免与回转机构碰撞。工作装置铰接在回转体上，与回转体一起回转。

2. 滚动轴承式回转支承

滚动轴承式回转支承实际上就是一个大直径的滚动轴承。它与普通轴承的最大区别是它的转速很慢。挖掘机的回转速度在 5 ~ 11 r/min。此外，一般轴承滚道中心的直径和高度比为 4 ~ 5，而回转支承的则达 10 ~ 15。因此，这种轴承的刚度较差，工作中要靠支承连接结构来保证。

滚动轴承式回转支承的典型构造如图 1.13 所示。内座圈或外座圈可加工成内齿圈或外齿圈。带齿圈的座圈为固定圈，用沿圆周分布的螺栓 4、5 固定在底座上。不带齿的座圈为回转圈，用螺栓与挖掘机转台连接。装配时可先把座圈 1、3 和滚动体 8 装好，形成一个完整的部件，然后再与挖掘机组装。为保证转动灵活，防止受热膨胀后产生卡死现象，回转支承应留有一定的轴向间隙。此间隙因加工误差和滚道与滚动体的磨损的变化而变化，因此，在两座圈之间设有调整垫片 2，装配和修理时可以调整间隙。隔离体 7 用来防止相邻滚动体 8 间的挤压，减少滚动体的磨损，并起导向作用。滚动体可以是滚珠或滚柱。

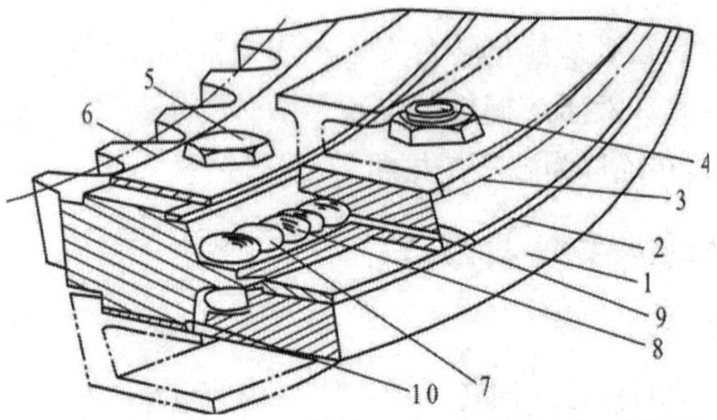

1—下座圈；2—调整垫片；3—上座圈；4、5—螺栓；6—内齿圈；7—隔离体；8—滚动体；9—油嘴；10—密封装置

图 1.13 滚动轴承式回转支承

滚动轴承式回转支承机构广泛应用于全回转的液压挖掘机上，它是在普通滚动轴承的基础上发展起来的，结构上相当于放大了的滚动轴承。它与传统的滚动轴承相比，具有尺寸小、结构紧凑、承载能力大、回转摩擦阻力小、滚动体与轨道之间的间隙小、维护方便、使用寿命长、易于实现三化等一系列优点，它与普通滚动轴承相比，又有其特点：普通的滚动轴承的内外座圈之间的刚度依靠轴与轴承座之间的装配来保证，而它则由转台和底架来保证；回转支承的转速低，通常承受轴向载荷，因此，轨道上的接触点的循环次数较少。

四、挖掘机转台的布置

（一）转台结构

转台的主要承载部分是由钢板焊接成的抗扭和抗弯刚度很大的箱形框架结构主梁，动臂及其液压缸就支承在主梁的凸耳上。大型挖掘机的动臂支承多用双凸耳，而小型挖掘机多用单凸耳。主梁下有衬板和支承环与回转支承连接，左右侧焊有小框架，作为附加承载部分。转台支承处应有足够的刚度，以保证回转支承的正常运转。双凸耳式如图1.14所示。

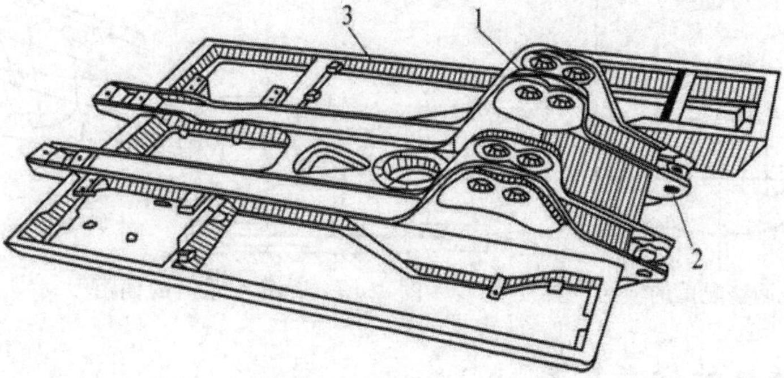

1. 凸耳；2. 支承环；3. 主梁

图1.14　双凸耳式

（二）转台布置

液压挖掘机工作时转台上部自重和荷载的合力位置也是经常变化的，并偏向载荷方面，为平衡载荷力矩转台上的各个装置需要合理布置并在尾部设置配重，以改善转台下部结构的受力，减轻回转支承磨损，保证整机的稳定性。如图1.15所示为WY160型挖掘机转台布置。

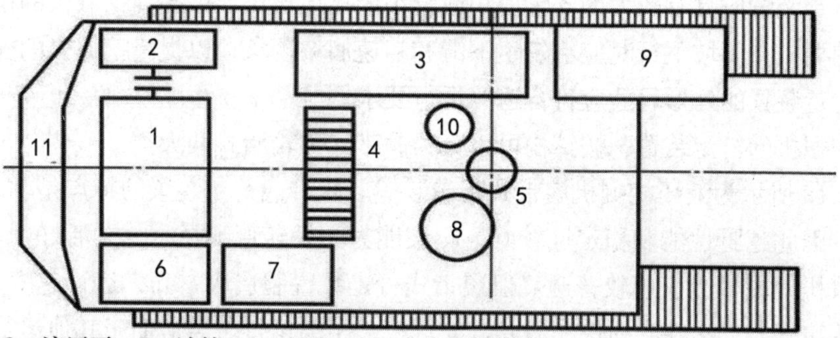

1—发动机；2—液压泵；3—油箱；4—阀组；5—中央回转接头；6—水、油冷却器；7—燃油箱；8—回转机构；9—驾驶室；10—回转润滑装置；11—配重

图1.15　WY160型挖掘机转台布置

液压挖掘机的布置原则是左右对称，尽量做到质量均衡，较重的总成、部件靠近转台尾部。此外，还要考虑各个装置工作上的协调、维修方便等。有时转台布置受结构尺寸限制，重心偏离轴线，致使左右履带接地比压不等，影响走架结构强度和挖掘机的行驶能力，此时可通过调整配重的重心来解决。如图1.16所示，其中x与x'分别为转台重心与配重中心偏离轴线值。

确定配重位置的布置原则是使挖掘机重载、大幅度作业时的转台上部合力F_R的偏心距e与其空载小幅度时的合力F'_R的偏心距e'大致相等，如图1.17所示。

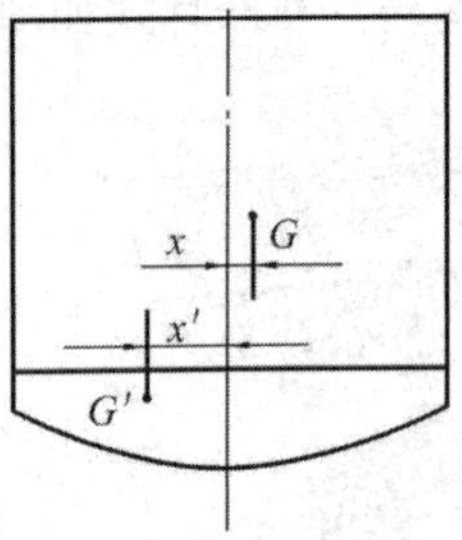

图 1.16　调整配重的横向位置

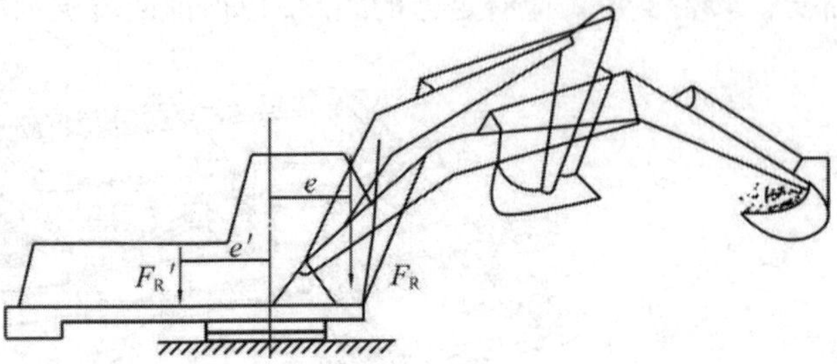

图 1.17　确定配重时的偏距

（三）挖掘机的行走装置

因为行走装置兼有液压挖掘机支承和运行两大功能，因此，液压挖掘机行走装置应尽量满足以下要求：

（1）应有较大的驱动力，使挖掘机在软湿或高低不平等不良地面上行走时具有良好的通过性能、爬坡性能和转向性能。

（2）在不增大行走装置高度的前提下，使挖掘机具有较大的离地间隙，以提高其在不平地面上的越野性能。

（3）行走装置应具有较大的支承面积或较小的接地比压，以提高挖掘机的稳定性。

（4）挖掘机在斜坡下行时应不发生下滑和超速溜坡现象，以提高挖掘机的安全性。

（5）行走装置的外形尺寸应符合道路运行要求。

液压挖掘机的行走装置，按结构可以分为履带式和轮胎式两大类。

如图 1.18 所示为液压挖掘机履带式行走装置。履带式行走装置的特点是驱动力大，接地比压小，因此越野性能和稳定性较好，爬坡能力大且转弯半径小，灵活好用。履带式行走装置在液压挖掘机上应用较普遍。但履带式行走装置制造成本高，运行速度低，运行和转向时消耗功率大，零件磨损快，因此，挖掘机长距离运行时需借助于其他运行车辆。

轮胎式行走装置与履带式的相比：优点是运行速度快、机动性能好，运行时不损坏路面，因而在城市建设中很受欢迎；缺点是接地比压大，爬坡能力小，挖掘机作业时需要用专门的支腿支承，以确保挖掘机的稳定性和安全性。

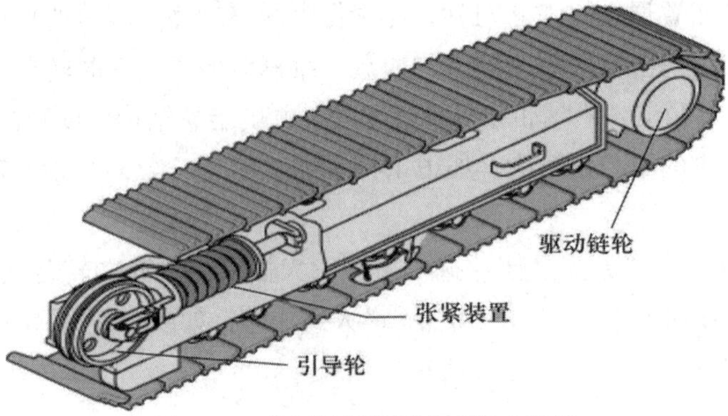

图 1.18　液压挖掘机履带式行走装置

1. 履带式行走装置的组成与工作原理

履带式行走装置由四轮一带（即驱动轮、引导轮、支重轮、托轮，以及履带）、张紧装置、缓冲装置、行走机构、行走架（包括底架、横梁和履带架）等组成，如图 1.19 所示。

挖掘机运行时驱动轮在履带的紧边——驱动段及接地段产生一拉力，企图把履带从支重轮下拉出，由于支重轮下的履带与地面之间有足够的附着力，阻止履带的拉出，迫使驱动轮卷动履带，引导轮再把履带铺设在地面上，从而使挖掘机借助支重轮沿着履带轨道向前运行。

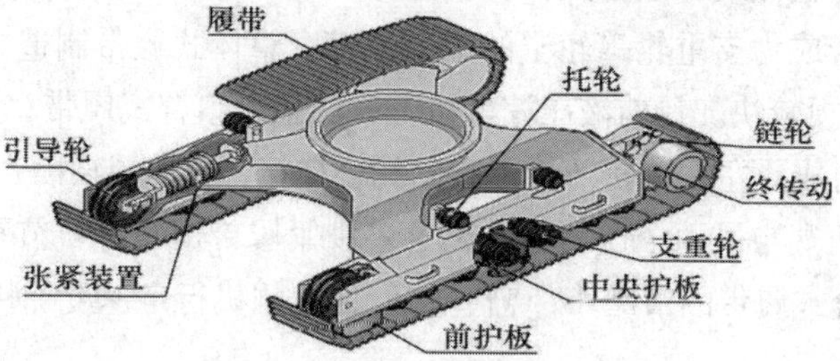

图 1.19　履带式行走装置

液压传动履带行走装置的挖掘机转向时，由于在履带上分别安装有两台液压泵供油的行走马达，因此通过对油路的控制，能很方便地实现转向和就地转弯，以适应挖掘机在各种地面、场地上的运动。如图 1.20 所示为液压挖掘机的转弯情况。图 1.20（a）为两个行走马达旋转方向相反，挖掘机就地转向；图 1.20（b）为液压泵仅向一个行走马达供油，挖掘机则绕着一侧履带转向。

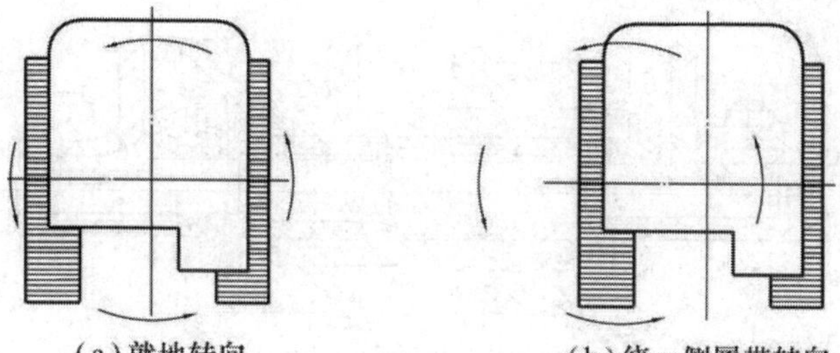

（a）就地转向　　（b）绕一侧履带转向

图 1.20　液压挖掘机的转弯情况

2. 履带式行走装置的结构

（1）行走结构

行走架是履带式行走装置的承重骨架，它由底架、横梁和履带架组成，通常用 16Mn 钢板焊接制成底架的连接转台，承受挖掘机上部载荷，并通过横梁传给履带架。按结构形式可分为组合式和整体式两种。组合行走架的底架为框架结构，横梁为工字钢或焊接的箱形梁，插入履带架孔中，履带架通常采用下部敞开的∏形截面，两端呈叉形以便安装驱动轮、引导轮和支重轮。组合式行走架的优点是当需要改变挖掘机的稳定性和降低接地比压时，不需要改变底架的结构就能换装加宽的横梁和加长履带架，从而安装不同长度和宽度的履带。它的缺点是履带架截面削弱较多，刚度较差，并且截面削弱处易产生裂缝。为克服上述缺点，越来越多的液压挖掘机采用整体式行走架，它结构简单、自重轻、刚度大、制造成本低、支重轮直径较小，在行走装置的长度内，每侧可安装 5 ~ 9 个支重轮，这样可使挖掘机上部载荷均匀地传至地面，便于在承载能力较低的地面使用，提高行走性能。

（2）四轮一带

由履带和驱动轮、引导轮、支重轮、托轮组成的四轮一带，直接关系到挖掘机的工作性能和行走性能，其质量和制造成本约占整机的四分之一。

① 履带

挖掘机的履带有整体式和组合式两种。整体式履带是履带板上带啮合齿，直接与驱动轮啮合，履带板本身成为支重轮等轮子的滚动轨道，整体式履带制造方便，连接履带板的销子容易拆装，但磨损较快。目前液压挖掘机上广泛采用组合式履带，它由履带板、链轨节、履带销轴和销套等组成。左右链轨节与销套紧配合连接，履带销轴插入销套有一定的间隙，以便转动灵活，其两端与另两个链轨节孔配合。锁紧履带销与链轨节孔为动配合，便于整个履带的拆装。组合式履带的节距小，绕转性好，使挖掘机行走速度加快；销轴的硬度较高、耐磨，使用寿命长。

② 支重轮和托轮

支重轮的结构如图 1.21、图 1.22 所示，它通过两端轴固定在履带架上。支重轮的轮边凸缘起支持履带的作用，以免履带行走时横向脱落。为了在有限的长度上多安排几个支重轮，往往把支重轮中的几个制成无外凸缘的，并把有无外凸缘的支重轮交替排列。润滑滑动轴承及油封的润滑油脂从支重轮体中间的螺塞孔加入，通常在一个大修期内只加注一次，简化了挖掘机平时的保养工作。

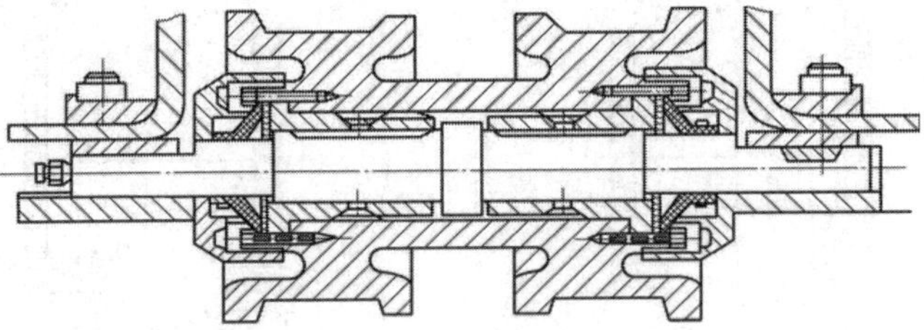

图 1.21　双边支重轮

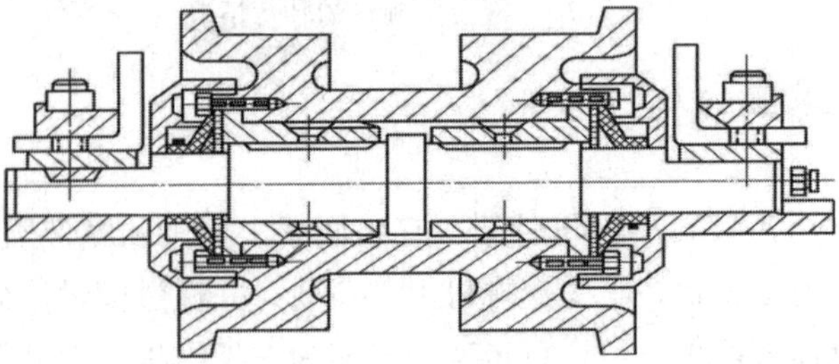

图 1.22　单边支重轮

托轮与支重轮的结构基本相同。

③ 引导轮

引导轮用来引导履带正确绕转，防止其跑偏和越轨。多数液压挖掘机的引导轮同时起支重轮的作用，这样可增加履带对地面的接触面积，减小接地比压。引导轮的轮面制成光面，中间有挡肩环作导向用，两侧的环面则支承轨链，如图 1.23 所示。引导轮与最靠近的支重轮的距离越小，则导向性越好。

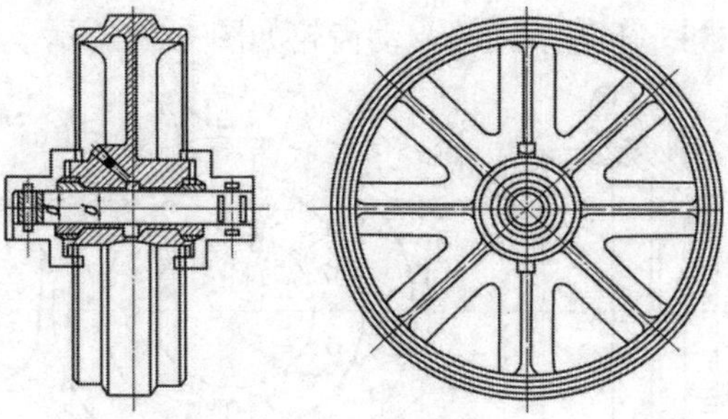

图 1.23　引导轮

引导轮通常用 40、45 号钢或 35Mn 钢铸造、调质处理，硬度为 HRC20 ~ HRC28。

为了使引导轮充分发挥其作用并延长其使用寿命，其轮面对中心孔的径向跳动要≤ 3 mm，安装时要正确对中。

④ 驱动轮

液压挖掘机发动机的动力是通过行走马达和驱动轮传给履带的，因此驱动轮应与履带的链轨啮合正确、传动平稳，并且当履带因销套磨损伸长时仍能很好地啮合。

驱动轮通常位于挖掘机行走装置的后部，使履带的张紧段较短，以减少其磨损和功率消耗。

驱动轮按轮体构造可分为整体式和分体式两种。分体式驱动轮的轮齿被分为 5 ~ 9 片齿圈，这样部分轮齿磨损时不必卸下履带便可更换，在施工现场修理方便并降低挖掘机维修成本。

按齿轮节距的不同，齿轮有等节距和不等节距两种。其中，等节距的齿轮使用较多，而不等节距的齿轮则是新型结构，它的齿数较少，且有两个齿的节距较小，其余齿的节距均相等。如图 1.24 所示为不等节距驱动轮，在履带包角范围内只有两个轮齿同时啮合，并且驱动轮的轮面与链轨节踏面相接触，因此一部分驱动扭矩便由驱动轮的轮面来传递，同时履带中最大的张紧力也由驱动轮面承受，这样就减少了轮齿的受力，减少了磨损，提高了履带的使用寿命。

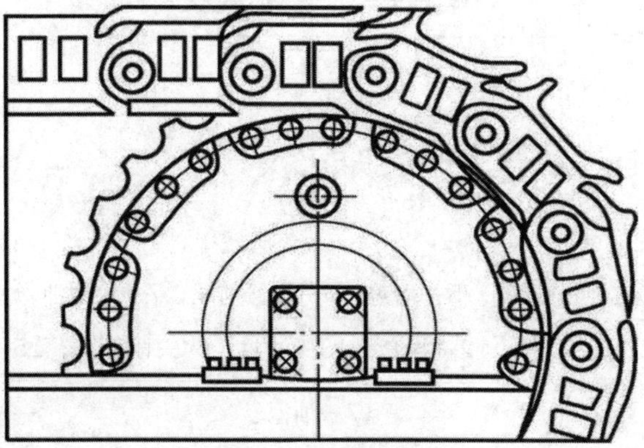

图 1.24　不等节距驱动轮

由于驱动轮工作时受履带销套反作用的弯曲压应力，并且轮齿与销套之间有磨料磨损，因此驱动轮应采用淬透性较好的钢材，如 50Mn、45SiMn 等，经中频淬火，低温回火，使其硬度达 HRC55 ~ HRC58。不等节距的驱动齿轮如图 1.25 所示。

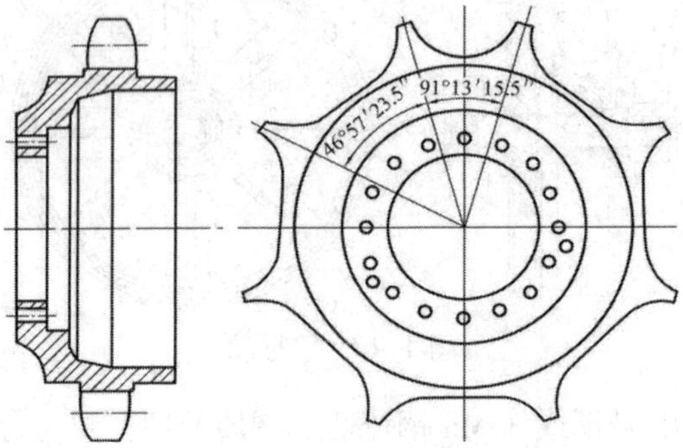

图 1.25　不等节距的驱动齿轮

3. 张紧装置

液压挖掘机的履带式行走装置使用一段时间后，由于链轨销轴的磨损会使节距增大，并使整个履带伸长，导致摩擦履带架、履带脱轨、行走装置噪声大等，从而影响挖掘机的行走性能。因此，每条履带必须装张紧装置，使履带经常保持一定的张紧度。

张紧装置如图 1.26 所示。油缸 3 和引导轮架的支座 1、轴 2 用螺栓连接成一体，以推动引导轮伸缩，活塞 4 装于油缸中，油封 15 封住活塞和油缸腔中的黄油，当从注油嘴 16 注入压力黄油时，则推压活塞右移，活塞推压推杆又推压弹簧前座 6，弹簧前座则压缩大小缓冲弹簧 7 和 8，这样，在引导轮和弹簧之前就形成了一个弹性体，对履带施加的冲击力进行缓冲，消除冲击负荷，减少冲击应力，提高使用寿命，油塞 17 是用来放黄油的，当履带张紧度过大时，则慢慢旋转油塞 17，使黄油慢慢挤出，不可一下旋松太多，以免黄油射出伤人。从注油嘴注入黄油压力过大时，可活动推土机作为辅助手段，以使黄油易于注入。

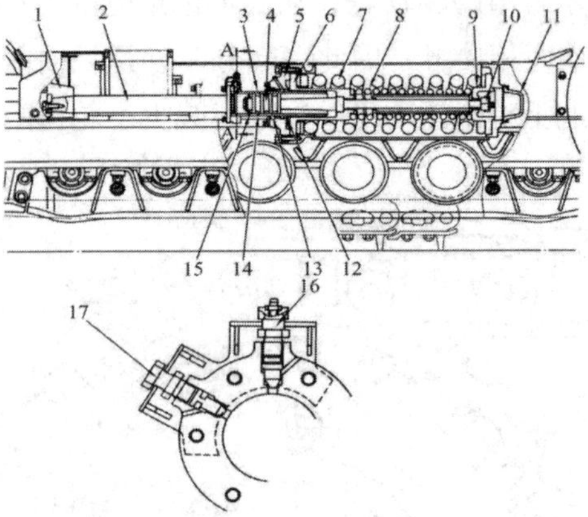

1—支座；2—轴；3—油缸；4—活塞；5—端盖；6—弹簧前座；7—大缓冲弹簧；8—小缓冲弹簧；9—弹簧后座；10—螺母；11—端盖；12—衬套；13—油封；14—耐磨环；15—油封；16—注油嘴；17—油塞

图 1.26　张紧装置

五、轮式反铲挖掘机的使用

（一）轮式反铲挖掘机

轮式反铲挖掘机是一种多功能工业拖拉机，具有两个主要功能，顾名思义，轮式反铲挖掘机可以挖掘和装载，其动臂和斗杆位于后端，铲斗挖掘机位于前端。动臂和斗杆允许挖掘机进行挖掘，从挖沟到松土，以及提起和放置物料。前置装载机可让挖掘机铲起和移动泥土，例如回填土和平整许多地面，平整地形。由于座椅可以旋转 180° ，因此，可以根据需要轻松地从前向后转换。轮式反铲挖掘机如图 1.27 所示。

图 1.27 轮式反铲挖掘机

轮式反铲挖掘机专为中小型项目设计。它们在城市工程、建筑和农业环境中用途广泛。

挖掘装载机结构紧凑，具有两个较小的前轮和两个较大的后轮，从而使这些机器在狭窄的工作场所具有较高的机动性，在狭窄的工作场所，大型的专用机器可能难以高效运转。对于普通的公共道路来说，轮式反铲挖掘机有助于提高生产率，并以更少的精力安全地加快项目进度。

（二）操作轮式反铲挖掘机

首次操作时，熟悉反铲的各个部分非常重要。了解反铲挖掘机的基本结构及其用途可帮助人们学习如何安全地操作挖掘机。以下是反铲挖掘机的基本组件，以及它们的用途和功能。

1. 轮式反铲挖掘机的主要零件

拖拉机：卡特彼勒反铲挖掘机的核心是拖拉机，这是一款全地形车，由于其重量分布均匀且配备了重型轮胎，因此能够在不平坦的地面上行驶。像所有车辆一样，反铲挖掘机的驾驶室带有方向盘、油门和制动踏板等操作控件。视型号而定，反铲可能被完全封闭或部分覆盖。

前装载器：拖拉机的前面是可以垂直控制的液压装载器铲斗。装载机可以抬起和移动松散的物料，翻过碎屑或清除灰尘。前端装载机与不同的挖掘机作业机具附件兼容，可进行进一步的多任务处理。

反铲：反铲是反铲挖掘机的后部组件。它由附有作业机具的动臂和斗杆（或铲斗）组成。棍棒像肘关节一样垂直调整。斗杆或铲斗的另一端是斗杆的末端。

稳定器支腿：反铲在后轮后面有两个稳定器支腿。在挖掘过程中接合稳定器支脚可使车轮升离地面，从而减轻重量并减轻拖拉机的负担。稳定器支脚是一项重要的安全功能，可保护设备并防止反铲装载机翻倒。

2. 如何操作轮式反铲挖掘机

要充分安全地正确操作反铲，需要进行大量实践。要花点时间才能掌握，这不是一夜之间就能解决的问题。在学习如何使用反铲挖掘机时，慢慢开始很重要。有关安全操作的方法，请按照以下提示操作：

调整驾驶室设置：首先进入驾驶室并进行必要的人体工程学调整，例如座椅深度和高度，方向盘倾斜度和踏板角度。熟悉操纵杆控件，节气门、装载机和反铲的锁定机制，以及诸如灯、雨刮器和喇叭之类的附件。

测试机具：启动发动机，使其有时间进行预热，然后测试工具。接合并释放稳定器支脚。轻轻地升高和降低反铲臂和前装载器，以感受其力量。

缓慢驶向工作地点：抬起并固定臂杆、稳定器和装载机。释放停车位并将变速箱移至前进位置。缓慢向前行驶，仅停留在第一和第二档。反铲挖掘机会产生很多反弹，这是正常现象，但如果感觉太颠簸，则放慢速度。

停放装载机并接合稳定器支腿：将装载机驶向平坦地面且没有障碍物的测试工作区域。请记住，动臂向右摆动，因此需要足够的侧向间隙以及前、后和高架间隙。降低稳定器支脚，直到后轮抬离地面，但保持其尽可能低的地面以保持稳定性。接下来，充分抬起前轮，以使前铲斗在其降下位置完全清除地面。如果在小坡度上，可根据需要，左右调整稳定器支脚，以确保机器后部保持水平。

测试反铲臂杆：旋转座椅，操作者面向后方（反铲端）。首先通过杠杆或释放机构解锁臂杆。使用左操纵杆控件，将控件轻轻推离操作者，将动臂向下放低至地面。朝操作者的方向拉动操纵杆，以使臂杆向上抬起，以反向执行此操作。左右移动控件可相应地旋转臂杆。

测试反铲臂和铲斗：使用右侧的操纵杆控件，现在可以测试反铲臂和铲斗。将控件拉向自己，以将臂和铲斗移向驾驶室。通过将控件推离操作者的方向进行反向操作，以将机械臂和铲斗向外发送。将控件向左移动会使铲斗卷曲以进行挖掘。将控件向右移动会释放要转储的存储桶。

继续测试：在独立测试每个控件移动之后，可以开始将它们放在一起进行流体移动。继续轻柔地重复这些控制，直到能够舒适地操纵反铲。

测试装载机：抬起并锁定反铲动臂和臂，将其固定到位，然后旋转至驾驶室的前部。释放稳定器支脚，直到四个轮子都回到地面上。翻转机器，使装载机现在面对挖好的孔。将前铲斗放下，向前行驶，将物料缓慢推回所挖的孔中，抬起并放下泥土以回填孔。要固定回填孔，请在其上行驶以紧密压实地面。将装载机倒转，然后用铲斗将其驶回该区域。这将有助于平滑地形。

在执行了一些测试运行之后，操作者应该对如何使用反铲装载机有所了解。继续练习，不要忘记定期阅读《操作和维护手册》，以充分了解反铲装载机的功能。

无论操作者是反铲挖掘机的新手还是经验丰富的设备操作员，对于反铲挖掘机的操作而言，始终保持最重要的安全提示至关重要。甚至已经使用装载机多年的人也需要不时地进行进修，以防止发生事故。

反铲装载机是一种可靠且用途广泛的重型机器，可在多种情况下使用。但是，就像使用任何机械一样，熟悉如何正确地进行反铲操作至关重要。这样可以确保操作者按预期操作机器，从而可以防止事故和不必要的磨损。

六、挖掘机操作规程

挖掘机司机应遵守一般安全技术规程的规定。

1. 挖掘机的启动

（1）合上电瓶开关，打开钥匙开关，接通各信号灯。

（2）把各操作手柄置于空位，将挖掘机的发动机调速手柄置于全行程 1/2 ~ 3/4 之间的位置上。

（3）转动启动开关使发动机启动，发动机启动成功后，立即松开启动按钮，若转动启动开关 10 ~ 15 s，发动机未能启动，应松开启动开关，待 1 ~ 2 min 后再启动一次，若连续 3 次未能启动，则应检查原因，排除故障后再启动。

（4）挖掘启动后应立即将发动机调速手柄置于怠速位置。

（5）挖掘机启动后要仔细监听启动马达是否与发动机脱开，如启动马达齿轮与发动机启动齿轮圈啮合未脱开，应立即停机处理。否则将造成启动马达损坏。

2. 挖掘机的起步

（1）挖掘机起步前，应认真察看液压挖掘机周围有无影响挖掘机起步的障碍物或人员。

（2）当挖掘机需要行走较长一段距离时，应将上部平台转到平行于行走减速器的方向，并用回转制动闸将上部平台锁紧，把铲斗、动臂收复使工作机构处于道路行驶状态。

（3）挖掘机起步行驶后，注意察看各仪表的示值，注意液压系统、传动系统、左右台车架行走机构、操纵装置及发动机有无异响和失常现象，发现异常应及时检修。

七、挖掘机的操作与施工

（一）挖掘机的静机训练（开动挖掘机的注意事项，上机前的准备）

1. 安全注意事项

（1）安全事项

安全方面主要应该注意以下 3 个方面：

① 空中。不要碰到电线、建筑物、工地人员等，还要防止空中坠落物砸到机器顶部。

② 机器自身。随时注意身边环境，陡坡、泥潭、河道都是很危险的。

③ 地下。最主要的是不要挖破水管、通信管、煤气管道、天然气管道，否则极易造成破坏和引起火灾。因此，在开挖之前一定要向相关人员了解地形、地下敷设物等。

（2）维护机器方面

每天必须检查机器和添加黄油（有的挖机不需天天加黄油）。每天维护的内容详见相关说明书，不再赘述。

工作过程中动作最好连贯平缓，尽量避免急停急动，以保护液压系统和发动机。

发动机最好要暖机之后才工作，等水温上来之后再加大负荷。停机之前也要怠速运转 10 min 左右，这样可保护发动机。

工作过程中要密切关注各个仪表的变化，如遇报警应立即停机检查并报修。

（3）工作前的准备工作

挖掘机在工作前，应做好下列准备工作：

① 向施工人员了解施工条件和任务。具体内容包括填挖土的高度和深度、边坡及电线高度、地下电缆、各种管道、坑道、墓穴和各种障碍物的情况和位置。挖掘机进入现场后，司机应遵守施工现场的有关安全规则。

② 挖掘机在多石土壤或冻土地带工作时，应先爆破再进行挖掘。

③ 按照日常例行保养项目，对挖掘机进行检查、保养、调整、紧固。

④ 检查燃料、润滑油、冷却水是否充足，不足时应予添加。在添加燃油时严禁吸烟及接近明火，以免引起火灾。

⑤ 检查电气线路绝缘和各开关触点是否良好。

⑥ 检查液压系统各管路及操作阀、工作油缸、油泵等，是否有泄漏，动作是否异常。

⑦ 检查钢丝绳及固定钢丝绳的卡子是否牢固可靠。

⑧ 将主离合器操纵杆放在空挡位置，启动发动机（若是手摇启动要注意摇把反击伤人；若系手拉绳启动，不可将拉绳缠在手上）。检查各仪表、传动机构、工作装置、制动机构是否正常，确认无误后，方可开始工作。

⑨ 发动机启动后，严禁有人站在铲斗内、臂杆上、履带和机棚上。

2. 挖掘机操作

如图 1.28 所示，一般挖掘机左右两边各有一个操作杆。右手往前是放下大臂，往后拉是抬起大臂，往左边是铲斗收起，往右边是铲斗打开，右边按正手方向，往前是斗杆往外伸，往后拉是斗杆收回，往左是左回转，往右是右回转。反手方向，往前推操作杆是右回转，往后拉操作杆是左回转，往身边拉是收斗杆，往左是伸操作杆。前面脚下还有两个操作杆是行走，只有前后方向。

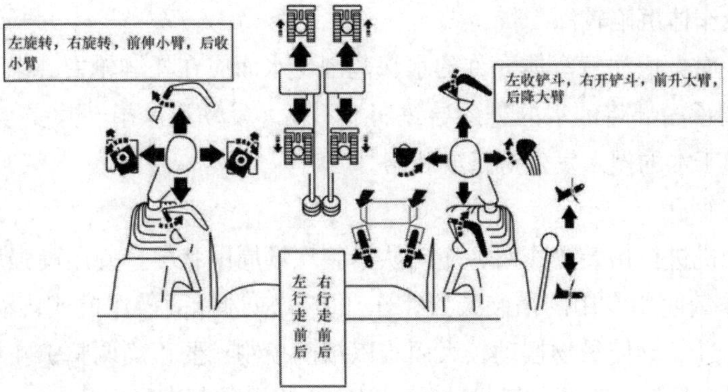

图 1.28 挖掘机操作手柄图解

3. 挖掘机操作说明

（1）操作技术

首先要确认周围状况。回转作业时，对周围障碍物、地形要做到心中有数，安全操作；作业时，要确认履带的前后方向，避免造成倾翻或撞击；尽量不要把终传动面对挖掘方向，否则容易损伤行走马达或软管；作业时，要保证左右履带与地面完全接触，提高整机的动态稳定性。

（2）有效挖掘方法

当铲斗缸和连杆、斗杆缸和斗杆之间互成 90° 时，挖掘力最大；铲斗斗齿和地面保持 30° 时，挖掘力最佳即切土阻力最小；用斗杆挖掘时，应保证斗杆角度范围在从前面 45° 到后面 30° 之间。同时使用动臂和铲斗，能提高挖掘效率。

（3）挖掘岩石

使用铲斗挖掘岩石会对机器造成较大破坏，应尽量避免；必须挖掘时，应根据岩石的裂纹方向来调整机体的位置，使铲斗能够顺利铲入，进行挖掘；把斗齿插入岩石裂缝中，用斗杆和铲斗的挖掘力进行挖掘（应留意斗齿的滑脱）；未被碎裂的岩石，应先破碎再使用铲斗挖掘。

（4）坡面平整作业

进行坡面平整作业时，应将机器平放地面，防止机体摇动，要把握动臂与斗杆的动作协调性，控制两者的速度对于坡面平整作业至关重要。

（5）装载作业

机体应处于水平稳定位置，否则回转卸载难以准确控制，从而延长作业循环时间；机体与卡车要保持适当距离，防止在做 180° 回转时机体尾部与卡车相碰；尽量进行左回转装车，这样做视野开阔、作业效率高，同时要正确掌握旋转角度，以减少用于回转的时间；卡车位置应比挖掘机低，以缩短动臂提升时间，且视线良好；先装沙土、碎石，再放置大石块，这样可减少对车厢的撞击。

（6）松软地带或水中作业

在松软地带作业时，应了解土壤松实程度，并注意限制铲斗的挖掘范围，防止滑坡、塌方等事故以及车体沉陷较深。

在水中作业时，应注意车体允许的水深范围（水面应在托链轮中心以下）；如果水平面较高，回转支承内部将因水的进入导致润滑不良，发动机风扇叶片受水击打导致折损，电器线路元件由于水的侵入发生短路或断路。

（7）吊装作业

用液压挖掘机进行吊装操作时，应确认吊装现场周围状况，使用高强度的吊钩和钢丝绳，吊装时要尽量使用专用的吊装装置；作业方式应选择微操作模式，动作要缓慢平衡；吊绳长短适当，过长会使吊物摆动较大而难以精确控制；要正确调整铲斗位置，以防止钢丝绳滑脱；施工人员尽量不要靠近吊装物，以防止因操作不当发生危险。

（8）平稳的操作方法

作业时，机器的稳定性不仅能提高工作效率，延长机器寿命，而且能确保操作安全（把机器放在较平坦的地面上）；驱动链轮在后侧比在前侧的稳定性好，且能够防止终传动遭受外力撞击；履带在地面上的轴距总是大于轮距，因此朝前工作稳定性好，要尽量避免侧向操作；要保持挖掘点靠近机器，以提高稳定性和挖掘效率；假如挖掘点远离机器，造成重心前移，作业就不稳定；侧向挖掘比正向挖掘稳定性差，如果挖掘点远离机体中心，机器会更加不稳定，因此挖掘点与机体中心应保持合适的距离，以使操作平衡、高效。

（9）值得注意的操作

液压缸内部装有缓冲装置，能够在靠近行程末端逐渐释放背压；如果在到达行程末端后受到冲击载荷，活塞将直接碰到缸头或缸底，容易造成事故，因此到行程末端时应尽量留有余隙。

利用回转动作进行推土作业将引起铲斗和工作装置的不正常受力，造成扭曲或焊缝开裂，甚至销轴折断，应尽量避免此种操作。

利用机体质量进行挖掘会造成回转支承不正常受力，同时会对底盘产生较强的振动和冲击，因此会对液压缸或液压管路产生较大的破坏。

在装卸岩石等较重物料时，应靠近卡车车厢底部卸料，或先装载泥土，然后装载岩石，禁止高空卸载，以减小对卡车的撞击破坏。

履带陷入泥中较深时，在铲斗下垫一块木板，利用铲斗的底端支起履带，然后在履带下垫上木板，将机器驶出。

（10）正确的行走操作

挖掘机行走时，应尽量收起工作装置并靠近机体中心，以保持稳定性；把终传动放在后面以保护终传动。

要尽可能地避免驶过树桩和岩石等障碍物，防止履带扭曲；若必须驶过障碍物时，应确保履带中心在障碍物上。

过土墩时，要始终用工作装置支承住底盘，以防止车体剧烈晃动甚至翻倾。

应避免长时间停在陡坡上怠速运转发动机，否则会因油位角度的改变而导致润滑不良。

机器长距离行走，会使支重轮及终传动内部因长时间回转产生高温，机油黏度下降和润滑不良，因此应经常停机冷却降温，延长下部机体的寿命。

禁止靠行走的驱动力进行挖土作业，否则过大的负荷将会导致终传动、履带等下车部件的早期磨损或破坏。

上坡行走时，应该让驱动轮在后，以增加触地履带的附着力。

下坡行走时，应该让驱动轮在前，使上部履带绷紧，以防止停车时车体在重力作用下向前滑移而引起危险。

在斜坡上行走时，工作装置应置于前方以确保安全，停车后，把铲斗轻轻地插入地面，并在履带下放上挡块。

在陡坡行走转弯时，应将速度放慢，左转时向后转动左履带，右转时向后转动右履带，这样可降低在斜坡上转弯时的危险。

（11）挖掘机工作后的注意事项

挖掘机工作后，应将机械驶离工作地区，放在安全、平坦的地方。将机身转正，使内燃机朝向阳方向，铲斗落地，并将所有操纵杆置于空挡位置，将所有制动器刹死，关闭发动机（冬季应将冷却水放净）。按照保养规程的规定，做好例行保养。关闭门窗并上锁后，方可离开。

（12）其他注意事项

① 挖掘机做短距离自行转移时，一般履带式挖掘机自行距离不应大于 5 km。轮胎式挖掘机可不受限制。但均不得做长距离自行转移。

② 挖掘机做短距离自行转移时，应对行走机构进行一次全面润滑，行驶时，驱动轮应在后方，行走速度不宜过快。

③ 挖掘机装卸车时，应由经验丰富的吊装工指挥。装卸过程中，挖掘机在坡道上严禁回转或转向。装车时若发生危险情况，可将铲斗放下，协助制动，然后挖掘机缓缓退下。

4. 挖掘机的停驶

（1）挖掘机长时间停机应进行履带清洁工作，应将工作装置转到履带装置的一侧，将工作装置放下，并以推下工作装置的办法把该侧履带装置完全升离地面，使履带装置前后反复运转直至大部分泥土被抛落为止，然后用工作装置把履带装置放下，再用同样的方法对另一侧履带装置进行清洁。

（2）挖掘机停机前应将上部平台制动好，并将斗杆、动臂与铲斗油缸活塞收回，铲斗置于地面。

（3）操作手柄置于中位，调速拉杆置于怠速位置，发动机在怠速下运转 5 ~ 10 min 后熄火停机，拉下电瓶总开关。

5. 挖掘机停驶后的注意事项

（1）挖掘机停驶地点应选择平坦坚实的地方。

（2）停驶后应做好例行保养。

（3）若长时间停用，应做好停置保养工作；并选择适宜的封存地点和合适的封存方法，每隔 3 个月启动空运转一次。

（4）按要求填写日常点检记录、加换油记录。

6. 挖掘机作业前准备

（1）仔细阅读挖掘机相关使用说明材料，熟悉所驾驶车辆的使用和保养状况。

（2）详细了解施工现场任务情况，检查挖掘机工作停机处土壤坚实性和平稳性。在挖掘基坑、沟槽时，检查路堑和沟槽边坡稳定性。

（3）严禁任何人员在作业区内停留，工作场地应便于自卸车出入。

（4）检查挖掘机液压系统、发动机、传动装置、制动装置、回转装置，以及仪器、仪表，在经试运转并确认正常后才可以工作。

八、挖掘机的维护保养周期

挖掘机属于精密复杂的工程机械，长期高负荷工作，因此需要良好的保养。行业内有句话最经典——最好的维修就是保养，可见日常保养的重要性。挖掘机的保养周期是由采用的各总成的结构、材料、工况不同，对机器的磨损不同而变化的。对挖掘机实行定期维护保养的目的是减少机器的故障，延长机器使用寿命，缩短机器的停机时间，提高工作效率，降低作业成本。

（一）保养周期

1.10 h/ 日常保养

（1）向动臂、斗杆和前部装置的销内注黄油。

（2）检查发动机油位。

（3）检查液压油箱油位。

（4）检查液压系统有无泄漏。

（5）检查燃油油位。

（6）检查油水分离器。

（7）检查燃油系统有无渗漏。

（8）检查冷却系统并按要求添加冷却液。

（9）检查玻璃清洗液的液位。

（10）检查铲斗斗齿和侧齿有无磨损。

（11）检查发动机风扇皮带有无破裂和磨损，张紧力是否合适。

（12）检查座椅安全带是否适合操作。

（13）检查结构有无裂缝或开焊。

（14）检查所有操作开关。

（15）检查所有的外部灯、喇叭、控制指示器和监视器灯。

（16）启动发动机，检查发动机启动性能，检查启动时的排气颜色和正常工作时的排气颜色，检查有无杂音。

（17）检查所有操作机构是否灵活可靠，各挡位挂接是否顺畅。

（18）检查螺栓和螺母，防止松动和遗失。

（19）检查履带部分的张紧度，有无松动、噪声或破损部分（链节、履带板、托轮、惰轮）。

（20）清洗发动机空气滤清器防护罩。

2.50 h/ 每周保养

（1）进行每 10 h/ 日常保养检查。

（2）向转轴油孔内注入黄油。

（3）向回转轴承注入黄油。

（4）检查动臂回转油缸头。

（5）检查燃油箱排放阀。

（6）更换发动机机油和滤芯。

（7）检查水箱、油冷却液和空气冷凝器芯子。

（8）检查电解液和充电量。

（9）清洗燃油箱滤清器。

3.100 h 保养

（1）进行每 10 h/ 日常保养检查和 50 h/ 每周保养检查。

（2）清理空气滤清器的滤芯。

（3）更换液压油回油滤清器滤芯。

（4）更换全流量液压油滤芯。

4.250 h/ 每月保养

（1）进行所有 10 h/ 日常，50 h/ 每周，100 h 保养检查。

（2）更换机油及滤芯。

（3）从液压油箱排除杂质。

（4）检查前端工作装置销和衬套有无磨损。

（5）检查燃油系统软管夹。

5.500 h/3 个月保养

（1）进行所有 10 h/ 日常，50 h/ 每周，100 h，250 h/ 每月保养检查。

（2）更换燃油滤芯。

（3）更换水箱冷却液。

（4）更换全流量液压油滤芯。

（5）更换空气滤清器滤芯。

（6）检查行走减速装置两侧的油位。

6.1 000 h/6 个月保养

（1）进行所有 10 h/ 日常，50 h/ 每周，100 h，250 h/ 每月，500 h/3 个月保养检查。

（2）更换行走减速装置油（每一侧）。

（3）检查螺栓是否松动。

（4）清洗主燃油喷射泵滤芯。

（5）更换液压油箱空气滤清器滤芯。

7.2 000 h/ 每年保养

（1）进行所有 10 h/ 日常，50 h/ 每周，100 h，250 h/ 每月，500 h/3 个月和 1 000 h/16 个月保养检查。

（2）更换液压油及清理油滤清器。

（3）检查发动机和启动机。

（4）检查所有防震橡胶块。

（5）进行并记录每次循环测试的结果。

（6）检查机器焊接件，是否有裂开或开焊或其他结构件是否有损坏。

8.4 000 h/ 每两年保养

重要部件应周期性更换。

（二）保养要点

发动机是挖掘机的心脏，发动机是否能正常工作直接关系到挖掘机的出勤率、工作效率、燃油效率等。首先要谈谈柴油，国内柴油的质量太差，电喷机的油嘴很精贵，有条件的最好购买柴油过滤机，将柴油先过滤一遍，这对直喷机就有点奢侈了。最简单易行廉价的方法就是用丝袜过滤。每次启动发动机前，最好先检查油液（冷却液和机油）液面，发现缺少及时添加。检查油水分离器中有无水和杂物，若有，则及时排出。机油和机油滤芯的更换周期一般是 250 h，若挖掘机尚未工作到 250 h，但已有 6 个月，也最好更换掉。许多机械会添加 JB 等引擎保护修复剂，这种引擎保护修复剂内含有各种添加剂，对发动机有一定的保护和修复作用，特别是增加机油黏度。但添加时要注意，先将引擎保护修复剂加入一定比例（引擎保护修复剂标识上有注明）的机油中搅匀，再向发动机中，间隔一次再添加，最好不要连续添加。特别是用红壳加引擎保护修复剂，很容易把环抱死，因为红壳的高温黏度比同级别的机油要高出许多。空滤堵塞会造成进气量不足，导致发动机功率不足。进气洁净度过低会直接缩短发动机寿命，因此，在扬尘现场工作的机器要缩短空滤保养周期。最好是加装油浴式预滤器。

关于液压系统的保养，首先要从液压系统的特点来说，液压传动具有体积小、质量轻、结构紧凑、工作精准平稳、易于实现自动化无级调速过载保护、自行润滑、磨损少、使用寿命长等优点。下面谈谈不足之处，液压部件对液压油的清洁度要求较高，特别是柱塞泵和柱塞马达，因此液压系统的保养最主要的就是定期更换液压系统的滤芯，保持液压油的清洁度，对安装破碎锤的挖掘机要特别注意，每隔 250 h 就要更换液压回油滤清器，检查液压油。注意应该更换液压油箱通气滤芯，这一点许多人会忽略。由于存在摩擦损失和泄漏损失，液压系统能量损失较大。这与液压油的黏度有很大关系，而黏度对温度变化比较敏感，因此要严防系统高温。系统高温降低机械的工作效率，加速密封件的老化，减少液压元件的使用寿命。每 500 h 检查散热系统，清理散热器片、散热器网。检查风扇皮带张紧度，在发电机皮带轮和水泵皮带轮之间的中位，用手指下压（用力大约为 58.8 N）皮带，皮带正常变形量为 5 ~ 6 mm。大多数挖掘机采用柱塞泵，缺点就是自吸性差，无法自动排气。修理液压泵后或者换液压油后都要对液压泵进行排气，拧开排气塞，直至油溢出为止，再拧紧放气塞。每 100 h 检查一次回转齿轮减速箱内油位，若没有达到油尺的标记线，应补加。若油量明显增多且黏度变小，则多是液压油进入齿轮减速箱，应更换回转马达骨架油封。对液压管件的保养主要是两点：一是避免液压胶管接触有腐蚀性的柴油等液体；二是液压泵工作时会在液压部件内产生频率振动，因此对特殊的液压胶管要使用保护套，定期检查是否有磨损，发现磨损及时进行处理。

关于润滑点的保养，对于新机器，在最初 100 h 内必须每工作 10 h 就对各个销轴润滑点进行一次润滑。若润滑点有异常响声，则不管是否到了润滑周期，都必须润滑。对于长期进行清淤工作的挖掘机，最好使用具有良好防水型的二硫化钼润滑脂，并且缩短铲斗处各个润滑点的保养周期。冬天也最好使用高黏度的 3 号润滑脂，可以将黄油桶放在液压泵边门内，挖掘机工作一段时间温度升高后润滑脂就会变稀，不会因为黏度过高难以加注。对于许多使用中心分油器罩盖的机器来说，还要注意定期检查上车排水是否良好，以免积水通过中心分油器罩盖渗入回转支承，使润滑脂遇水变稀泄漏，减少回转支承使用寿命。

关于底盘件的保养，主要是日常检查和调节履带张紧度。在距驱动轮第 4 个支重轮处测量履带架底部与接地的履带板上部（履带板内侧）之间的距离，标准距离为（303 ± 20）mm。对于长期在坡地上工作的机械应该定期调整履带方向，以防履带长期半边受力造成半边磨损。定期检查节轨器，发现磨损及时修复加固或者更换。对于长期在滩涂盐湖地区工作的机械最好使用湿地型（带有 M 型油封）链轨节。提前拆开行走马达罩盖板，将行走马达上的内六角螺栓和调整螺栓处涂上润滑脂，以防腐蚀。及时清洗掉机身的盐分，对于已经腐蚀的部位要涂抹润滑脂减慢腐蚀速度，待后期处理。

关于电器件的保养，首先是蓄电池的保养，检查蓄电池电解液位，若液位太低，则加注蒸馏水，应急时可以用瓶装纯洁水替代。蓄电池处禁止摆放物体，许多火灾都是蓄电池短路引起的。灰尘会降低电器件散热性能，导致电器件温度过高，严重时会烧毁器件。灰尘还有可能造成线束插头接触不良，影响机器正常工作，甚至造成短路引发火灾。因此要保持驾驶室内清洁。还有驾驶室内残留开封的食品，会引来老鼠，大家都知道老鼠是啮齿类动物，会啃撕物品，如果啃咬线路就会造成短路引发火灾。还有进行电气系统维护之前，应断开蓄电池的负极接头。

第二节　推土机

推土机是一种自行式铲土运输机械，主要利用其前端的推土板（通称铲刀）进行短距离推运土方、石渣等作业和局部碾压，还可配置其他工作装置进行松土、除根、清除石块，以及给铲运机助铲和牵引各种拖式施工机械等，是土石方工程中广泛使用的施工机械。

一、推土机分类及特点

推土机的分类及主要特点见表 1.1。

表 1.1 推土机的分类及主要特点

分类方法	形式	主要特点	应用范围
按行走装置分	履带式	附着牵引力大，接地比压低，爬坡能力强，但行驶速度低	适用于条件较差的地带作业
	轮胎式	行驶速度低，灵活性好，但牵引力小，通过性差	适用于经常变换土壤作业
按转动方式分	机械传动	结构简单，维修方便，但牵引力不能适应外阻力变化，操作较难，作业效率低	已逐渐被淘汰
	液力机械传动	车速和牵引力可随外阻力变化而自动变化，操作便利，作业效率高，但制造成本高，维修较难	适用于推运密实、坚硬的土壤
	全液压传动	作业效率高，操作灵活，机动性强，但制造成本高，维修困难	适用于大功率推土机对大型土方作业
按用途分	通用型	按标准进行生产的机型	一般土方工程使用
	专用型	有采用三角形宽履带板的湿地推土机和沼泽地推土机，以及水陆两用推土机等	适用于湿地或沼泽地作业
按工作装置形式分	直铲式	铲刀与底盘的纵向轴线构成直角，铲刀切削角可调	一般性推土作业
	角铲式	铲刀除能调节切削角度外，还可在水平方向上回转一定角度，可实现侧向卸土	适用于填筑半挖半填的坡道作业
按功率等级分	超轻型	功率 30 kW，生产率低	极小的作业场地
	轻型	功率为 30 ~ 75 kW	零星土方
	中型	功率为 75 ~ 225 kW	一般土方工程
	大型	功率在 225 kW 以上，生产率高	坚硬土质或深度冻土大型土方工程

二、推土机构造与工作原理

推土机主要由发动机、底盘、液压系统、电气系统、工作装置和辅助设备等组成。其总体构造如图 1.29 所示。发动机是推土机的动力装置，大多采用柴油内燃机。发动机往往布置在推土机的前部，通过减振装置固定在机架上。电气系统包括发动机的电启动装置和全机照明装置。辅助设备主要由燃油箱、驾驶室等组成。

推土机的工作装置主要由推土刀和支持架两个部分组成。推土机可分为固定式（直铲）和回转式（角铲）两种。前者的推土铲与主机纵轴经线固定为直角，如图 1.30 所示；后者如图 1.31 所示，推土铲可以水平面内左右回转约 25°，在垂直面内可倾斜 8° ~ 12°，且能视不同的土质条件改变其切削角，故回转式因能适应较多的工况而获得广泛使用。

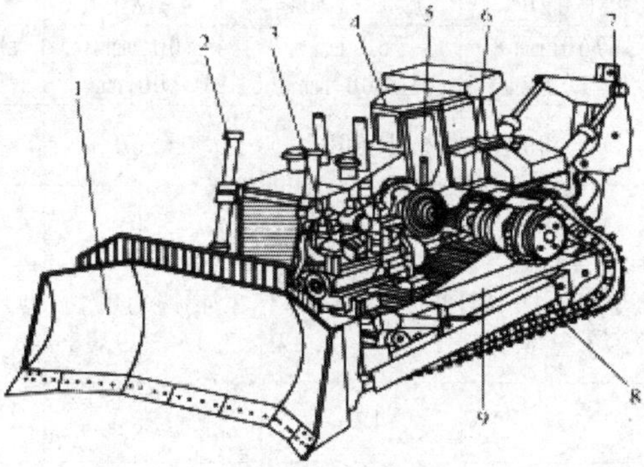

1—铲刀；2—液压系统；3—发动机；4—驾驶室；5—操作机构；6—传动系统；7—松土器；8—行走装置；9—机架

图 1.29 推土机总体构造示意图

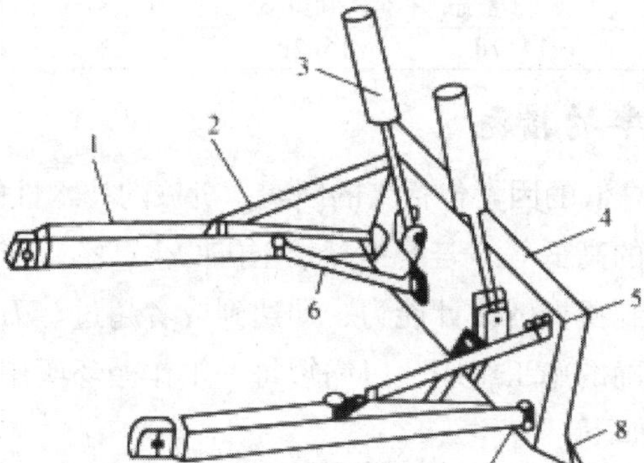

1—顶推架；2—斜撑杆；3—铲刀升降油缸；4—推土板；5—球形铰；6—水平撑杆；7—销接；8—刀片

图 1.30 固定式推土机工作机构

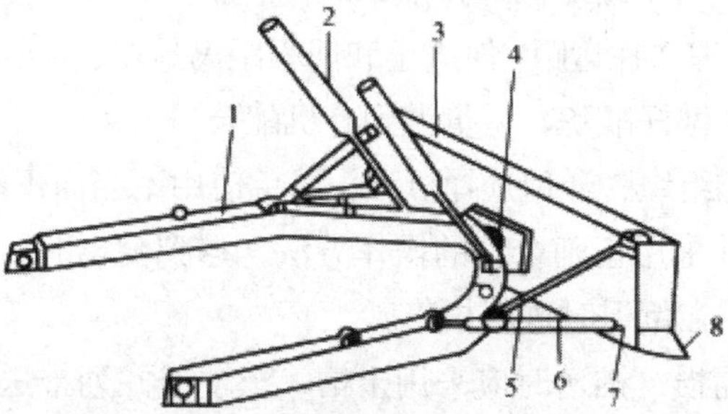

1—顶推架；2—铲刀升降油缸；3—推土板；4—中间球铰；5—上撑杆；6—下撑杆；7—铰接；8—刀片

图 1.31 回转式推土机工作机构

三、推土机技术性能参数与生产率

（一）推土机技术性能参数

常用推土机型号及技术性能参数见表 1.2。

表 1.2 常用推土机型号及技术性能参数

项目	T3-100	T-120	上海 -120A	T-180	TL-180	T-220
铲刀（宽 × 高）	3 030 mm × 1 100 mm	3 760 mm × 1 100 mm	3 760 mm × 1 000 mm	4 200 mm × 1 100 mm	3 190 mm × 990 mm	3 725 mm × 1 315 mm
最大提升高度 /mm	900	1 000	1 000	1 260	900	1 210
最大切土深度 /mm	180	300	330	530	400	540
移动速度：前进 /(km · h^{-1}) 后退 /(km·h^{-1})	2.36 ~ 10.13 2.79 ~ 7.63	2.27 ~ 10.44 2.73 ~ 8.99	2.23 ~ 10.23 2.68 ~ 8.82	2.43 ~ 10.12 3.16 ~ 9.78	7.00 ~ 49.00 —	2.50 ~ 9.90 3.00 ~ 9.40
额定牵引力 /kN	90	120	130	188	85	240
发动机额定功率 /kW	100	135	120	180	180	220
对地面单位压力 /MPa	0.065	0.059	0.064	—	—	0.091
外形尺寸（长 × 宽 × 高）	5.000 m×3.030 m ×2.992 m	6.506 m×3.76 m ×2.875 m	5.366 m×3.76 m ×3.010 m	7.176 m×4.200 m ×3.091 m	6.130 m×3.190 m ×2.840 m	6.790 m×3.725 m ×3.575 m
总质量 /t	13.43	14.70	16.20	—	12.80	27.89

（二）提高生产率的措施

决定推土机生产率高低的因素包括人的因素、机械的技术性能状况、司机的操作技能、施工组织和管理水平面的高低等。若要提高推土机的生产率，应考虑两个方面：一方面考虑如何使每次推土能达到机械的设计能力，即达到或者超过铲刀的几何容积；另一方面则要根据施工对象采用正确的施工组织，以缩短每一工作循环所用的时间，从而增加每小时的循环次数，具体措施如下：

（1）加强机械的维护保养，使推土机经常保持良好状态。

（2）要提高生产率，首先应缩短推土机作业的循环时间，提高时间利用系数，减少辅助时间，加快作业循环。为了缩短循环作业的时间，推土机在铲土时应充分利用发动机的功率以缩短铲土距离，合理选择运距，使送土和回程距离最短，并尽量创造下坡铲土的条件；此外，应提前为下道工序做好准备，尽量做到有机配合。

（3）正确地进行施工组织，合理选择机型，以免使用不当而不能发挥机械效能。另外，在施工中对各种施工条件采用正确合理的操作方法，遇到硬土时，用松土机预先松土，或在铲土刀后面加装钢齿，在倒退时进行松土。

（4）为了减少土壤漏损，推送时应采用土槽、土埂或并列推送方式，这样不仅可提高送土效率，也可增大铲刀前土堆的体积。土质松软时，可将铲刀两侧的挡土板加长，提高铲刀前的推土量。

（5）正确选择运行路线，尽量利用下坡推土，或分批集中，一次推送。

四、推土机的合理选择

土石方工程条件复杂，根据推土机的技术性能和土石方工程条件选择有效的施工措施和先进的施工方法和合理的推土机机型，充分发挥推土机的功能，以利于土石方工程的施工。推土机的类型选择，主要考虑以下几个方面情况：

（1）土石方量大小。土石方量大而且集中时，应选用大型推土机；土石方量小而且分散时，应选用中、小型推土机，土质条件允许的可选用轮胎式推土机。

（2）土壤性质。一般推土机均适合Ⅰ、Ⅱ级土壤施工或Ⅴ级土壤预松后施工。如土壤比较密实、坚硬，或冬期冻土，应选用液压式重型推土机或带松土齿推土机，如果土壤属潮湿软泥，最好选用宽履带式推土机。

（3）施工现场。在危险地带作业，如有条件可采用自动化推土机。在修筑半挖半填的傍山坡道时，最好选用回转式推土机；在严禁有噪声的地方施工时，应选用低噪声推土机；在水下作业时，可选用水下推土机，高原地区则应选择高原型推土机等。

（4）作业要求。根据施工作业的各种要求，为减少投入现场机械的台数和提高机械化作业的范围，最好选用具有多种功能的推土机施工作业。

另外，还应考虑其整个施工的经济性。施工单位只有对土石方成本进行计算，才能决定出施工机械的使用费和机械生产率，选择推土机型号时，应初选两种或两种以上的机械，经过计算比较，选择土石方成本最低的推土机。对于租用的推土机，土石方成本可按合同规定的定额标准计算。

五、推土机作业方法

推土机开挖的基本作业是铲土、运土和卸土三个工作行程和空载回驶行程。铲土时应根据土质情况，尽量采用最大切土深度在最短距离（6 ~ 10 m）内完成，以便缩短低速运行时间，然后直接推运到预定地点。回填土和填沟渠时，铲刀不得超出土坡边沿。上坡、下坡的坡度不得超过 35°,横坡不得超过 10°。几台推土机同时作业时,前后距离应大于 8 m。

（一）下坡推土法

在斜坡上，推土机顺下坡方向切土与堆运（见图 1.32），借机械向下的重力作用切土，增大切土深度和运土数量，可提高生产率 30% ~ 40%，但坡度不宜超过 15°，避免后退时爬坡困难。

（二）槽形推土法

推土机重复多次在一条作业线上切土和推土，使地面逐渐形成一条沟槽如图 1.33 所示，再反复在沟槽中进行推土，以减少土从铲刀两侧漏散，可增加 10% ~ 30% 的推土量。槽的深度以 1 m 左右为宜，槽与槽之间的土坑宽约 50 m。

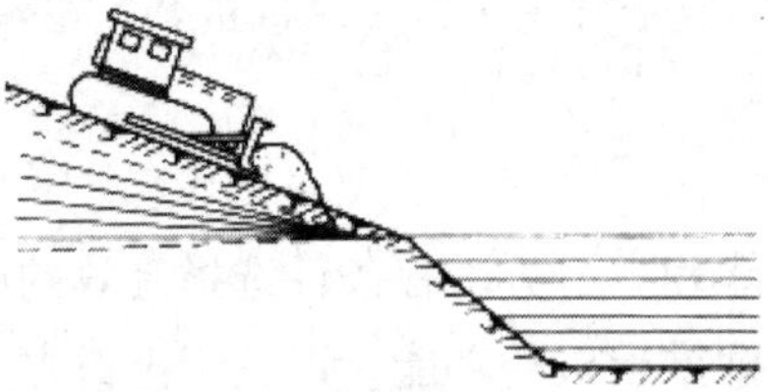

图 1.32 下坡推土法

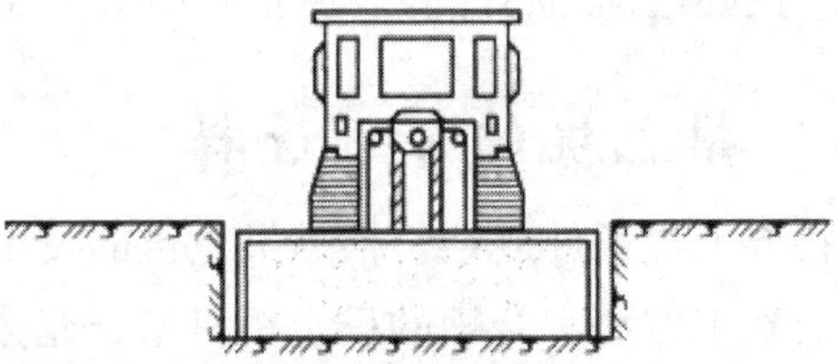

图 1.33 槽形推土法

应在运距较远、土层较厚时使用这种方法。

（三）并列推土法

用 2 台或 3 台推土机并列作业如图 1.34 所示，以减少土体漏失量。铲刀相距 15 ~ 30 cm，一般采用两机并列推土，可增大推土量 15% ~ 30%。大面积场地平整及运送土时应使用这种方法。

（四）分堆集中，一次推送法

在硬质土中，切土深度不大，将土先积聚在一个或数个中间点，然后再整批推送到卸土区，使铲刀前保持满载。如图 1.35 所示。使用这种方法，堆积距离不宜大于 30 m，推土高度以 2 m 内为宜。这种方法能提高生产效率 15% 左右。运送距离较远而土质又比较坚硬，或长距离分段送土时采用这种方法。

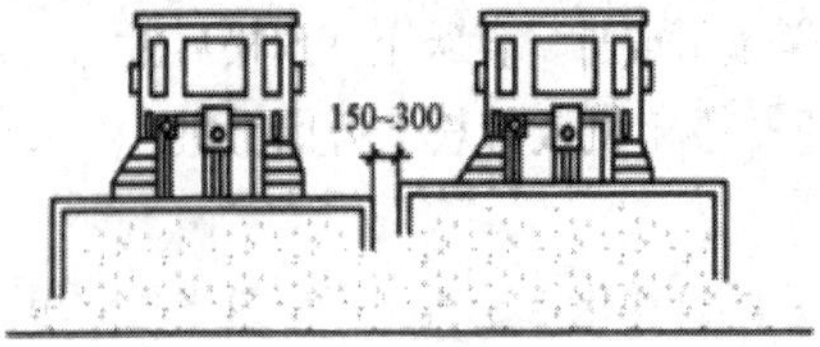

图 1.34 并列推土法

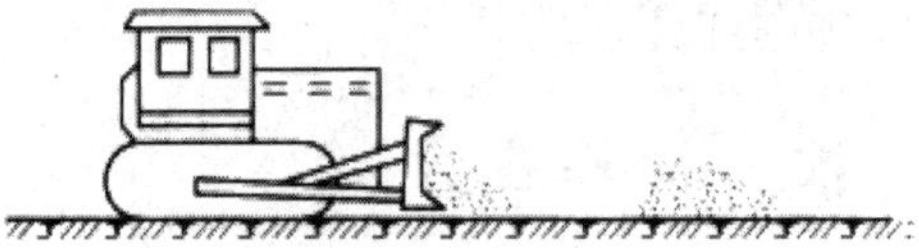

图 1.35 分堆集中，一次推送法

（五）斜角推土法

将铲刀斜装在支架上或水平放置，并与前进方向成一倾斜角度（松土为 60°，坚实土为 45°）进行推土，如图 1.36 所示。这种方法可减少机械来回行驶，提高效率，但推土阻力较大，需较大功率的推土机，管沟推土回填、垂直方向无倒车余地或在坡脚及山坡下推土时适用。

（六）“之”字、斜角推土法

推土机与回填的管沟或洼地边缘成“之”字或一定角度推土法，如图 1.37 所示。这种方法可减少平均负荷距离、改善推土的条件，并可使推土机转角减少一半，可提高台班生产率，但需较宽的运行场地，回填基坑、槽、管沟时适用。

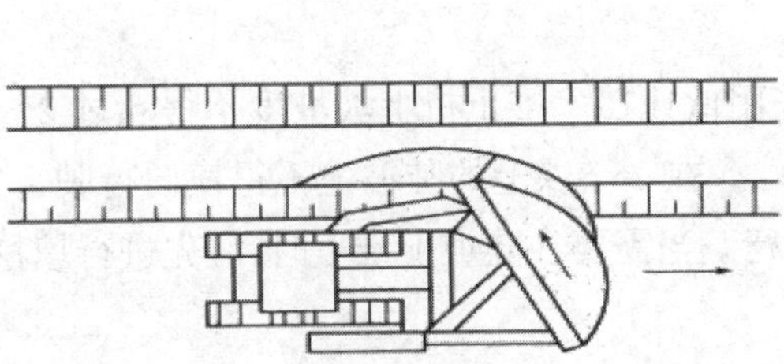

图 1.36 斜角推土法

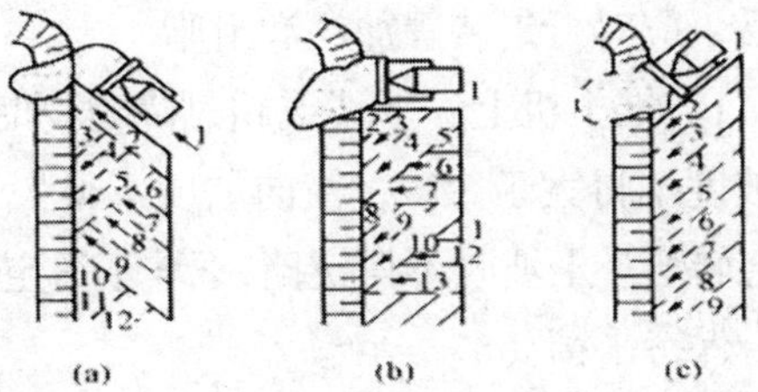

(a)、(b)“之”字推土法；(c)斜角推土法

图 1.37“之”字、斜角推土法

（七）铲刀附加侧板法

运送疏松土壤且运距较大时，可在铲刀两边加装侧板，增加铲刀前的土方体积和减少推土漏头量。

六、推土机安全使用技术

（1）推土机在坚硬土壤或多石土壤地带作业时，应先进行爆破或用松土器翻松。在沼泽池地带作业时，应更换专用湿地履带板。

（2）不得用推土机推石灰、烟灰等粉尘物料，不得进行碾碎石块的作业。

（3）牵引其他机构设备时，应有专人负责指挥。钢丝绳的连接应牢固可靠。在坡道或长距离牵引时，应采用牵引杆连接。

（4）作业前应重点检查下列项目，并应符合相应要求：

①各部件不得松动，应连接良好。

②燃油、润滑油、液压油等应符合规定。

③各系统管路不得有裂纹或泄露。

④各操纵杆和制动踏板的行程、履带的松紧度或轮胎气压应符合要求。

（5）启动前，应将主离合器分离，各操纵杆放在空挡位置，并应按照规定启动内燃机，不得用拖、顶方式启动。

（6）启动后应检查各仪表指示值、液压系统，并确认运转正常，当水温达到 55 ℃、机油温度达到 45 ℃时，全载和作业。

（7）推土机机械四周不得有障碍物，并且确认安全后开动，工作时不得有人站在履带或刀片的支架上。

（8）采用主离合器传动的推土机接合应平稳，起步不得过猛，不得使离合器处于半接合状态下运转，液力传动的推土机，应先解除变速杆的锁紧状态，踏下减速器踏板，变速杆应在低挡位，然后缓慢释放减速踏板。

（9）在块石路面行驶时，应将履带张紧。当需要原地旋转或急转弯时，应采用低速挡。当行走机构夹入块石时，应采用正、反向往复行驶使块石排除。

（10）在浅水地带行驶或作业时，应查明水深，冷却风扇叶不得接触水面。下水前和出水后，应对行走装置加注润滑脂。

（11）推土机上、下坡或超过障碍物时应采用低速挡。推土机上坡坡度不得超过 25 °，下坡坡度不得大于 35 °，横向坡度不得大于 10 °。在 25 °以上的陡坡上不得横向行驶，并不得急转弯。上坡时不得换挡，下坡不得空挡滑行。当需要在陡坡上推土时，应先进行填挖，使机身保持平衡。

（12）在上坡途中，当内燃机突然熄灭时，应立即放下铲刀，并锁住制动踏板。在推土机停稳后，将主离合器脱开，把变速杆放到空挡位置，并应用木块将履带或轮胎揳死后，重新启动内燃机。

（13）下坡时，当推土机下行速度大于内燃机传动速度时，转向操纵的方向应与平地行走时操纵的方向相反，并不得使用制动器。

（14）填沟作业驶近边坡时，铲刀不得越出边缘。后退时，应先换挡，后提升铲刀进行倒车。

（15）在深沟、基坑或陡坡地区作业时，应有专人指挥，垂直边坡高度应小于 2 m。当大于 2 m 时，应放出安全边坡，同时禁止推土刀侧面推土。

（16）推土或松土作业时，不得超载，各项操作应缓慢平稳，不得损坏铲刀、推土架、松土器的装置，无液力变矩器装置的推土机，在作业中有超载趋势时，应稍微提升刀片或变换低速挡。

（17）不得顶推与地基基础连接的钢筋混凝土桩等建筑物。顶推树木等物体不得倒向推土机及高空架设物。

（18）两台以上推土机在同一地区作业时，前后距离应大于 8.0 m；左右距离应大于 1.5 m。在狭窄道路上行驶时，未得前机同意，后机不得超越。

（19）作业完毕后，宜将推土机开到平坦安全的地方，并应将铲刀、松土器落到地面。在坡道上停机时，应将变速杆挂低速挡，接合主离合器，锁住制动踏板，并将履带或轮胎揳住。

（20）停机时，应先降低内燃机转速，变速杆放在空挡，锁紧液力传动的变速杆，分开主离合器，踏下制动踏板并锁紧，在水温降到 75 ℃以下、油温降到 90 ℃以下后熄火。

（21）推土机长途转移工地时，应采用平板拖车装运。短途行走转移距离不宜超过 10 km，铲刀距离地面宜为 400 mm，不得用高速挡行驶和进行急转弯，不得长距离倒退行驶。

（22）在推土机下面检修时，内燃机应熄火，铲刀应落到地面或垫稳。

第三节　装载机

一、轮式装载机总体结构及工作原理

轮式装载机是一种广泛应用于公路、铁路、港口、码头、矿山、水利、国防等工程和城市建设等场所的铲土运输机械。它对于减轻劳动强度，加快工程建设速度，提高工程质量起着重要的作用。下面对其结构及工作原理作简单介绍。

（一）轮式装载机的功能

轮式装载机的主要功能是对松散物料进行铲装及短距离运输作业。它是工程机械中发展最快、产销量及市场需求最大的机种之一。平时看到最多的是轮式装载机，与它相对应的是履带式装载机。与履带式装载机相比轮式装载机具有机动性能好，不破坏路面，操作方便等优点。因此，轮式装载机得到了广泛的应用。

（二）轮式装载机的结构及工作原理

如图 1.38 所示为轮式装载机结构示意图，装载机一般由车架、动力传动系统、行走装置、工作装置、转向制动装置、液压系统及操纵系统等组成。发动机 1 的动力经变矩器 2 传给变速箱 14，再由变速箱把动力经传动轴 13 及 16 分别传到前后驱动桥 10，以驱动车轮转动。内燃机动力还经过分动箱驱动作业液压泵 3 工作。工作装置由动臂 6、摇臂 7、连杆 8、铲斗 9、动臂液压缸 12 及转斗液压缸 5 组成。动臂一端铰接在车架上，另一端安装铲斗，动臂的升降由动臂液压缸来带动，铲斗的翻转由转斗液压缸通过摇臂和连杆来实现。车架 11 由前后两部分组成，中间用前后车架铰接销 4 连接，依靠转向液压缸 15 可以使前后车架绕铰销相对转动，以实现转向。

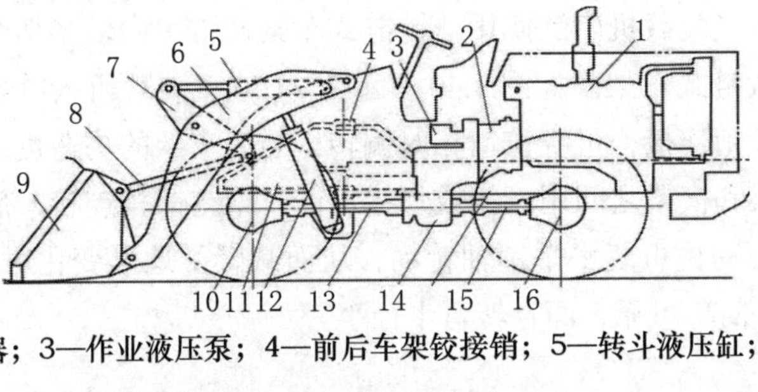

1—发动机；2—变矩器；3—作业液压泵；4—前后车架铰接销；5—转斗液压缸；6—动臂；7—摇臂；8—连杆；9—铲斗；10—驱动桥；11—车架；12—动臂液压缸；13—前传动轴；14—变速箱；15—转向液压缸；16—后传动轴

图 1.38　轮式装载机结构示意图

1. 车架

车架分为整体式车架和铰链式车架。

（1）整体式车架

整体式车架一般用于车速较高的工程机械，根据机种不同其结构也不同。采用偏转车轮转向的装载机具有整体式车架。整体式车架是由两根位于两边的纵梁与若干横梁用铆接焊接而构成的一个完整的框架，由两根钢板焊成的纵梁和若干根横梁等组成。两根纵梁是用钢板焊接或用钢板冲压而成，纵梁的断面是前后变化的，由于后半部分承受较大部分的荷载，因此断面高度尺寸也是加大的，通常为了增加其强度采用箱形断面。前半部分承受荷载较小，断面高度尺寸要比后半部分小，采用槽形断面。两纵梁前后均用横梁相连。为了便于安装，横梁的形状并不相同。在车架后半部分因负荷的局部强度需要设置了 K 形梁。整体式车架如图 1.39 所示。

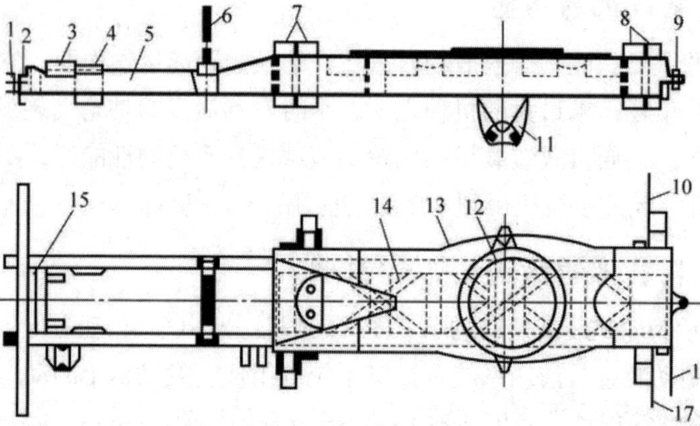

1—前脱钩；2—保险杠；3—转向机构支座；4—发动机支架板；5—纵梁；6—起重支架；7，8—支腿架；9—牵引架；10—右尾灯架；11—平衡轴支架；12—圆垫板；13—上盖板；14—斜梁；15—横梁；16—左尾灯架；17—牌照灯架

图 1.39　整体式车架

（2）铰链式车架

铰链式车架被轮式装载机广泛使用。铰链式车架通常由两段半架组成，两半架之间用铰链连接，故称为铰链式车架。如图 1.40 所示为 ZL50 型装载机铰链式车架，它的前车架和后车架通过垂直铰销连接，可绕铰销相对偏转。前后车架的构造也是由两根纵梁和若干横梁铆接组成，纵梁和横梁之间用铆接或焊接。前车架与前桥连接，后车架通过副车架与后驱动桥组成。后驱动桥可绕水平销轴转动，从而减轻了地形变化对车架和铰销的影响。这种机械的转向系统简单可靠，而且转弯半径小。

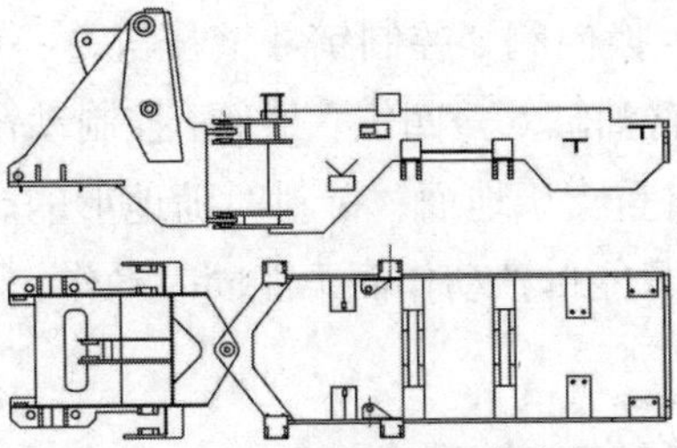

图 1.40　ZL50 型装载机铰链式车架

2．传动系统

（1）ZL50 传动系统

ZL50 传动系统如图 1.41 所示。铲斗插入物料，靠的是行走机构的牵引力，前后桥都是驱动式的。

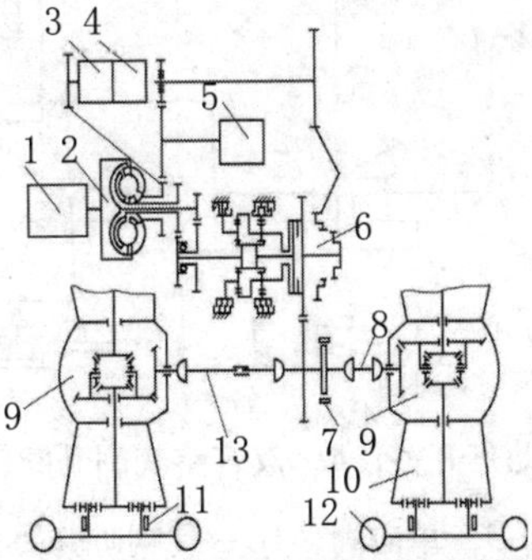

1—发动机; 2—液力变矩器; 3—液压泵; 4—变速液压泵; 5—转向液压泵; 6—变速器; 7—手制动; 8、13—传动轴; 9—驱动桥; 10—轮边减速器; 11—脚制动器; 12—轮胎

图 1.41　ZL50 传动系统

（2）ZL50 传动路线

动力传递为：发动机 1→液力变矩器 2→变速器 6→传动轴 8，13→前后驱动桥 9→轮边减速器 10→驱动轮。ZL50 传动系统如图 1.41 所示。

3．液压系统

图 1.42 所示为 ZL50 装载机工作装置液压系统。

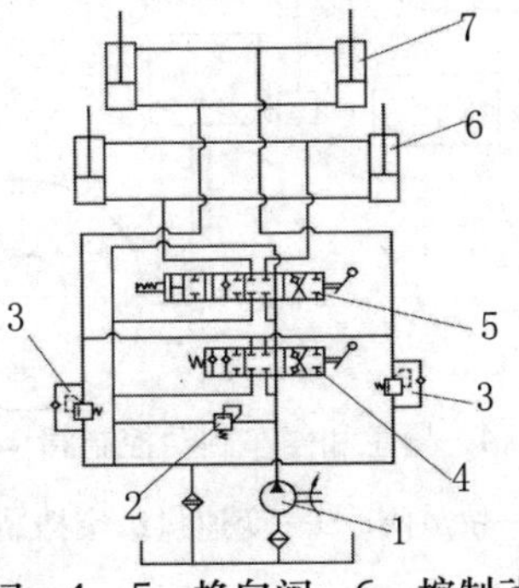

1—液压泵；2、3—溢流阀；4、5—换向阀；6—控制动臂油缸；7—铲斗液压缸

图 1.42　ZL50 装载机工作装置液压系统

如液压泵 1 输出高压油；换向阀 4 控制铲斗液压缸 7 →三位六通阀，控制铲斗后倾、固定、前倾；换向阀 5 控制动臂油缸 6 →四位六通阀，控制动臂上升、固定、下降、浮动（装载机作业时，工作装置由于自重支于地面，铲料时随地形的高低而浮动）；两个换向阀之间采用顺序回路组合，两个阀只能单独动作而不能同时动作，保证液压缸推力大，利于铲掘。

4．制动系统

ZL50 设有以下两套制动系统：

（1）行车制动系统

如图 1.43 所示为气顶液四轮盘式制动。它用于行驶中速度控制、停车。

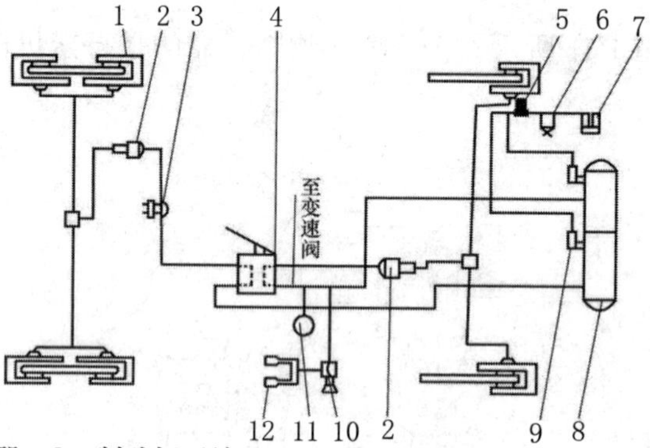

1—盘式制动器；2—加力器；3—制动灯开关；4—双管路气制动阀；5—压力控制器；6—油水分离器；7—空气压缩机；8—储气罐；9—单向阀；10—气喇叭开关；11—气压表；12—气喇叭

图 1.43　气顶液四轮盘式制动

空气压缩机 7 由发动机带动，压缩空气经油水分离器 6、压力控制器 5、单向阀 9 进入储气罐 8；踩下双管路气制动阀 4，气分两路，分别进入前、后加力器 2，推动盘式制动器 1 的活塞、摩擦片，压向制动盘而制动车轮。

（2）紧急和停车制动系统

如图 1.44 所示为紧急和停车制动系统，用于紧急情况时制动以及停车后的制动。

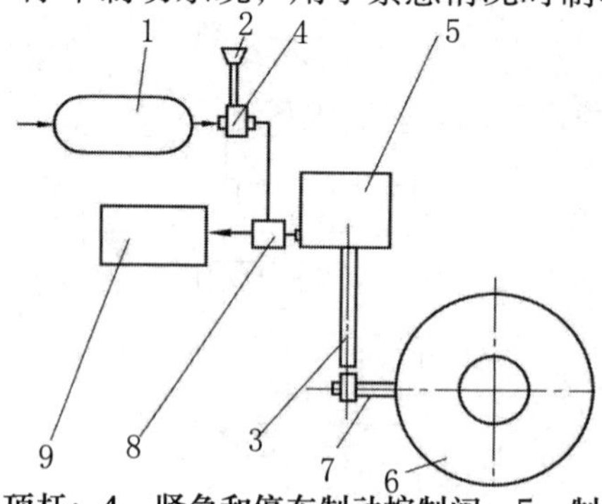

1—储气罐；2—控制按钮；3—顶杆；4—紧急和停车制动控制阀；5—制动气室；6—制动器；7—拉杆；8—快放阀；9—变速操纵空挡装置

图 1.44　紧急和停车制动系统

储气罐1来的压缩空气进入紧急和停车制动控制阀4→制动气室5→压缩大弹簧→制动器6被松开——正常情况；气压被释放时，大弹簧复位使制动器接合，装载机制动——紧急情况。

二、徐工ZL50装载机静机（起步前）训练

（一）操作前的检查调整

操作前的绕机检查是为保证操作者与周围人群的安全，同时也是增加装载机使用寿命的必要工作。具体项目见表1.3。

表1.3　装载机操作前检查表

序号	点检项目	要求	结果	备注
1	发动机机油油位	油标指定刻度线之间		
2	水箱及散热器	无漏油、漏气、漏水，水箱水位盖下2 cm		
3	燃油箱油位	能连续工作10 h以上		
4	变速箱油位	油尺规定		
5	制动油杯	油位在刻度线上，接合处无漏油		
6	制动钳	接合处无漏油，快脱阀无漏气		
7	工作液压系统	油箱油位在刻度线上，各接头无漏油		
8	动臂	动臂和铲斗不能有严重歪斜		
9	铲斗	铲斗斗齿无断裂或磨损小于1/4，且铲斗无严重变形		
10	前后传动轴、变速箱前后输出轴	联接螺栓无松动、无丢失		
11	轮胎	胎压正常，联接螺栓无松动、无丢失		
12	工作灯及玻璃	无破损，正常		
13	蓄电池	联接无松动，反应液位正常		
14	驾驶室	开关、手柄操作灵活安全准确，仪表盘 指示灯完整工作正常		
15	离合器	踩踏离合，挂挡自如		
16	润滑脂加注	依照整机加注表执行		

（二）发动机启动前的安全注意事项

（1）检查并确保所有灯具的照明及各显示灯能正常显示。特别要检查转向灯及制动显示灯的正常显示。

（2）检查并确保在启动发动机时，不得有人在车底下或靠近装载机的地方工作，以确保出现意外时不会危及自己或他人的安全。

（3）启动前装载机的变速操纵手柄应扳到空挡位置。

（4）不带紧急制动的制动系统，应将手制动手柄扳到停车位置。

（5）只能在空气流动好的场所启动或运转发动机。如在室内运转时，要把发动机的排气口接到或朝向室外。

三、发动机的启动

（1）应检查停车制动器是否拉上，变速杆是否挂于空挡位置，工作装置操纵杆是否置

于中位。

（2）启动时要确认周围没有人，特别要注意行人。

（3）合上电源开关，接通电源。然后把锁钥匙插入，向右转动，再按启动按钮。启动后应立即松开启动开关。

（4）启动时应注意，按启动按钮时，一次不得超过 5 ～ 10 s，如再次按启动按钮时，应等 1 ～ 2 min 之后方可再次启动，连续 3 次启动失败，应查找原因，待查出并排除故障之后，才允许继续按启动按钮，否则启动马达容易烧坏。

四、发动机启动后及作业时安全注意事项

（1）发动机启动后，等制动气压达到安全气压时再准备起步，以确保行车时的制动安全性。检查发动机机油压力表读数，应为 0.2 ～ 0.4 MPa，若压力不足或无压力，必须立即停车检查，否则会发生烧坏轴瓦等事故。另外，还要检查电流表的指向，应指向正方向；制动气压应为 0.6 ～ 0.8 MPa；水温不低于 65 ℃；发动机机油温度不低于 60 ℃。还要观察有无漏油、漏水、漏气，或有无异响等。有紧急制动的把紧急及停车制动阀的按钮按下（只有当气压达到允许起步气压时，按钮才能按下，否则按下去会自动跳起来），使紧急及停车制动释放，才能挂 I 挡起步。无紧急制动的只需将停车制动手柄放下，释放停车制动即可起步。

（2）清除装载机在行走道路上的障碍物，特别要注意铁块、沟渠之类的障碍物，以免割破轮胎。

（3）将后视镜调整好，使驾驶员入座后能有最好的视野效果。

（4）确保装载机的喇叭、后退信号灯，以及所有的保险装置能正常工作。

（5）在即将起步或在检查转向左右灵活到位时，应先按喇叭，以警告周围人员注意安全。

（6）在起步行走前，应对所有的操纵手柄、踏板、方向盘先试一次，确定已处于正常状态才能开始进行作业。要特别注意检查转向、制动是否完好。确定转向、制动完全正常，方可起步运行。

（7）作业结束后不要立即停车，至少应该空转 5 min，待发动机热量排除之后再熄火停车，保证发动机使用寿命。

五、装载机工作装置检查

开动装载机之前一定要对装载机的工作装置做一个最基本的检查，让各个工作装置做一个最基本的动作，以此观察工作装置是否正常，如果不正常，需要及时地做出调整修复，避免出现不可挽回的损失。

徐工 ZL50 装载机工作装置由铲斗、动臂、摇臂及连杆等组成。铲斗用来铲装物料，动臂与动臂油缸的作用是用以提升铲斗并使之与车架连接，转斗油缸通过摇臂、连杆使铲斗转动。动臂的升降和铲斗的转动靠液压操纵。

（一）外观检查

（1）动臂、摇臂和拉杆不应有变形和裂纹，轴销应固定牢靠，润滑应良好。

（2）铲斗应完好，不应有裂纹，斗齿应齐全、完整，不应松动。

（3）各油管接头处无泄漏。

（二）动作检查

（1）动作平稳、连贯、无抖动、停滞、拖曳、窜动等。

（2）三项和时间在 10 s 左右。

（3）动臂单位时间下降量满足设计要求。

六、装载机驾驶操作（起步、变速、转向、停车）

（一）起步

1. 步骤

（1）升动臂，上转铲斗，使动臂下交点离地 40 ～ 50 cm。

（2）右手握方向盘，左手将变速杆置于所需挡位。

（3）观察机械周围情况，鸣喇叭。

（4）放松手制动器操纵杆。

（5）逐渐下踏油门踏板，使装载机平稳起步。

2. 操作要领

起步时，要倾听发动机声音，如果转速下降，油门踏板要继续下踏，提高发动机转速，以利起步。

（二）换挡

1. 步骤

（1）加挡

① 逐渐加大油门，使车速提高到一定程度。

② 在迅速放松油门踏板的同时，将变速杆置于高挡位置。

（2）减挡

① 放松油门踏板，行驶速度降低。

② 将变速杆置于低挡位置，同时踏下油门踏板。

③ 装载机前进和倒退挡互换应停车进行。

2. 操作要领

加挡前一定要加速，放松油门踏板后，换挡动作要迅速；减挡前除将发动机减速外，还可用脚制动器配合减速。加、减挡时，两眼应注视前方，保持正确的驾驶姿势，不得低头看变速杆；同时要掌握好方向盘，不能因换挡而使装载机跑偏，以防发生事故。

（三）转向

1. 步骤

（1）一手握方向盘，另一手打开转向灯开关。

（2）两手握方向盘，根据行车需要操纵方向盘修正行驶方向。

（3）关闭转向灯开关。

2. 操作要领

（1）转向前，视道路情况降低行驶速度，必要时换入低速挡。

（2）在直线行驶修正行驶方向时，要稍打稍回，及时打及时回，切忌猛打猛回，造成装载机“画龙”行驶。转弯时，要根据道路弯度，大把转动方向盘，使前轮按弯道行驶；当前轮接近新方向时，即开始回轮，回轮的速度要适合弯道需要。

（3）转向灯开关使用要正确，防止只开不关。

（四）制动

制动方法可分为预见性制动和紧急制动。在行驶中操作者应正确选用，保证行驶安全。

1. 预见性制动

装载机行驶中，操作者对已发现的地形、行人、车辆等交通情况的变化，或预计到可能出现的复杂情况，有目的地采取减速或停车措施，称为预见性制动。预见性制动不但能保证行驶安全，而且还可避免机件、轮胎的损伤。因此，这是一种最好的和应经常采用的制动方法。预见性制动操作方法有以下两种：

（1）减速制动

它是在变速杆处于工作位置时，主要用降低发动机转速限制装载机的行驶速度，一般用在停车前、换低挡前、下坡和通过凹凸不平地段时使用。其方法是发现情况后，先放松油门踏板，利用发动机低速牵制行驶速度，使装载机减速，并根据情况持续或间断地轻踏制动踏板，使装载机进一步降低速度。

（2）停车制动

停车时使用。其方法是放松油门踏板，当装载机行驶速度降低到一定程度时，即踏下离合器踏板，同时轻踏制动踏板，使装载机平稳停车。

2. 紧急制动

装载机在行驶中遇到紧急情况时，操作者迅速使用制动器，在最短的距离内将装载机停住，达到避免发生事故的目的，称为紧急制动。紧急制动对装载机的机件、轮胎都会造成较大的损伤，并且往往由于左右车轮制动力矩不一致，或左右车轮与路面的附着力有差异，会造成装载机“跑偏”“侧滑”，失去方向控制。因此，紧急制动只有在不得已的情况下才可使用。其操作方法是握稳方向盘，迅速放松油门踏板，用力踏下制动踏板，同时拉紧手制动操纵杆，充分发挥制动器的最大制动力，使装载机立即停驶。

装载机使用紧急制动时，车轮要抱死，这时常出现后轮侧滑，引起装载机剧烈回转振动，严重时可使装载机调头，特别是在附着力差的路面上（如冰雪、泥泞路面等）更为常见和明显。为了预防和减轻后轮侧滑，可采用以下措施：

（1）采用“间隔制动”的操作方法，使车轮尽可能不抱死或少抱死。其具体操作方法是左脚用最大的力踏下制动踏板，力求在短时间内制动抱死车轮；开始抱死的瞬间，再立即减弱作用在踏板上的力（不完全放松制动踏板），以防止车轮抱死或侧滑；然后用力踏制动踏板，力求短时间内抱死车轮，再减弱作用在踏板上的力。如此反复操作，可使装载机获得较好的制动效果，并能减少侧滑。

（2）当发现侧滑时，应立即停止制动；并把方向盘朝车轮侧滑方向转动；当装载机位置调正后，再平稳地将方向盘转到正常行驶位置。

（五）停车

（1）放松油门踏板，使装载机减速。

（2）根据停车距离踏动制动踏板，使装载机停在指定地点。

（3）将变速杆置于空挡。

（4）将手制动器操纵杆拉到制动位置。

（5）降动臂，使铲斗置于地面。

（六）倒车

倒车需在装载机完全停驶后进行，倒车时的起步、转向和制动的操作方法与前进时相同。

1. 驾驶姿势

倒车时及时观察机后的情况，可用以下两种姿势：

（1）从后窗注视倒车

左手握方向盘上缘控制方向，上身向右侧转，下身微斜，右臂依托在靠背上端，头转向后，两眼注视后方目标。

（2）注视后视镜倒车

这是一种间接看目标的方法，即从后视镜内观察车尾与目标的距离来确定方向盘转动多少。一般在后视观察不便时采用。

2. 目标选择

从后窗注视倒车，可选择车库门、场地和停车位置附近的建筑物或树木为目标，看车尾中央或两角，进行后倒。

3. 操作要领

倒车时，应首先观察周围的地形、车辆、行人，必要时下车查看，发出倒车信号，鸣喇叭以警告行人；然后挂入倒挡，用前进起步的方法进行后倒。倒车时，车速不要过快，要稳住踏板，不可忽快忽慢，防止熄火或倒车过猛造成事故。

倒车转弯时，欲使车尾向左转弯，方向盘也向左转动；反之，向右转动。弯急多转、快转，弯缓少转、慢转。要掌握“慢行驶，快转向”的操作要领。由于倒车转弯时，外侧前轮轨迹的行驶半径大于后轮，因此在照顾方向的前提下，还要特别注意前外车轮以及工作装置是否碰剐其他物体或障碍物。

七、装载机维护保养

（一）装载机维护保养及周期

轮式装载机种类很多，工作条件各不相同，因此各级维护周期也不尽相同。现以 ZL30 轮式装载机的维护周期为例，介绍装载机的维护周期和作业内容。载机的维护分为以下 6 级：

第 1 级：日（8 ~ 10 h）维护。

第 2 级：周（50 h）维护。

第 3 级：月（200 h）维护。

第 4 级：季（600 h）维护。

第 5 级：半年（1 200 h）维护。

第 6 级：年（2 400 h）维护。

根据装载机作业时间的长短、作业环境以及装载机实际技术状况，还可对 6 级维护周期做适当调整。

1. 日维护

由驾驶员自行完成，每日开车前和收车后进行。其作业内容如下：

（1）检查发动机机油面，低于油标尺刻线应加油，如高于油尺刻线，应找出油增多（被稀释）的原因。

（2）检查燃油箱油面。

（3）检查发动机、变矩器、液压泵及转向器的紧固、密封情况，以及是否有过热现象。

（4）检查有无漏油、漏水、漏气、漏液、漏电等情况。

（5）检查传动轴及万向节、各铰销等处的螺栓有无松动或缺损现象。

（6）保持车容、车貌清洁，无油污、泥土、杂物等。

（7）检查整机各处有无异响、抖振等不正常现象。

2. 周维护

由专业维修人员每周进行一次，除完成每日维护内容外，还要完成以下作业内容：

（1）按规定的部位和规定的油（脂）的牌号加油。

（2）清洗机油粗滤器、燃油粗滤器和空滤器滤芯。

（3）检查并调整风扇、发电机传动皮带的松紧程度。

（4）检查并添加喷油泵体内机油。

（5）检查蓄电池电解液面和密度，电解液面在极板上 10 ~ 15 mm 处，不足应加蒸馏水。

（6）检查并调整各踏板自由行程。

（7）检查油门、驻车制动、变速器等操纵杆系有无卡滞、不灵活等现象。

3. 月维护

由专业维修人员每月进行一次，除完成日、周维护作业内容外，还要完成以下作业内容：

（1）清洗机油细滤器和燃油细滤器滤芯。

（2）检查轮胎气压及磨损情况，轮胎气压为 0.27 ～ 0.39 MPa（2.8 ～ 3.0 kgf/cm^2），松软地面上作业时取下限。

（3）检查车架、工作装置等受力较大部位的焊缝是否脱焊、有无裂开现象。

4. 季维护

由专业维修人员每季进行一次，除完成日、周、月维护内容外，还要完成以下作业内容：

（1）清洗发动机冷却系。

（2）给发电机、启动电机注润滑脂，并检查电气系统及接线柱，如有烧痕等异常应换新。

（3）检查并调整发动机气门间隙。

（4）检查并调整配气定时及喷油提前角。

（5）检查、清洗并调整喷油嘴的喷油压力、油束角及射程。

（6）检查并清洗制动总泵放气孔、主减速器、变速器、变矩器的通气孔。

（7）每年春、秋两季要对发动机机油、主减速器油、液压工作油、燃油，以及润滑脂（滚动轴承及销轴）进行季节换油。

（8）给传动轴伸缩花键注润滑脂。

（9）更换发动机机油及喷油泵体内机油。

（10）检查空压机、储气筒、制动阀及其管路是否漏气。

（11）检查液压工作系统的转斗油缸、动臂油缸有无沉降现象，必要时检修油缸、活塞、分配阀，或更换密封件。

5. 半年维护

由专业维修人员每半年进行一次，除完成日、周、月、季维护作业内容外，还要完成以下作业内容：

（1）清洗发动机机油壳、燃油箱及管路。

（2）清洗并按规定润滑各运动副。

（3）检查并更换驻车制动器的摩擦衬片。

（4）检查全部仪表、灯光及指示信号灯。

（5）检查并更换制动总泵密封皮碗。

6. 年维护

由专业维修人员每年进行一次，除完成日、周、月、季、半年维护作业内容外，还要完成以下作业内容：

（1）检修发动机。

（2）根据装载机技术状况，对变速器、变矩器、主减速器、差速器、轮边减速器进行解体检查、修复或更换零部件。

（3）检查转向器及转向盘自由行程，修复或换新件。

（4）解体检查制动系各部件，修复或换新件。

（5）检查并修复车架，车桥，工作装置动臂，连杆，摇杆的变形、裂纹等损伤。

7. 装载机维修保养说明

（1）检查发动机油面

开车前机器置于平地上检查油面。

① 取出油尺并用干净的布擦净。

② 将油尺从孔中完全插入，然后再取出检查油尺。

③ 如果油面过低，则加油并再次检查。

注意：a. 如果油面受污或是变稀，那么不管换油间隔如何，都要换油。

b. 检查油尺应在停机 15 min 以后进行。

c. 如机油油面位置不对，请勿启动发动机。

（2）发动机油和过滤器的更换

① 预热发动机。

② 拆下螺栓让油排出。

扳手尺寸：1/2（12.5 mm）~ 3/8（9.5 mm）。

注意：a. 用一个容积 24 L 的盆接油。

b. 清洁滤清器上部，取下滤清器并清洁垫片表面。

c. 扳手尺寸：90 ~ 95 mm（3.5 ~ 3.8 min）。

8. 装载机维修保养

装载机的维护与保养见表 1.4。其主动服务传递卡见表 1.5。

表 1.4　装载机维护与保养

维护间隔	序号	项目	维护内容	符号	容量	维护总数
10 h 或每天	1	柴油油位	检查，添加	DF	320（84.5）	1
	2	液压油油位	检查，添加	HO	180（4.8）	1
	4	发动机机油油位	检查，添加	EO	24（6.3）	1
	5	冷却液液位	检查，添加	c	35（9.2）	1
	6	仪表盘和指示灯	检查，清洗	—	—	1
	7	油水分离器	检查，放水	—	—	2
50 h 或每星期	3	工作装置销轴	检查，添加	PGL	—	16
	9	柴油箱滤网	检查，清洁	—	—	1
	10	履带张紧	检查，调节	PGL	0.3（0.08）	2
50 h 或每星期	12	回转齿圈黄油	检查，添加	PGL	—	3
	17	回转驱动齿轮箱	检查，添加	co	6.2（1.06）	1
250 h	8	电瓶（电解液）	检查，添加	—	—	2
	13	液压油回油过滤器	更换	—	—	1
	21	先导油滤清器	更换	—	—	1
	22	液压油回油滤清器	更换	—	—	1
	23	透气滤芯	更换	—	—	1

（续表）

维护间隔	序号	项目	维护内容	符号	容量	维护总数
500 h	4	发动机机油油位	更换	EO	24（6.3）	1
	11	发动机机油滤芯	更换	—	—	1
	14	空滤芯	清洁	—	—	2
	15	散热器与油冷却散热片	检查，清洁	—	—	1
	16	柴油滤芯	更换	—	—	2
	18	行走驱动齿轮油	检查，添加	co	5.4（1.4）	2
1 000 h	17	回转驱动齿轮油	更换	co	6.2（1.6）	1
	18	行走驱动齿轮油	更换	co	5.4（1.6）	2
	20	风扇皮带张紧	检查，调节	—	—	1
	24	回转齿圈和小齿轮	更换	PGL	—	1
2 000 h	2	液压油油位	更换	HO	180（48）	1
	5	散热器冷却剂	更换	c	35（9.2）	1
	19	液压油吸油滤芯	检查，清洁	—	—	1
需要时	25	空调滤芯	检查，清洁	—	—	2

表 1.5 主动服务传递卡

							服务卡编号：
顾客单位		联系人		联系电话			
施工地址				服务半径	km		
产品型号		产品编号		发动机号			
累计工作时间	小时	购机日期	年　月　日	作业对象			
到达现场时间	年　月　日　时	离开现场时间	年　月　日　时				
主动服务项目		交货	1~2 个月或 50 ~ 100 h	5~6 个月或 600~700 h	8~9 个月或 1 000~1 200 h	11~12 个月或 2 000~2 500 h	检查结果
1. 目测	目测外观质量，螺栓松动、生锈、泄露、驾驶室整洁，布线	*					
2. 检查	（1）随机工具、文作、备件	*					
	（2）前轮气压：MPa，后轮气压：MPa	*	*	*	*	*	
	（3）发动机、变速箱、桥、制动、水箱等各部位液位	*	*	*	*	*	
	（4）器电池电释液位	*	*	*	*	*	
	（5）空气滤清器接头及各管接头松紧度	*	*	*	*	*	
	（6）工作压力：MPa、转向压力：MPa，先导压力：MPa		*	*	*	*	
	（7）行走压力；Ⅰ挡：MPa；Ⅱ挡：MPa；倒挡：MPa		*	*	*	*	
	（8）检查工作装置，结构件状况		*	*	*	*	
主动服务项目		交货	1~2 个月或 50 ~ 100 h	5~6 个月或 600~700 h	8~9 个月或 1 000~1 200 h	11~12 个月或 2 000~2 500 h	检查结果

（续表）

3. 操作	（1）仪表、开关、灯、雨刮和门镜	*	*	*	*	*	
	（2）发动机、变速箱、制动等各部位压力	*	*	*	*	*	
	（3）空调（暖风机）	*	*	*	*	*	
	（4）润滑油加注、磨损情况检查	*	*	*	*	*	
	（5）制动（行车制动，停车制动）	*	*	*	*	*	
	（6）检查有无异常噪声，各部件有无过热现象	*	*	*	*	*	
	（7）检查指位、踏板、手柄的行程，操作是否灵活	*	*	*	*	*	
4. 服务	（1）检查调整发动机皮带张紧程度	*	*	*	*	*	
	（2）更换变矩器滤清器		*	*	*	*	
	（3）更换变矩器传动轴，清洗变速箱油底壳滤网		*	*	*	*	
	（4）检查液压油箱、液压油滤芯及液压油清洁度			*	*	*	
	（5）更换液压油和液压油滤芯				*	*	
	（6）更换驱动桥齿轮油（轮边）			*	*	*	
	（7）清洗柴油箱油底和柴油箱滤芯、清理滤芯		*	*	*	*	
	（8）更换制动液（制动液不能混装），确认制动性能		*	*	*	*	
	（9）更换柴油机机油和机油滤芯、柴油滤芯、空气滤芯	*	*	*	*	*	
	（10）清除水箱、散热器表面的污物，保证散热效果		*	*	*	*	
5. 指导	（1）正确操作、安全作业	*	*	*	*	*	
	（2）启动和停止发动机的程序	*				*	
	（3）日常和定期保养维护	*	*	*	*	*	
	（4）冬季维护注意事项	*				*	
	（5）质保期及服务规定	*					
	（6）订购备件程序	*				*	

有无遗留问题	客户评价		认定一项□内打✓		顾客意见： 顾客签章：　　年　月　日
满意□	较满意□	一般□	不满意□	差□	
服务人员		服务经理			

注：a. 主动服务时必须使用徐工专用油品，否则由此产生的故障将不予保修。

b. * 是表示每次主动服务应做的项目。

c. 检查结果：✓：正常，⊙：已纠正。

d. 在交货、使用 1 ~ 2 个月、5 ~ 6 个月、8 ~ 9 个月、11 ~ 12 个月主动服务项目栏中打“✓”注明本次主动服务。

八、装载机常见故障与排除

（一）传动系统的常见故障排除

传动系统的常见故障及排除见表 1.6。

表 1.6 传动系统的常见故障及排除

编号	故障特征	原因	排除方法
（一）	各挡变速压力均低	1. 变速箱油底油位过低 2. 主油道漏油 3. 变速箱滤油器堵塞 4. 变速泵失效 5. 变速操纵阀调压阀弹簧调整不当 6. 变速操纵阀调压阀弹簧失效 7. 变速操纵阀调压阀或蓄能器活塞被卡	1. 加油到规定油位 2. 检查主油道 3. 清洗或更换滤油器 4. 拆开检查或更换变速泵 5. 按规定重新调整 6. 更换调压阀弹簧 7. 拆检并消除卡阻的现象
（二）	某个挡变速压力低	1. 该挡活塞密封环损坏 2. 该油路中密封圈损坏 3. 该挡油道漏油	1. 更换密封环 2. 更换密封圈 3. 检查漏油处并予以排除
（三）	变矩器油温过高	1. 变速箱油底油位过低 2. 变速箱油底油位过高 3. 变速压力低离合器打滑 4. 变矩器油散热器堵塞 5. 变矩器连续高负荷工作时间过长	1. 加油到规定油位 2. 放油到规定油位 3. 见（一）、（二） 4. 清洗或更换散热器 5. 应适当停车冷却
（四）	发动机高转速车开不动	1. 变速操纵阀的切断阀阀杆不能回位 2. 未挂上挡 3. 变速操纵阀调压阀弹簧折断 4. 见（一）的 1、2、3	1. 拆检切断阀找出不能回位的原因，并予以排除 2. 重新挂挡或调整变速操纵杆 3. 更换调压弹簧 4. 见（一）的 1、2、3、4
（五）	驱动力不足	1. 变速压力过低 2. 变速油温过高 3. 变矩器叶轮损坏 4. 大超越离合损坏 5. 发动机输出功率不足	1. 参看（一）、（二） 2. 参看（三） 3. 拆检变矩器并更换叶轮 4. 拆检大超越离合器并更换 5. 检修发动机
（六）	变速箱油位增高	1. 转向泵轴端串油 2. 工作液压系统工作泵轴端串油	1. 更换转向泵轴端油封 2. 更换工作泵轴端油封

（二）制动系统的常见故障及排除

制动系统的常见故障及排除见表 1.7。

表 1.7 制动系统的常见故障及排除

编号	故障特征	原因	排除方法
（一）	脚制动力不足	1. 夹钳上分泵漏油 2. 制动液压管路中有空气 3. 刹车气压过低 4. 加力器部件磨损 5. 轮毂漏油到刹车盘上 6. 刹车片已磨损到极限	1. 更换分泵矩形密封圈 2. 进行放气 3. 检查气泵控制阀、储气罐及管路密封性 4. 更换加力器部件 5. 检查或更换轮毂油封 6. 更换刹车片
（二）	刹车后挂不上挡（变速压力表不指示）	1. 制动阀推杆位置不对 2. 制动阀回位弹簧失效或损坏 3. 制动阀活塞杆卡住 4. 没有压缩空气进入变速操纵阀	1. 重新调整推杆位置 2. 检查或更换回位弹簧 3. 拆检制动阀活塞杆及鼓膜 4. 检查紧急制动阀
（三）	停车制动器不能正常松开	1. 制动阀推杆位置不对，活塞杆被卡住及回位弹簧失效或折断 2. 加力器动作不良 3. 夹钳上分泵活塞不能回位	1. 见（二） 2. 检查加力器 3. 检查或更换矩形密封圈

（续表）

编号	故障特征	原因	排除方法
（四）	停车后空气罐压力迅速下降（30 min 气压下降超过 0.1 MPa）	1. 气制动阀进气门被脏物卡住或损坏 2. 管接头松动或管路破裂 3. 空气罐进气口单向阀不密封或压力控制器不密封	1. 连续制动几次吹掉脏物或更换阀门 2. 拧紧接头或更换刹车管 3. 检查不密封原因必要时更换
（五）	刹车气压表压力上升缓慢	1 管接头松动 2. 空压机工作不正常 3. 油水分离器放油螺塞未关紧 4. 制动阀进气阀门或鼓膜不密封 5. 压力控制器放气	1. 拧紧管接头 2. 检查空压机工作情况 3. 重新关紧 4. 检查并清洗制动阀内部找出不密封原因并予以排除 5. 清洗放气孔检查止回阀及鼓膜不密封原因并予以排除
（六）	紧急及停车制动力不足	1. 制动鼓与制动蹄片间隙过大 2. 刹车片上有油	1. 按使用要求重新调整 2. 清洗干净刹车片

（三）工作液压系统

工作液压系统常见故障及排除见表 1.8。

表 1.8 工作液压系统常见故障及排除

编号	故障特征	原因	排除方法
（一）	动臂提升力不足或转斗提升力不足	1. 油缸油封磨损或损坏 2. 分配阀过度磨损，阀杆与阀体配合间隙超过规定值 3. 管路系统漏油 4. 工作泵严重内漏 5. 安全阀调整不当，系统压力偏低 6. 吸油管及滤油器堵塞	1. 换油封 2. 拆检并修复，使间隙达到规定值或更换分配阀 3. 找出漏油处并予以排除 4. 更换工作泵 5. 将系统压力调整至规定值 6. 清洗吸油管及滤油器并换油
（二）	发动机高转速时，转斗或动臂提升缓慢	1. 见（一） 2. 双作用安全阀卡死	1. 见（一） 2. 拆开双作用安全阀检查

（四）转向液压系统

转向液压系统常见故障及排除见表 1.9。

表 1.9 转向液压系统常见故障及排除

编号	故障特征	原因	排除方法
（一）	转向费力	1. 油温太低 2. 先导油路堵塞 3. 先导油路连接不对 4. 转向泵压力低 5. 全液压转向器计量马达部分螺栓拧得太紧	1. 升温后工作 2. 清洗先导油路 3. 按规定连接管路 4. 按规定调节阀块压力 5. 将螺栓放松
（二）	车子转向不平稳	流量控制阀动作不灵活	检修或更换流量控制阀
（三）	车子左右转向都慢	1. 调压阀渗漏 2. 转向泵润滑油不足 3. 流量放大阀阀杆移动不到头	1. 检修或更换调压阀 2. 检修或更换转向泵 3. 调整先导油路压力或更换弹簧
（四）	车子一边转向快一边转向慢	流量放大阀两端调整垫片个数不对	按规定调整阀杆垫片个数
（五）	转向阻力小时转向正常，阻力大时转向慢	1. 主油路溢流阀渗漏大 2. 调压阀渗漏大	1. 检修阀座或更换密封圈 2. 检修或更换调压阀及密封圈

（续表）

编号	故障特征	原因	排除方法
（六）	转动方向盘车子不转向	1. 转向器有故障 2. 先导油路溢流阀（或减压阀）有问题 3. 主油路溢流阀有问题	1. 检修或更换转向器 2. 检修先导油路溢流阀（或减压阀） 3. 检修主油路溢流阀
（七）	司机不操作车子自传	1. 流量放大阀阀杆回不到中位 2. 流量放大阀固定螺栓过紧 3. 流量放大阀端盖螺栓过紧 4. 放大阀阀杆和阀机配合不当	1. 检修阀杆和复位弹簧 2. 将螺栓放松 3. 将螺栓放松 4. 检修或更换阀杆
（八）	司机不操作方向盘自传	1. 全液压转向器阀套卡死 2. 全液压转向器弹簧片段	1. 清除阀内异物 2. 更换弹簧片
（九）	车子高速运转时转向太快	1. 流量控制阀调整不对 2. 流量控制阀大阀阀杆动作不灵 3. 流量控制阀大阀阀杆两端计量孔被堵或孔位置不对	1. 按规定调整垫片 2. 检修或更换阀杆 3. 清洗或更换阀杆
（十）	转向泵噪声大，转向缸动作缓慢	1. 转向油路内有空气 2. 转向泵磨损，流量不足 3. 油的黏度不够 4. 液压油不够 5. 控制油路溢流阀（减压阀）的调定压力不对 6. 转向油缸内漏	1. 发动车子，多次左、右转向 2. 更换转向泵 3. 按正确牌号换油 4. 加足液压油 5. 按规定调整控制油路溢流阀（减压阀） 6. 检修油缸或更换密封件

（五）电气系统

电气系统常见故障及排除见表 1.10。

表 1.10　电气系统常见故障及排除

编号	故障特征	原因	排除方法
（一）	发电机不发电或发出电压低	1. 有油污或磨损 2. 剩磁线圈断路 3. 剩磁消失 4. 发电机皮带过松	1. 用干净布沾汽油擦洗或用砂布打平 2. 检查外部磁场和用灯泡检查励磁回路 3. 充磁或更换新的发电机 4. 重新调整
（二）	发电机过热	1. 轴承磨损或缺润滑油 2. 整流子或电枢线圈内短路	1. 换轴承或加润滑油 2. 拆开发电机检查整流子和电枢线圈并排除短路的地方
（三）	蓄电池不充电或充电电流过小	1. 发电机磁场线圈短路或开路 2. 发电机正极连线脱落 3. 蓄电池连线过松或脱落 4. 发电机传动皮带过松	1. 发电机磁场连线应绕好，磁场线圈电阻约 20 Ω 2. 接通电锁，不发动，则发电机“+”极应有 24 V 电压 3. 目测观察并紧固 4. 目测观察并张紧
（四）	蓄电池充电电流长时间过大	1. 蓄电池亏电严重 2. 蓄电池有一、二格短路损坏 3. 发电机负极接地线松脱	开动发电机后，用万用表检查发电机蓄电池电压，如充电电流过大而电压在 25V 以下，则为蓄电池问题。如发电机正极电压在 30 V 以上，应检查发电机负极接地是否正常，将电压表负极接地，正极接发电机负极，如果电压表显示有电压，则为地线开路。否则为发电机内部问题
（五）	电传感仪表无指示	1. 仪表盘损坏 2. 传感器损坏 3. 发电机或蓄电池有问题	1. 更换仪表 2. 更换传感器 3. 检查发电机或蓄电池的端电压是否正常

（续表）

编号	故障特征	原因	排除方法
（六）	发动机无法启动或启动困难	1 蓄电池损坏或电不足 2. 电锁损坏 3. 线路接触不良或断路 4. 启动电机电磁开关或拨叉损坏 5. 启动电机转子烧毁 6. 主电源继电器、启动继电器或挡位、启动连锁继电器损坏 7. 润滑油太稠	1. 换新的蓄电池或充电 2. 更换电锁 3. 检查修复 4. 检查线圈是否完好、触点是否平整，拨叉是否运动自如、弹簧是否拉断，以及是否剔齿等现象并予以修复 5. 更换启动电机 6. 更换继电器 7. 更换润滑油
（七）	发电机不熄火	1. 线路接触不良或断路 2. 熄火继电器损坏 3. 熄火电磁铁损坏	1. 检查修复 2. 更换熄火继电器 3. 更换熄火电磁铁
（八）	灯具不亮	线路故障	检查开关、保险丝、灯泡及线路等并且更换或修复
（九）	仪表指示至最大量程	仪表接地线松脱	重新紧固或连接好地线

第四节　压路机

一、压实机械形式

按压实工作机构的作用原理，压实机械可以分为碾压、振实、夯实和振碾四种基本形式。

（一）碾压

碾压是利用滚轮沿被压表面往返运动，靠碾压机械自重静压力使被压层产生高度为 h 的永久变形，如图 1.45（a）所示。常用的碾压机械有静力式光轮压路机、羊足碾和自行式轮胎压路机。

（二）振实

振实是利用一个高频振动的物体 M 置于被压层表面上或插入混合料内部产生的振动，使被压层的颗粒重新组合，达到间隙小、密实的目的，如图 1.45（b）所示。常用的振实机械有平板振动器和小型振捣器。

（三）夯实

夯实是利用位于高度为 H 的重物下落时产生的冲击力 Q 使被压层密实，如图 1.45（c）所示。常用的夯实机械有蛙式打夯机和振动冲击夯。

（四）振碾

振碾是利用振动的滚轮沿被压层表面往复滚动，通过静力碾压和振实的综合作用，使被压层密实，如图 4.45（d）所示。常用的振碾机械有拖式、手扶式和自行式振动压路机。

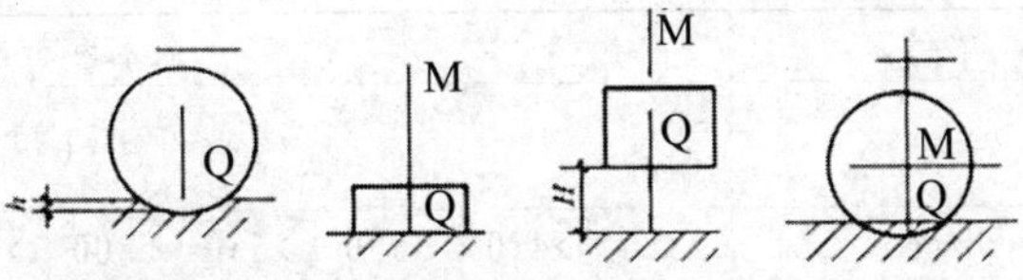

(a) 碾压；(b) 振实；(c) 夯实；(d) 振碾

图 1.45 压实形式原理图(M 表示物体，Q 表示冲击力，h 和 H 表示高度)

二、静作用压路机

(一) 光轮压路机

光轮压路机的工作装置由几个用钢板卷成或用铸钢铸成的圆柱形中空（内部可装压重材料）的滚轮组成，如图 1.46 所示。

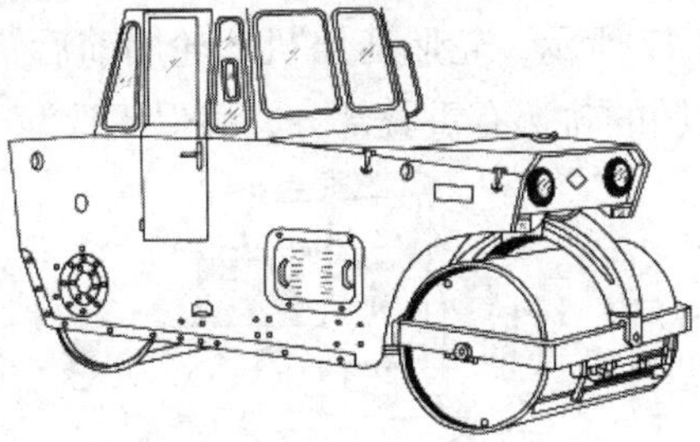

图 1.46 光轮压路机

光轮压路机按碾压轮和轮轴的数目可分为二轮二轴式、三轮二轴式和三轮三轴式三种；按机械自重的大小可分为轻型（2 ~ 6 t）、中型（6 ~ 10 t）和重型（10 ~ 15 t）三种。

光轮压路机的基本参数见表 1.11 和表 1.12。

表 1.11 二轮压路机基本参数

项目	单位	基本参数					
工作质量	t	2	3	4	6	8	10
最大工作质量	t	3	4	5	8	10	12
驱动轮的质量分配比	%	≥ 60					
驱动轮的线荷载	N/cm	>130	200	>240	>300	>400	>500
压寅宽度	mm	≥ 900		1 000	1 200		≥ 1 300
前、后行驶速度	km/h	1 ~ 16					
爬坡随力	%	≥ 20					
离地间距	mm	≥ 150		200	≥ 220		
转弯直径	mm	8 000			13 000		
注：驱动轮的线荷载按最大工作质量时计算。							

表 1.12 三轮压路机基本参数

项目	单位	基本参数							
工作质量	t	6	8	10	12	15	18	21	24
最大工作质量	t	8	10	12	15	18	21	24	28

（续表）

项目	单位	基本参数							
驱动轮的质量分配比	%	≥ 60							
驱动轮的线荷载	N/cm	>350	>450	>550	>650	>800	>950	>1 100	1 270
压实宽度	mm	≥ 1 800				2 000			
前、后行驶速度	km/h	1 ~ 16							
爬坡能力	%	≥ 20							
重叠量	mm	80 ~ 120							
离地间距	mm	200		≥ 250		≥ 280			
转弯直径	mm	12 000				13 000			
注：驱动轮的线荷载按最大工作质量时计算。									

（二）轮胎压路机

轮胎压路机对各种土壤都有良好的压实效果，特别是在沥青路面的压实作业中，更突显其优越的性能。如图 1.47 所示，轮胎压路机的轮胎前后错开排列，一般前轮为转向轮，后轮为驱动轮，前、后轮胎的轨迹有重叠部分，确保不致漏压。

图 1.47 轮胎压路机

轮胎压路机技术参数见表 1.13。

表 1.13 轮胎压路机技术参数表

项目	主要技术参数
型号	YL30
工作质量 /kg	20 000 ~ 30 000
碾压宽度 /mm	2 790
轮胎布置 / 个	前 5 后 6
行走速度 / （$km \cdot h^{-1}$）	前进 I 速 0 ~ 5.33； II 速 0 ~ 10.42； III速 0 ~ 22.05； 后退 I 速 0 ~ 5.29； II 速 0—10.45
爬坡能力 /%	20
发动机型号	6BAT5.9
额定功率 / 转速 /[kW/ （$r \cdot min^{-1}$）]	128/2 100
外形尺寸（长 × 宽 × 高）	5 063 mm × 2 901 mm × 3 220 mm

（三）静作用压路机安全使用技术

（1）压路机碾压的工作面，应经过适当平整，对新填的松软土，应先用羊足碾或打夯机逐层碾压或夯实后，再用压路机碾压。

（2）工作地段的纵坡不应超过压路机最大爬坡能力，横坡不应大于20。

（3）应根据碾压要求选择机种。当光轮压路机需要增加机重时，可在滚轮内加砂或水。当气温降至0 ℃及以下时，不得用水增重。

（4）轮胎压路机不宜在大块石基层上作业。

（5）作业前，应检查并确认滚轮的刮泥板平整良好，各紧固件不得松动，轮胎压路机应检查轮胎气压确认正常后启动。

（6）启动后，应检查制动性能及专项功能并确认灵敏可靠。

（7）不得用压路机拖拉任何机械或物件。

（8）碾压时应低速行驶。速度宜控制在3 ~ 4 km/h范围内，在一个碾压行程中不得变速。在碾压过程中应保持正确的行驶方向，碾压第二行时应与第一行重叠半个滚轮压痕。

（9）变换压路机前进、后退方向应在滚轮停止运动后进行。不得将换向离合器当作制动器使用。

（10）在新进场地上进行碾压时，应从中间向两侧碾压。碾压时，距场地边缘不应少0.5 m。

（11）在坑边碾压施工时，应由里侧向外侧碾压，距坑边不应少于1 m。

（12）上、下坡时，应事先选好挡位，不得在坡上换挡，下坡时不得空挡滑行。

（13）两台以上压路机同时作业时，前后间距不得小于3 m，在坡道上不得纵队行驶。

（14）在行驶中，不得进行修理或加油。需要在机械底部进行修理时，应将内燃机熄灭，刹车制动，并楔住滚轮。

（15）对有差速器锁定装置的三轮压路机，当只有一只轮子打滑时，可使用差速器锁定装置，但不得转弯。

（16）作业后，应将压路机停放在平坦坚实的场地，不得停放在软土路边缘及斜坡上，并不得妨碍交通，应锁定制动。

（17）严寒季节停机时，宜采用木板将滚轮垫离地面，应防止滚轮与地面冻结。

（18）当压路机转移距离较远时，应采用汽车或平板拖车装运。

三、振动压路机

振动压路机是利用其自身的重力和振动压实各种建筑和筑路材料。在公路建设中，振动压路机因最适宜压实各种非黏性土壤、碎石、碎石混合料，以及各种沥青混凝土而被广泛应用。

振动压路机的振动轮内部安装有偏心块的轴、油马达、减振环及连接架等，如图1.48所示。当油马达驱动偏心轴高速转动时，振动轮借助偏心块产生的离心力和静力碾压的综合作用，在工作面上一边作圆周振动，一边滚动，将基础土方或表层材料压实。振动压路机的主要技术参数见表 1.14。

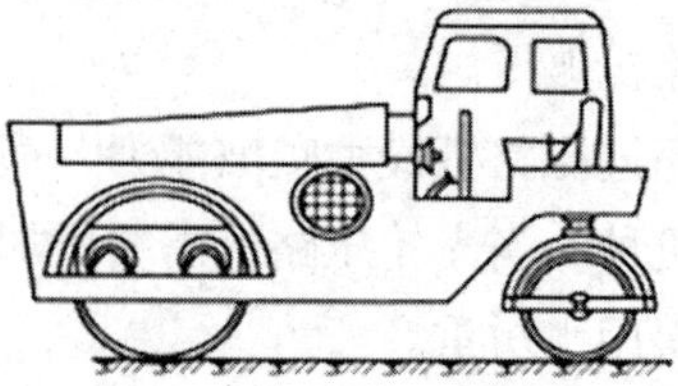

图 1.48 振动压路机

表 1.14 振动压路机的主要技术参数

项目	主要技术参数
型号	YZ20H-1
工作质量 /kg	20 000
静线压力 /（N· cm^{-1}）	578
报动轮（直径 × 宽度）/（mm × mm）	1 600 × 2 130
行驶速度 /（km· h^{-1}）	0 ~ 4.48；0 ~ 6.30；0 ~ 6.60；0 ~ 11.00
振频 /Hz	28/35
振幅 /mm	1.8/0.9
微振力 /kN	374/280
爬坡能力 /%	45
额定功率 / 转速（DIN6271）/[kW/（r · min^{-1}）]	140/2 200
外形尺寸（长 × 宽 × 高）/（mm × mm × mm）	6 275 × 2 390 × 3 066

振动压路机安全使用应遵循下列规定：

（1）作业时，压路机应先起步后起振，内燃机应先置于中速，然后再调至高速。

（2）压路机换向时应先停机，压路机变速时应降低内燃机转速。

（3）压路机不得在坚实的地面上进行振动。

（4）压路机碾压软路基时，应先碾压 1 ~ 2 遍后再振动碾压。

（5）压路机碾压时，压路机振动频率应保持一致。

（6）换向离合器、起振离合器和制动器的调整，应在主离合器脱开后进行。

（7）上、下坡时或急转弯时不得使用快速挡。铰接式振动压路机在转弯半径较小绕圈碾压时不得使用快速挡。

（8）压路机在高速行驶时不得接合振动。

（9）停机时应先停振，然后将换向机构置于中间位置，变速器置于空挡，最后拉起手制动操纵杆。

（10）振动压路机的使用除应符合上述规定外，还应符合静作用压路机使用的相关规定。

四、土方夯实机械

建筑工程中使用的中小型机械设备还有很多，例如装修工程中使用的喷涂机械、地面整修机械、装修吊篮，安装工程中使用的套丝机等。

夯实机械是利用夯本身的质量和夯的冲击运动或振动，对被压实的材料施加动压力，以提高其密实度、强度和承载能力等的压实机械。它的主要特点是轻便灵活，特别适用于压实边坡、沟槽、基坑等狭窄场所，在大型工程中与其他压实机械配套，完成大型机械所不能完成的边角区域的压实。

（一）蛙式打夯机

蛙式打夯机是目前使用最广泛的夯机，它具有操作方便、结构简单、经久耐用、夯实效果好、易维修、价格低等优点。

1. 蛙式打夯机的构造及原理

蛙式打夯机是由夯头、动力和传动系统、底盘三部分组成的，见图 1.49。

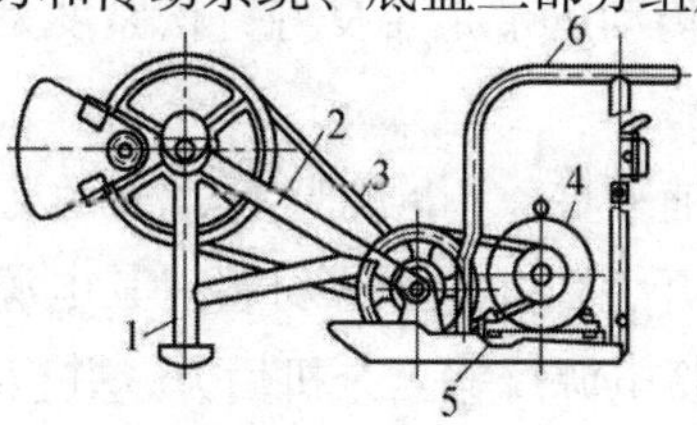

1—夯头；2—夯架；3—三角皮带；4—电动机；5—底盘；6—手把

图 1.49 蛙式打夯机

电动机经过二级减速，使夯头上的大皮带轮旋转，利用偏心块在旋转中产生的能量，使夯头上下周期夯击，在夯击的同时，夯实机也能自行前进。蛙式打夯机就是利用重心偏置的原理，由惯性驱使打夯机像青蛙一样，一跳一跳地夯实地面。

2. 蛙式打夯机的技术参数

蛙式打夯机技术参数见表 1.15。

表 1.15 蛙式打夯机

序号	项目	指标
1	夯击能量	50 kJ
2	夯头抬高	150 ~ 200 mm
3	前进速度	8 ~ 10 m/min
4	夯击频率	140 次 /min
5	电机功率	2.2 kW
6	电机转速	1460 r/min
7	整机重量	175 kg
8	体积	1 530 mm × 500 mm × 800 mm

3. 蛙式打夯机的操作要点

（1）夯机使用前检查绝缘线路、漏电保护器、定向开关、皮带、偏心块等，确认无问题方可使用。

（2）夯机操作时，要两人操作：一人扶夯机，一人整理线路，防止夯头夯打电源线。

（3）夯机拐弯时，不得猛拐或撒把不扶，任其自由行走。

（4）夯机作业时，夯机前进方向和靠近 2 m 范围内不得有人；多台夯机夯打时，其并列间距不得小于 5 m，前后间距不得小于 10 m；作业人员穿绝缘鞋、戴绝缘手套。

（5）随机的电源线应保持 3 ~ 4 m 的余量，发现电源线缠绕、破裂时要及时断电，停止作业，马上修理。

（6）挪夯机前要断电，绑好偏心块，盘好缆线。工作完后断电锁好，放在干燥处。

（7）夯头轴承座和传动轴承座在每班工作后应检查和加注润滑油。

（8）夯机动臂滑动轴承和扶手转轴等处均装有压注式油杯，每班工作后，应检查并加注润滑油。

（9）滚动轴承部位每工作 400 h 时应检查并加注润滑油。

（10）每班工作后应彻底清除机身泥土，擦拭干净并加足润滑油。

4. 蛙式打夯机的安全操作要点

（1）夯机在工作前应检查传动皮带是否良好，松紧度是否合适，皮带轮与偏心块的安装是否牢靠。

（2）夯实时夯土层必须摊铺平整，不准打坚石、金属及硬的土层。

（3）夯机扶手上应装按钮开关，并包绝缘材料。其电源电缆必须完好无损，作业时严禁夯击电源线，移动时应停机将电源线移至夯机后方，并应防止电源线扭结。

（4）手握扶手时要掌握机身平稳，不可用力向后压，以免影响夯机的跳动，但要随时注意夯机的行进方向，并及时加以调整。

5. 蛙式夯实机安全操作要求

（1）夯实作业时，应一人扶夯，一人传递电缆线，且必须戴绝缘手套和穿绝缘鞋。电缆线不得扭结或缠绕，且不得张拉过紧，应保持有 3 ~ 4 m 的余量。移动时，应将电缆线移至夯机后方，不得隔机扔电缆线，当转向困难时，应停机调整。

（2）作业时，手握扶手应保持机身平衡，不得用力向后压，并应随时调整行进方向。转弯时不宜用力过猛，不得急转弯。

（3）夯实填高土方时，应在边缘以内 100 ~ 150 mm 夯实 2 ~ 3 遍后，再夯实边缘。

（4）在较大基坑作业时，不得在斜坡上夯行，应避免造成夯头后折。

（5）夯实房心土时，夯板应避开房心地下构筑物、钢筋混凝土基桩、机座及地下管道等。

（6）在建筑物内部作业时，夯板或偏心块不得打在墙壁上。

（7）多机作业时，机平列间距不得小于 5 m，前后间距不得小于 10 m。

（8）夯机前进方向和夯机四周 1 m 范围内，不得站立非操作人员。

（二）振动式冲击夯

振动式冲击夯是一种高效的小型夯实机械。主要用于公路建设，铁路建设，堤坝、农田水利、水库、建筑工程等工地基础的夯实，特别适合室内地面、庭院墙根、道路维修、沟槽等狭窄地带的夯实。

该类冲击夯一般体积小、重量轻、操作灵活、贴边性好、维护简单，夯实效果好。

1. 振动式冲击夯的构造及原理。

振动式冲击夯由原动机（汽油机或电动机）、联轴器、传动齿轮、连杆、内外缸体、夯板、扶手等组成，见图 1.50。

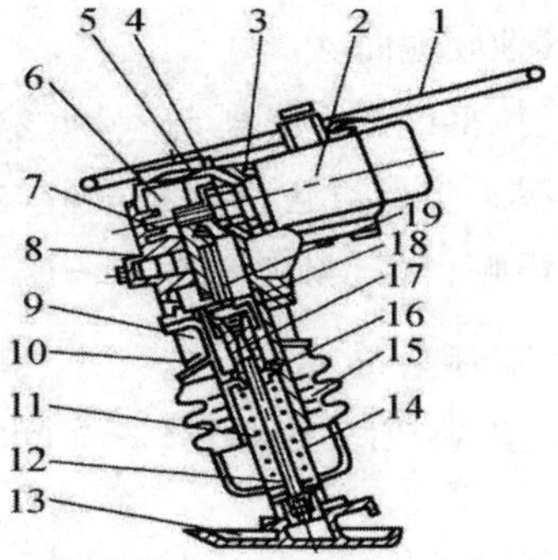

1—扶手；2—电动机；3—联轴器；4—油封架；5—小齿轮轴；6—曲轴箱；7—曲轴箱盖；8—大齿轮轴；9—外缸体；10—加油塞；11—内缸体；12—活塞杆；13—夯板；14—弹簧；15—防尘箱；16—滑块；17—活塞头；18—活塞销；19—连杆

图 1.50 振动式冲击夯

原动机动力由离合器传给小齿轮带动大齿轮转动，使安装在大齿轮上的连杆带动活塞杆做上下往复运动，由于弹簧对其能量的吸收和释放，致使夯板快速跳动，对被夯材料产生冲击作用，从而取得夯实效果。由于机身与夯板倾斜了一个角度，所以夯机在冲击的同时会自动前进。振动式冲击夯就是利用弹簧伸缩来带动整个机体上下跳动，就如皮球跳动。

2. 振动式冲击夯的技术参数。

技术参数见表 1.16。

表 1.16 震动式冲击夯技术参数

参数	型号	
	HCD80	HCD70
夯板尺寸	320 mm × 280 mm	300 mm × 280 mm
跳起高度	40 ~ 65 mm	40 ~ 65 mm
冲击能量	60 J	55 J
前进速度	15 ~ 25 m/min	12.5 m/min
冲击频率	585 次 /min	580 次 /min
电机功率	3 kW	2.2 kW
电机转速	2880 r/ min	2840 r/min
整机重量	80 kg	75 kg

3. 振动式冲击夯的操作要点。

（1）使用前应详细阅读说明书，按规范作业。

（2）使用前应检查油量，按规定加注润滑油，严禁无油操作。

（3）电机异常发热，应停机检查原因，确认电机接地良好。

（4）电机接通电源后，检查电机旋向是否正确（从风叶方向看应为顺时针方向旋转），否则，应调换相序。

（5）夯机工作时，不宜将扶手握得过紧，以减少对人体的振动而产生的疲劳，扶手主要用于控制行进路线和方向。

（6）夯实回填土，应分层夯实，每层夯实高度不超过 25 cm，往返夯实三遍。

（7）夯实较松填土或上坡时，可稍压扶手，保证夯机的前进速度。

（8）严禁夯打水泥路面及其他硬地面。

（9）夯机工作时，导线不能拉得过紧，留有 3 ～ 4 m 余量。

（10）经常检查电线绝缘情况，防止漏电。

（11）工作时，如发现异常声响，要立即停机检查。

4. 振动式冲击夯的安全操作要点

（1）内燃冲击夯启动后应让内燃机怠速运转 3 ～ 5 min，然后逐渐加大油门，待夯机跳动稳定后，便可进行作业。

（2）电动冲击夯启动时，应先检查电动机旋转方向是否正确，否则需调换相线。

（3）正常工作时，不要使劲往下压扶手，以免影响夯机跳起高度。

（4）在特别需要增加压实载荷的地方，可以通过扶手控制夯机在原地反复夯实。

（5）内燃夯机可通过调整油门的大小，在一定范围内改变夯机振动频率。

（6）转移工地时，先将夯机扶手稍向上抬起，把运输轮装入夯板上挂钩内，再压下扶手使重心后倾，推动扶手便可使夯机作短途运输。

（7）内燃机夯应避免在高速下连续工作，严禁在汽油机高速运转时按停车按钮，以免损坏汽油机。

（8）电动夯操作人员要戴绝缘手套和穿绝缘鞋，作业时，导线不能拉得过紧，注意导线绝缘表面保持良好，严禁冒雨作业。

（9）夯机严禁在水泥路面或其他坚硬地面上工作。

（10）第一次使用新机时，在使用后半小时内要求对各紧固件进行全面检查和紧固。

（11）新机开始使用前应按规定容量加入润滑油，以后每工作 30 h 更换一次，连续更换三次后，每工作 100 h 更换一次（润滑油牌号为 10 号机油）。

（12）夯板下部装有放油旋塞，更换润滑油时，应将孔内的细铁屑清除干净。

（13）汽油机燃油必须按规定的 20 ∶ 1 的混合比加注润滑油。

（14）每天作业后应清除夯板上的泥沙和附着物，保持夯机清洁。

振动冲击夯安全操作要求：

（1）内燃冲击夯启动后，内燃机应慢速运转 3 ～ 5 min，然后逐渐加大油门，待夯机跳动稳定后，方可作业。

（2）电动冲击夯在接通电源启动后，应检查电动机旋转方向，有错误时应倒换相联系线。

（3）作业时应正确掌握夯机，不得倾斜，手把不宜握得过紧，能控制夯机前进速度即可。

（4）正常作业时，不得使劲往下压手把，以免影响夯机跳起高度。在较松的填料上作业或上坡时，可将手把稍向下压，增加夯机前进速度。

（5）电动冲击夯操作人员必须戴绝缘手套，穿绝缘鞋。作业时，电缆线不应拉得过紧，应经常检查线头安装，不得松动及引起漏电。严禁冒雨作业。

第五节 常用机械钻孔桩机

一、转盘钻孔机

转盘钻孔机是通过转盘驱动钻杆进行钻孔作业的桩工机械。工程中转盘钻孔机即回转钻成孔灌注桩常用的回转式（转盘式）钻机，也是一般的地质钻机。该钻机具有机动性能好、结构紧凑、整体性强、运输搬迁容易、操作简便、传动可靠、用途广泛、效率较高等特点。

（一）转盘钻孔机主要技术性能

常用国产转盘式循环钻孔机型号及主要技术性能参数见表 1.17。

表 1.17 常用国产转盘式循环钻孔机型号及主要技术性能参数

型号技术性能	GPS-15	SPJT-300	SPC-500	QJ250	ZJ150-1	G-4	BRM-1	GJD-1500	红星 -400XF-3	GJC400HF
钻孔直径/mm	150～800	500	350～500	2 500	1 500	1 000	1 250	1 500～2 000	1 500	1 000～1 500
钻孔深度/m	50	300	600	100	70～100	50	40～600	50	50	40
转盘扭矩/（KN·m）	17.7	17.7		68.6	3.5～19.5	20	3.3～12.1	39.2	40.0	14.0
转盘转速/（$r \cdot min^{-1}$）	13～42	40～128	42～203	12～40	22～120	10～80	9～52	6.3～30.6	12	20～47
钻孔方式	泵吸反循环	正反循环	正循环	正反循环	正反循环	正反循环	正反循环	正反循环冲击钻进	正反循环	正反循环
加压进给方式	—	—	—	自重	自重	—	配重	—	自重	—
驱动功率/kW	30	40	75	95	55	20	22	63	40	116
质量/kg	15 000	11 000	25 000	13 000	1 000	—	9 200	20 500	7 000	15 000

（二）转盘钻孔机安全使用技术

（1）一般规定。参见“静力压桩机”使用的相关规定。

（2）钻架的吊重中心、钻机的卡孔和进管中心应在同一垂直线上，钻杆中心偏差不应大于 20 mm。

（3）钻头和钻杆连接螺纹应良好，滑扣时不得使用。钻头焊接应牢固可靠，不得有裂纹。钻杆连接处应安装便于拆卸的垫圈。

（4）作业前，应先将各部操纵手柄置于空挡位置，人力盘动时不得有卡阻现象，然后空载运转，确认一切正常后方可作业。

（5）开钻时，应先送浆后开钻；停机时，应先停钻后停浆。泥浆泵应有专人看管，对泥浆质量和浆面高度应随时测量和调整，随时清除沉淀池中杂物，出现漏浆现象时应及时补充。

（6）开钻时，钻压应轻，转速应慢。在钻进过程中，应根据地质情况和钻进深度，选择合适的钻压和钻速，均匀给进。

（7）换挡时，应先停钻，挂上挡后再开钻。

（8）加接钻杆时，应使用特制的连接螺栓紧固，并应做好连接处的清洁工作。

（9）钻机下和井孔周围 2 m 以内及高压胶管下，不得站人。钻杆不应在旋转时提升。

（10）发生提钻受阻时，应先设法使钻具活动后再慢慢提升，不得强行提升。当钻进受阻时，应采用缓冲击法解除，并查明原因，采取措施继续钻进。

（11）钻架、钻台平车、封口平车等的承载部位不得超载。

（12）使用空气反循环时，喷浆口应遮拦，管端应固定。

（13）钻进结束时，应把钻头略为提起，降低转速，空转 5 ~ 20 min 后再停钻。停钻时，应先停钻后停风。

（14）作业后，应对钻机进行清洗和润滑，并应将主要部位进行遮盖。

二、螺旋钻孔机

（一）螺旋钻孔机分类与构造

螺旋钻孔机在我国北方地区使用较多，常用的有长螺旋钻孔机和短螺旋钻孔机两种。

1. 长螺旋钻孔机构造

如图 1.51 所示，装在履带底盘上的长螺旋钻孔机的钻具由电动机、减速器、钻杆、钻头等组成，整套钻具悬挂在钻架上，钻具的就位、起落均由履带底盘控制。

2. 短螺旋钻孔机构造

短螺旋钻孔机构造如图 1.52 所示。

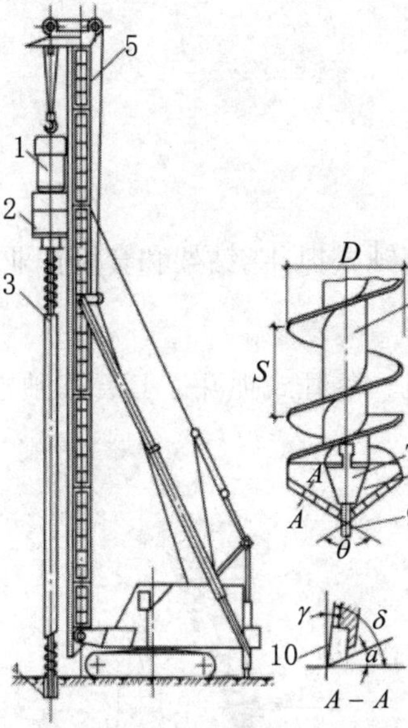

1—电动机；2—减速器；3—钻杆；4—钻头；5—钻架；6—无缝钢管；7—钻头接头；8—刀板；9—定心尖；10—切削刃

图 1.51 长螺旋钻孔机构造示意图

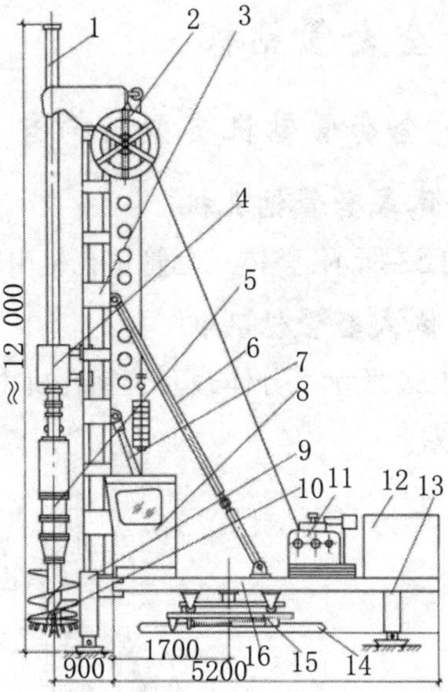

1—钻杆；2—电缆卷筒；3—立柱；4—导向架；5—钻孔主机；6 斜撑；7—起架油缸；8—操作室；9—前支腿；10—钻头；11—卷扬机；12—液压系统；13—后支腿；14—凰靴；15—底架；16—平台图

1.52 短螺旋钻孔机构造示意图

（二）螺旋钻孔机技术性能

螺旋钻孔机型号与技术性能参数见表 1.18.

表 1.18 螺旋钻孔机型号与技术性能参数

技术性能参数	L.Z 型长螺旋钻孔机	KL600 型螺旋钻孔机	E-1 型短螺旋钻孔机	ZKLA00(ZK1.600)钻孔机	BQZ 型步履式钻孔机	DZ 型步履式钻孔机
钻孔最大直径 /mm	300，600	400、500	300～800	400（600）	400	1 000～1 500
钻孔最大深度 /m	15	15、15	8、11、8	12～16	8	30
钻杆长度 /m	2	18.3、18.8	—	22	9	—
钻头转速 /（$r \cdot min^{-1}$）	63～116	50	45	80	85	38.5
钻进速度 /（$m \cdot min^{-1}$）	1.0	—	3.1	—	—	0.2

三、全套管钻机

（一）全套管钻机类型与构造

1. 整体式套管钻孔机

如图 1.53 所示，整体式套管钻孔机由履带主机、落锤式抓斗、钻架和套管作业装置组成。

2. 分体式套管钻孔机

如图 1.54 所示，分体式套管钻孔机由履带起重机、落锤式抓斗、套管和独立摇动式钻孔机等组成。

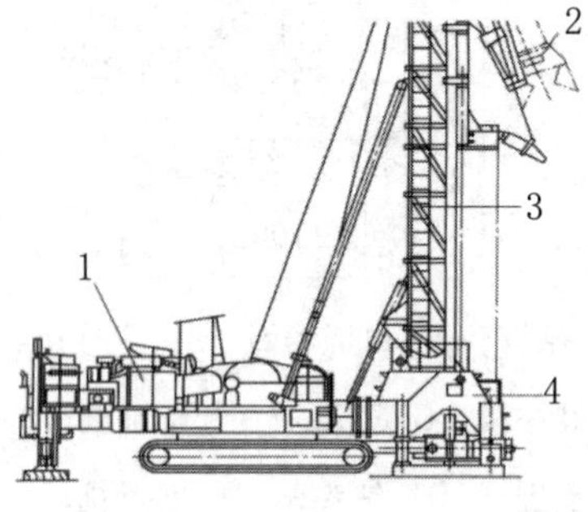

1—履带主机；2—落锤式抓斗；3—钻架；4—套管作业装置

图 1.53 整体式套管钻孔机构造示意图

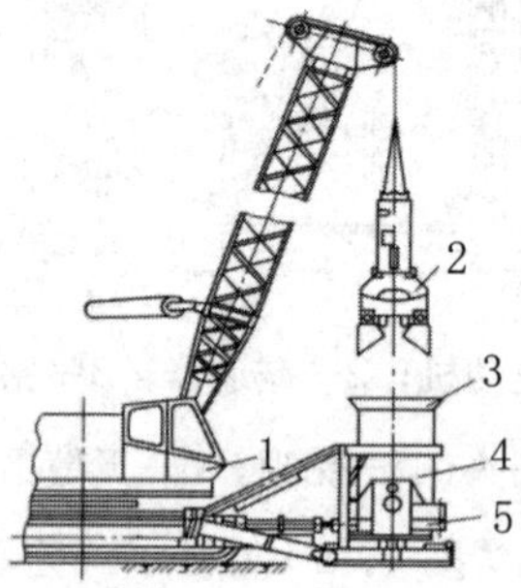

1—履带起重机；2—落锤式抓斗；3—导向口；4—套管；5—独立摇动式钻孔机

图 1.54 分体式套管钻孔机构造示意图

3. 独立摇动式套管钻孔机

如图 1.55 所示，独立摇动式套管钻孔机由导向及纠偏机构、摆动（或旋转）装置、夹击机构、夹紧油缸、压拔管油缸和底架等组成。

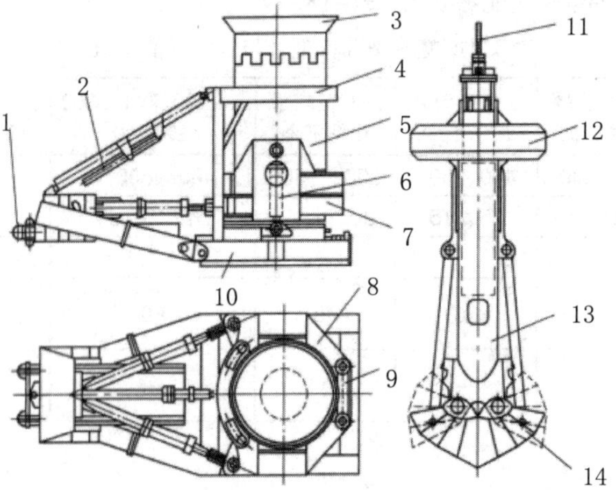

1—连接座；2—纠偏油缸；3—导向口；4—导向及纠偏机构；5—套管；6—压拔管油缸；7—摆动（或旋转）装置；8—夹击机构；9—夹紧油缸；10—底架；11—专用钢丝绳；12—导向器；13—连接圆杆；14—抓斗

图 1.55 独立摇动式套管钻孔机构造示意图

（二）全套管钻机安全使用技术

（1）一般规定。参见“转盘钻孔机”使用相关规定。

（2）作业前应检查并确认套管和浇筑管内侧不得有损坏和明显变形，不得有混凝土黏结。

（3）钻机内燃机启动后，应先怠速运转，再逐步加速至额定转速。钻机对位后，应进行调试，达到水平后，再进行作业。

（4）第一节套管入土后，应随时调整套管的垂直度。当套管入土深度大于 5 m 时，不得强行纠偏。

（5）在套管内挖土碰到硬土层时，不得用锤式抓斗冲击硬土层，应采用十字凿锤将硬土层有效地破碎后，再继续挖掘。

（6）用锤式抓斗挖掘管内土层时，应在套管上加装保护套管接头的喇叭口。

（7）套管在对接时，接头螺栓应按出厂说明书规定的扭矩对称拧紧。接头螺栓拆下时，应立即洗净后浸入油中。

（8）起吊套管时，不得用卡环直接吊在螺纹孔内，损坏套管螺纹，应使用专用工具吊装。

（9）在挖掘过程中，应保持套管的摆动。当发现套管不能摆动时，应拔出液压缸，将套管上提，再用起重机助拔，直至拔起部分套管能摆动为止。

（10）浇注混凝土时，钻机操作应和灌注作业密切配合，应根据孔深、桩长适当配管，套管与浇注管保持同心，在浇注管埋入混凝土 2 ~ 4 m 之间时，应同步拔管和拆管。

（11）上拔套管时，应左右摆动。套管分离时，下节套管头应用卡环保险，防止套管下滑。

（12）作业后，应及时清除机体、锤式抓斗及套管等外表的混凝土和泥砂，将机架放回行走位置，将机组转移至安全场所。

四、旋挖钻机

旋挖钻机是一种适合建筑基础工程中成孔作业的施工机械。主要适用于砂土、黏性土、粉质土等土层施工，在灌注桩、连续墙、基础加固等多种地基基础施工中得到了广泛应用。

（一）旋挖钻机的分类与工作参数

旋挖钻机根据其主要工作参数的不同可分为小型机、中型机和大型机三种类型，见表 1.19。

表 1.19 旋挖钻机的类型

类型	扭矩 /（kN·m）	发动机功率 /kW	钻孔直径 /m	钻孔深度 /m	钻机整机质量 /t
小型机	100	170	0.5 ～ 1.0	40	40
中型机	180	200	0.8 ～ 1.8	60	65
大型机	240	300	1.0 ～ 2.5	80	100

（二）旋挖钻机安全使用技术

（1）一般规定。参见“静力压桩机”使用相关规定。

（2）作业地面应坚实平整。作业过程中地面不得下陷，工作坡度不得大于2°。

（3）钻机驾驶员进出驾驶室时，应利用阶梯和扶手上下。在作业过程中，不得将操纵杆当扶手使用。

（4）钻机行驶时，应将上车转台和底盘车架锁住，履带式钻机还应锁定履带伸缩油缸的保护装置。

（5）钻孔作业前，应检查并确认固定上车转台和底盘车架的销轴已拔出。履带式钻机应将履带的轨距伸至最大。

（6）在钻机转移工作点、装卸钻具钻杆、收臂放塔和检修调试时，应有专人指挥，并确认附近不得有非作业人员和障碍。

（7）卷扬机提升钻杆、钻头和其他钻具时，重物应位于桅杆正前方。卷扬机钢丝绳与桅杆夹角应符合使用说明书的规定。

（8）开始钻孔时，钻杆应保持垂直，位置应正确，并应慢速钻进，在钻头进入土层后．再加快钻进。当钻斗穿过软硬土层交界处时，应慢速钻进。提钻时，钻头不得转动。

（9）作业中，发生浮机现象时，应立即停止作业，查明原因并正确处理后，继续作业。

（10）钻机移位时，应将钻桅及钻具提升到规定高度，并应检查钻杆，防止钻杆脱落。

（11）作业中，钻机作业范围内不得有非工作人员进入。

（12）钻机短时停机，钻桅可不放下，动力头及钻具应下放，并宜尽量接近地面。长时间停机，钻桅应按使用说明书的要求放置。

（13）钻机保养时，应按使用说明书的要求进行，并应将钻机支撑牢靠。

第二章　建筑起重吊装与运输机械

第一节　履带式起重机

一、履带式起重机构造

履带式起重机是在行走的履带底盘上装有起重装置的起重机械，是自行式、全回转的一种起重机，由起重臂、回转机构、行走机构等组成。起重臂常采用多节桁架结构，下端铰接在转台前，顶部有变幅钢丝绳悬挂支持，有的还铰装有副臂。其起重量和起升高度较大。履带式起重机的构造组成如图 2.1 所示。

履带式起重机具有操作灵活、使用方便，在一般平整坚实的场地上可以荷载行驶和作业的特点。履带式起重机是结构吊装工程中常用的起重机械。

履带式起重机按传动方式不同可分为机械式（QU）、液压式（QUR）和电动式（QUD）3 种。目前常用的是液压式履带起重机。电动式不适用于需要经常转移作业场地的建筑施工。

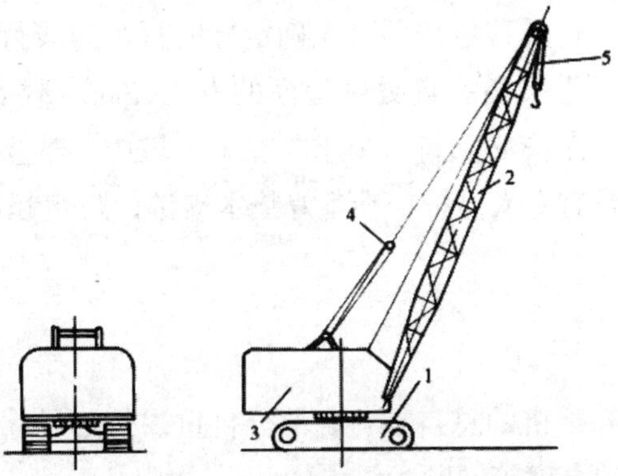

1—行走装置（履带）；2—起重杆；3—平衡重；4—变幅滑轮组；5—起重滑轮组

图 2.1 履带式起重机的构造示意图

二、履带式起重机技术性能参数

常用履带式起重机型号及技术性能参数见表 2.1。

表 2.1 常用履带式起重机型号及技术性能参数

项目		起重机型号								
		W-501			W-1001			W-2001（W-2002）		
操作形式		液压			液压			气压		
行走速度 /（km/h）		1.50 ～ 3.00			1.50			1.43		
最大爬坡能力 /%		25			20			20		
回转角度 /（°）		360			360			360		
起重机总质量 /t		21.32			39.40			79.14		
吊杆长度 /m		10	18	18+2	13	23	30	15	30	40
回转半径	最大 /m	10.0	17.0	10.0	12.5	17.0	14.0	15.5	22.5	30.0
	最小 /m	3.7	4.3	6.0	4.5	6.5	8.5	4.5	8.0	10.0
起重量	最大回转半径时 /t	2.6	1.0	1.0	3.5	1.7	1.5	8.2	4.3	1.5
	最小回转半径时 /t	10.0	7.5	2.0	15.0	8.0	4.0	50.0	20.0	8.0
起重高度	最大回转半径时 /m	3.7	7.6	14.0	5.8	16.0	24.0	3.0	19.0	25.0
	最小回转半径时 /m	9.2	17.0	17.2	11.0	19.0	26.0	12.0	26.5	36.0

注：18+2 表示在 18 m 吊杆上加 2 m 鸟嘴；相应的回转半径、起重量、起重高度各数值均为副吊钩的性能。

三、履带式起重机转移

履带式起重机可根据运距、运输条件和设备的情况，采用自行转移、拖车运输和铁路运输等方法。一般情况下，起重机的短途运输可自行转移，中长途运输可采用分件拆除、拖车运输或者火车运输的方法。

（一）自行转移

一般在山区、工地现场、非高等级道路时，运距不超过 5 km，履带起重机可以采用自行转移。起重机自行转移时，操作要点如下：

（1）在行驶前必须对起重机行走机构进行检查，搞好润滑、紧固、调整等保养工作，吊杆拆至最短。

（2）行走时，驱动轮应在后面，刹住回转台，吊杆和履带平行并放低，吊钩要升起。

（3）履带起重机的自行转移应按照事先确定好的行车路线行驶，在地面承载力达不到要求时采用铺设“路基箱”或者提前处理地面的方式提高承载力。在途中注意上空电线，机体和吊杆与电线的安全距离必须符合要求。在上下坡中，禁止中途变速或空挡滑行，上陡坡必须倒行。上下坡要有专人监护，准备好垫木支护，防止起重机快速下滑引起事故。

（二）拖车运输

1. 准备工作

（1）了解所运输的起重机的总自重、各部分自重、外形尺寸、运输路线、公路桥梁的承载力和所要经过桥洞的高度等问题。

（2）根据所运输的起重机部件的外形尺寸和自重选择相应的平板拖车，根据现在高速公路的各项规定，一般不允许超载，但也不宜以大带小，避免载重过轻，在运输中颤动太大而损坏起重机零部件。

（3）准备好一定数量的道木、三角垫木、道链、紧线器、跳板、钢丝和钢丝绳等材料。

（4）根据起重机的说明书拆除吊杆、配重、吊钩、钢丝绳等需拆除运输的部件，有时只将吊杆首节拆去，留下根部一节不拆，另用一根钢丝绳将其拉住。这节吊杆虽然不重，但因钢丝绳和吊杆的夹角较小，钢丝绳受力往往很大，必须按照受力选择钢丝绳的直径。

2. 上车和固定

起重机可以从固定或活动的登车台开上拖车，也可以采用拖车的两个钢制的上车板上车，如果没有可选择的场地，用跳板或者适当规格的方木搭成10°～15°的坡道，从坡道上拖车。起重机上坡道前应认真检查行走机构的工作状况和制动器的作用是否良好，上坡道时将履带对正，尾部对着拖车向上倒行。如果驾驶室对着拖车向上开行，在起重机重心即将离开坡道时，起重机会发生“点头”现象，吊杆可能会砸到驾驶室，此时必须适当关小油门，以保证安全。另外，在坡道上严禁打方向和回转，如果发生危险，可将起重机慢慢退下来。

起重机上拖车必须由经验丰富的人指挥，并由熟悉该机车的驾驶员操作。上拖车时，拖车驾驶员必须离开驾驶室，拖车制动牢固，前后车轮用三角垫木垫实。遇雨雪天气时，还要做好防滑措施。

起重机在拖车上的停放位置应是起重机的重心大致在拖车载重面的中心上，起重机停好后应将起重机的所有制动器制动牢固。履带前后用三角垫木垫实并固定，履带左右两面用钢丝绳和道链或紧线器紧固。如运距远、路面差，必须将尾部用高凳或者道木跺垫实，吊杆中部两侧用绳索固定。在运距短、路面平坦但转弯困难的情况下，吊杆不必固定，以便必要时发动起重机配合转弯。

另外，在吊杆头部用红布做出明显标记，在通过有较低电线地区时，起重机最高处需捆绑竹竿，以便顺利通过。

3. 运输

装有起重机的拖车在行走时要保持平稳，避免紧急刹车，途中保持中速行驶，转弯、下坡减速，遇有涵洞通过困难时，可先将起重机开下拖车，待通过后再运上拖车。

4. 下拖车

起重机下拖车应按规定将坡道搭设牢固，由熟练的驾驶员和经验丰富的人员操作。下拖车操作与上拖车相比，更要注意安全操作，应注意以下两点：

（1）用慢速挡向下开行，不能放空挡。否则，下行速度过快，会因猛烈地冲击地面而使起重机受损。

（2）在下行途中不可刹车，否则起重机会因刹车自动拐弯滑出坡道，造成危险。

（三）铁路运输

铁路运输手续烦琐、周期相对较长，适用于起重机的长途转运。选择铁路运输时，铁路平板有顶头上车和侧向上车两种。其规格可根据起重机部件外形尺寸和质量来确定。

起重机上车前必须刹住铁路平板制动器并用道木将平板垫实，以免在上车中平板翘头或倾覆。垫实处应留有一定空隙，以利于上车后拆除垫木。

起重机上平板后停车位置和固定方法与拖车运输相同，但必须注意将支垫吊杆的高凳或道木跺搭设在起重机停放的同一个平板上，固定吊杆的绳索也绑在这个平板上。如吊杆长度超出一个铁路的平板，则必须另挂一个辅助平板，但吊杆在此平板上不设支垫，也不用绳索固定，应抽掉吊钩钢丝绳。

铁路运输车身较高、质量较重的起重机时，常用凹形平板装载，以便顺利通过隧道。起重机必须从侧向开上凹形平板，又因为凹形平板的载重面都比货场平台低，所以必须侧向搭设一个10° ~ 15° 的坡道。在凹形平板上，为防止起重机滑动，需在履带的前后左右电焊角钢代替三角木和绳索捆绑。

四、履带式起重机组装

（一）基本臂的组装方法

（1）将基础臂节吊到与本体相连接的水平位置上，慢慢地移动本体，使基础臂根部销孔与之相吻合，插入销子，再用锁紧销固定。

（2）将拉紧器安装在基础臂节上面的托架上。

（3）将起重臂的变幅钢绳挂在吊挂装置与拉紧器之间，然后将变幅钢绳慢慢拉紧，使基础臂节稍稍抬起，移动本体，使它处于顶部臂节连接状态。

（4）把基础臂节轻轻放下，使其上侧的连接销孔与相应的顶部臂节连接销孔相吻合，然后插入销子，再用锁紧销固定好，之后轻轻地抬起基础臂节。

（5）在起重臂的下面垫上枕木，将拉紧器与顶部臂节用吊挂钢绳连接起来，将拉紧器与托架相连接的连接销卸下，慢慢地卷起变幅钢绳，升高A形架，使钢绳拉紧。把防倾杆安装到A形架前支架的耳板上。

（6）检查起重钩防过卷装置是否与使用臂长的倍率一致，起重臂防过卷装置的线路是否接好，各种自动停止装置的动作是否正常。

（7）启动柴油内燃机，低速运转，慢慢地抬起起重臂，使起重臂与水平成30° 。

（8）将配重按顺序安装好。

（9）将履带伸展成工作状态后方能作业。

（二）基本臂上增加中间节的组装方法

在基本臂上增加中间节时，按下面步骤进行：

（1）使基本臂和用枕木垫起来的中间臂节成一条直线。若要安装副臂，要预先安装好副臂以及拔杆，然后用枕木将它垫起来，像组装基本臂一样，使副臂与起重臂连接。

（2）先将基础臂分解开（仅与顶部臂节分解），并将分解下来的顶部臂节与组装好的中间节连接在一起。

（3）使基础臂节接近中间臂节，并与上侧的连接销孔相吻合，然后插入连接销，再用固定销固定。

（4）使下侧连接销孔相吻合，并慢慢地拉紧起重臂变幅钢绳，一定不要抬起起重臂，因为将起重臂抬起离开枕木，易损坏起重臂。最后在吻合的连接孔处插入连接销，用固定销固定。

（5）下放变幅钢绳，使其放松拉紧器与基础臂节托架的连接后，取下拉紧器和基础臂节托架上的连接销，使基础臂节与拉紧器分离。

（6）钢绳连接完毕，卷起变幅钢绳使起重臂抬起。在起重臂与地面夹角小于30° 时，起重钩始终落在地上，主卷扬钢绳始终处于放松状态。

（三）副臂的组装方法

副臂是由副臂顶部、副臂基础和副臂中间节组成。组装副臂时按下列顺序进行：

（1）事先将副臂和桅杆装好放在枕木上，装垫起的高度与起重臂连接处成水平状态。

（2）将装有主臂的本体移近副臂，用安装副臂的销子将顶部臂节与副臂连接起来，然后把起重臂用枕木垫起来。

（3）将副臂的吊挂钢绳通过副臂桅杆连接在主臂上侧的托架上。

（4）与基本臂的情况一样，安装好副臂的提升钢绳。

上述各项工作完成以后，提升起重臂，在主臂与地面夹角小于30° 时，主副钩必须始终放在地面上。主副卷扬钢绳始终处于放松状态，使副臂离开地面，确定副臂的安装角度是否在10° ~ 30° ，如果超过规定值，应将起重臂落下，重新确定拉紧绳的长度，以保证安装角度。

（四）履带式起重机安全使用技术

1. 一般规定

（1）建筑起重机械进入施工现场应具备特种设备制造许可证、产品合格证、特种设备制造监督检验证明、备案证明、安装使用说明书和自检合格证明。

（2）建筑起重机械有下列情形之一时，不得出租和使用。

① 属国家明令淘汰或禁止使用的品种、型号。

② 超过安全技术标准或制造厂规定的使用年限。

③ 经检验达不到安全技术标准规定。

④ 没有完整的安全技术档案。

⑤ 没有齐全有效的安全保护装置。

（3）建筑起重机械的安全技术档案应包括下列内容。

① 购销合同、特种设备制造许可证、产品合格证、特种设备制造监督检验证明、安装使用说明书、备案证明等原始材料。

② 定期检验报告、定期自行检查记录、定期维护保养记录、维修和技术改造记录、运行故障和生产安全事故记录、累积运转记录等运行资料。

③ 历次安装验收资料。

（4）建筑起重机械装拆方案的编制、审批，以及建筑起重机械首次使用、升节、附墙等验收应按现行有关规定执行。

（5）建筑起重机械的装拆应由具有起重设备安装工程承包资质的单位施工，操作和维修人员应持证上岗。

（6）建筑起重机械的内燃机，电动机和电气、液压装置部分，应按本书“第二章”有关规定执行。

（7）选用建筑起重机械时，其主要性能参数、利用等级、载荷状态、工作级别等应与建筑工程相匹配。

（8）施工现场应提供符合起重机械作业要求的通道和电源等工作场地和作业环境。基础与地基承载能力应满足起重机械的安全使用要求。

（9）操作人员在作业前应对行驶道路、架空电线、建（构）筑物等现场环境以及起吊重物进行全面了解。

（10）建筑起重机械应装有音响清晰的信号装置。在起重臂、吊钩、平衡重等转动物体上应有鲜明的色彩标志。

（11）建筑起重机械的变幅限位器、力矩限制器、起重量限制器、防坠安全器、钢丝绳防脱装置、防脱钩装置，以及各种行程限位开关等安全保护装置，必须齐全有效，严禁随意调整或拆除。严禁利用限制器和限位装置代替操纵机构。

（12）建筑起重机械安装工、司机、信号司索工作业时应密切配合，按规定的指挥信号执行。当信号不清或错误时，操作人员应拒绝执行。

（13）施工现场应采用旗语、口哨、对讲机等有效的联络措施确保通信畅通。

（14）在风速达到 9.0 m/s 及以上或大雨、大雪、大雾等恶劣天气时，严禁进行建筑起重机械的安装拆卸作业。

（15）在风速达到 12.0 m/s 及以上或大雨、大雪、大雾等恶劣天气时，应停止露天的起重吊装作业。重新作业前，应先试吊，并应确认各种安全装置灵敏可靠后进行作业。

（16）操作人员进行起重机械回转、变幅、行走和吊钩升降等动作前，应发出音响信号示意。

（17）建筑起重机械作业时，应在臂长的水平投影覆盖范围外设置警戒区域，并应有监护措施；起重臂和重物下方不得有人停留、工作或通过。不得用吊车、物料提升机载运人员。

（18）不得使用建筑起重机械进行斜拉、斜吊和起吊埋设在地下或凝固在地面上的重物以及其他不明重量的物体。

（19）起吊重物应绑扎平稳、牢固，不得在重物上再堆放或悬挂零星物件。易散落物件应使用吊笼调运。标有绑扎位置的物件，应按标记绑扎后吊运。吊索的水平夹角宜为 45° ~ 60° ，不得小于 30° ，吊索与物件棱角之间应加保护垫料。

（20）起吊载荷达到起重机械额定起重量的 90% 及以上时，应先将重物吊离地面不大于 200 mm，检查起重机械的稳定性和制动可靠性，并应在确认重物绑扎牢固平稳后再继续起吊。对大体积或易晃动的重物应拴拉绳。

（21）重物的吊运速度应平稳、均匀，不得突然制动。回转未停稳前，不得反向操作。

（22）建筑起重机械作业时，在遇突发故障或突然停电时，应立即把所有控制器拨到零位,并及时关闭发动机或断开电源总开关,然后进行检修。起吊物不得长时间悬挂在空中，应采取措施将重物降落到安全位置。

（23）起重机械的任何部位与架空输电导线的安全距离应符合现行行业标准《施工现场临时用电安全技术规范》（JGJ46—2005）的规定。

（24）建筑起重机械使用的钢丝绳，应有钢丝绳制造厂提供的质量合格证明文件。

（25）建筑起重机械使用的钢丝绳，其结构形式、强度、规格等应符合起重机使用说明书的要求。钢丝绳与卷筒应连接牢固，放出钢丝绳时，卷筒上应至少保留三圈，收放钢丝绳时，应防止钢丝绳损坏、扭结、弯折和乱绳。

（26）钢丝绳采用编结固接时，编结部分的长度不得小于钢丝绳直径的 20 倍，并不应小于 300 mm，其编结部分应用细钢丝捆扎。当采用绳卡固接时，与钢丝绳直径匹配的绳卡数量应符合表 2.2 的规定，绳卡间距应是钢丝绳直径的 6 ~ 7 倍，最后一个绳卡距绳头的长度不得小于 140 mm。绳卡滑鞍（夹板）应在钢丝绳承载时受力的一侧，U 形螺栓应在钢丝绳的尾端，不得正反交错。绳卡初次固定后，应待钢丝绳受力后再次紧固，并宜拧紧到使尾端钢丝绳受压处直径高度压扁 1/3。作业中应经常检查紧固情况。

表 2.2 与绳径匹配的绳卡数

钢丝绳公称直径 /mm	≤ 18	＞ 18 ~ 26	＞ 26 ~ 36	＞ 36 ~ 44	＞ 44 ~ 60
最少绳卡数 / 个	3	4	5	6	7

（27）每班作业前，应检查钢丝绳及钢丝绳的连接部位。钢丝绳报废标准按现行国家标准《起重机钢丝绳保养、维护、安装、检验和报废》（GB/T5972—2016）的规定执行。

（28）在转动的卷筒上缠绕钢丝绳时，不得用手拉或脚踩引导钢丝绳，不得给正在运转的钢丝绳涂抹润滑脂。

（29）建筑起重机械报废及超龄使用应符合国家现行有关规定。

（30）建筑起重机械的吊钩和吊环严禁补焊。当出现下列情况之一时应对其进行更换。

① 表面有裂纹、坡口。

② 危险断面及钩颈永久变形。

③ 挂绳处断面磨损超过高度 10%。

④ 吊钩衬套磨损超过原厚度 50%。

⑤ 销轴磨损超过其直径的 5%。

（31）建筑起重机械使用时，每班都应对制动器进行检查。当制动器的零件出现下列任意一种情况时，应做报废处理。

① 裂纹。

② 制动器摩擦片厚度磨损达到原厚度的 50%。

③ 弹簧出现塑性变形。

④ 小轴或轴孔直径磨损达原直径的 5%。

（32）建筑起重机械制动轮的制动摩擦面不应有妨碍制动性能的缺陷或沾染油污。制动轮出现下列任意一种情况时，应做报废处理。

① 裂纹。

② 起升、变幅机构的制动轮，轮缘厚度磨损大于原厚度的 40%。

③ 其他机构的制动轮，轮缘厚度磨损大于原厚度的 50%。

④ 轮面凹凸不平度达 1.5 ~ 2.0 mm（小直径取小值，大直径取大值）。

2. 起重机作业要求

（1）起重机械应在平坦坚实的地面上作业、行走和停放。作业时，坡度不得大于 3，起重机械应与沟渠、基坑保持安全距离。

（2）起重机械启动前应重点检查下列项目，并应符合相应要求：

① 各安全防护装置及各指示仪表应齐全完好；

② 钢丝绳及连接部位应符合规定；

③ 燃油、润滑油、液压油、冷却水等应添加充足；

④ 各连接件不得松动；

⑤ 在回转空间范围内不得有障碍物。

（3）起重机械启动前应将主离合器分离，各操纵杆放在空挡位置。

（4）内燃机启动后，应检查各仪表指示值，应在运转正常后接合主离合器，空载运转时，应按顺序检查各工作机构及制动器，应在确认正常后作业。

（5）作业时，起重臂的最大仰角不得超过使用说明书的规定。当无资料可查时，不得超过 78° 。

（6）起重机械变幅应缓慢平稳，在起重臂未停稳前不得变换挡位。

（7）起重机械工作时，在行走、起升、回转及变幅四种动作中，应只允许不超过两种动作的复合操作。当负荷超过该工况额定负荷的 90% 时，应慢速升降重物，严禁超过两种动作的复合操作和下降起重臂。

（4）在重物起升过程中，操作人员应将脚放在制动踏板上，控制起升高度，防止吊钩冒顶。当重物悬停空中时，即使制动踏板被固定，操作人员仍应脚踩在制动踏板上。

（5）采用双机抬吊作业时，应选用起重性能相似的起重机进行。抬吊时应统一指挥，动作应配合协调，载荷应分配合理，起吊重量不得超过两台起重机在该工况下允许起重量总和的 75%，单机的起吊载荷不得超过允许载荷的 80%。在吊装过程中，两台起重机的吊钩滑轮应保持垂直状态。

（6）起重机械行走时，转弯不应过急；当转弯半径过小时，应分次转弯。

（7）其中机械不宜长距离负载行驶。起重机械负载时应缓慢行驶，起重量不得超过相应工况额定起重量的 70%，其中臂应位于行驶方向正前方，载荷离地面高度不得大于 500 mm，并应拴好拉绳。

（8）起重机械上、下坡道时应无载行走，上坡时应将起重臂仰角适当放小，下坡时应将起重臂仰角适当放大。下坡严禁空挡滑行。在坡道上严禁带载回转。作业结束后，起重臂应转至顺风方向，并应降至 40° ~ 60°，吊钩应提升到接近顶端的位置，关停内燃机，并应将各操纵杆放在空挡位置，各制动器应加保险固定，操作室和机棚应关门加锁。

（9）起重机械转移工地，应采用火车或平板拖车运输，所用跳板的坡度不得大于 15°；起重机械装上车后，应将回转、行走、变幅等机构制动，应采用木楔楔紧履带两端，并应绑扎牢固；吊钩不得悬空摆动。

（10）起重机械自行转移时，应卸去配重，拆短起重臂，主动轮应在后面，机身、起重臂、吊钩等必须处于制动位置，并应加保险固定。

（11）起重机械通过桥梁、水坝、排水沟等构筑物时，应先查明允许载荷后再通过，必要时应采取加固措施。通过铁路、地下水管、电缆等设施时，应铺设垫板保护，机械在上面行走时不得转弯。

第二节　汽车、轮胎式起重机

汽车式起重机是一种使用汽车底盘的轮式起重机，广泛用于构件装卸和结构吊装。其灵活性好、转移迅速、对道路无损伤。轮胎式起重机是一种使用专用底盘的轮式起重机，横向稳定性好，能全回转作业，且在允许载荷下能负载行走。但其行驶速度慢，不宜长距离行驶，常用于作业地点相对固定而作业量较大的吊装作业。

一、汽车、轮胎式起重机的组成

（一）汽车式起重机的组成

汽车式起重机是装在普通汽车底盘或特制汽车底盘上的一种起重机，主要由起升、变幅、回转、起重臂和汽车底盘组成。

（1）汽车式起重机分类。汽车式起重机的种类有很多，其分类方法也各不相同，主要有以下几种：

①按起重量分：轻型汽车式起重机（起重量在 5 t 以下）；中型汽车式起重机（起重量在 5 ~ 15 t）；重型汽车式起重机（起重量在 5 ~ 50 t）；超重型汽车式起重机（起重量在 50 t 以上）。

②按支腿形式分：蛙式支腿、X 形支腿、H 形支腿。蛙式支腿仅适用于较小吨位的起重机；X 形支腿容易产生滑移，也很少采用，H 形支腿可实现较大跨距，对整机的稳定有明显的优

越性，所以，中国生产的液压汽车式起重机多采用 H 形支腿。

③ 按传动装置的传动方式分：机械传动、电传动和液压传动三类。

④ 按起重装置在水平面可回转范围（转台的回转范围）分：全回转汽车式起重机（转台可任意旋转 360°）和非全回转汽车式起重机（转台回转角小于 270°）。

⑤ 按吊臂的结构形式分：折叠式、伸缩式和桁架式。

（2）汽车式起重机特点。汽车式起重机的驾驶室和操作室分开设置，道路行驶视野开阔，在一般道路上均可以行驶。汽车式起重机移动速度很快；功率大，油耗小，噪声符合国家标准要求；走台板为全覆盖式，便于在车上工作与检修；支腿系统采用双面操作，方便实用。汽车式起重机相对于轮胎式起重机的缺点是：不能带载行走，对道路的承载力和平整度要求较高等。

（二）轮胎式起重机的组成

轮胎式起重机俗称轮胎吊，是指利用轮胎式底盘行走的动臂旋转起重机，主要包括转向系统操作机构、转向器和转向传动机构三个基本组成部分。

（1）轮胎式起重机分类。按转向能源的不同，转向系可分为机械转向系和动力转向机构两大类。

① 机械转向系。机械转向系是以人力作为唯一的转向动力源，其中所有传力件都是机械的。当需要转向时，驾驶员对转向盘施加一个转向力矩，该力矩通过转向轴输入转向器。从转向盘到转向轴这一系列部件和零件即属于转向操作机构。作为减速传动装置的转向器中常有 1 ~ 2 级减速传动副，经转向器放大后的力矩和减速后的运动到转向横拉杆，再传给固定于转向节上的转向节臂，使转向节臂所支承的转向轮偏转，从而改变汽车的行驶方向。这里，转向横拉杆和转向节臂属于转向传动机构。

② 动力转向机构。操作方向盘时，伞齿轮箱和转向机构箱带动转向阀的油缸侧。油缸和阀杆上分别设有油孔，通过油缸和阀杆的相互作用，内外油孔有时会接通，有时会错开，从而控制油路的“通”和“断”。

（2）轮胎式起重机特点。因为它的底盘不是汽车底盘，因此，设计起重机时不受汽车底盘的限制，轴距、轮距可根据起重机总体设计的要求而合理布置。轮胎起重机一般轮距较宽，稳定性好，轴距小、车身短，故转弯半径小，适用于狭窄的作业场所。轮胎式起重机可前后左右四面作业，在平坦的地面上可不用支腿吊重以及吊重慢速行驶，轮胎式起重机需带载行走时，道路必须平坦坚实，荷载必须符合原厂规定。重物离地高度不得超过 50 cm，并拴好拉绳，缓慢行驶，严禁长距离带载行驶。一般来说，轮胎式起重机行驶速度比汽车式起重机慢，其机动性不及汽车式起重机。但与履带式起重机相比，其具有便于转移和在城市道路上通过的性能。与汽车式起重机相比其具有轮距较宽、稳定性好、车身短、转弯半径小、可在 360° 范围内工作的优点。

二、汽车式、轮胎式起重机的性能

（一）汽车式起重机的性能

常用的 25 t 汽车式起重机起重性能见表 2.3。

表 2.3 常用的 25 t 汽车式起重机起重性能

OY-25K 汽车性能表								
全伸支腿（侧方、后方作业）或选装第五支腿 360° 作业								
工作幅度 / m	基本臂 10.40 m		中长臂 17.60 m		中长臂 24.80 m		全伸臂 32.00 m	
	起重量 /kg	起升高度 / m	起重量 /kg	起升高度 / m	起重量 /kg	起升高度 / m	起重量 /kg	起升高度 / m
3	25 000	10.50	14 100	18.11				
3.5	25 000	10.25	14 100	17.98				
4	24 000	9.97	14 100	17.82	8 100	25.28		
4.5	21 500	9.64	14 100	17.65	8 100	25.16		
5	18 700	9.28	13 500	17.47	8 000	25.03		
5.5	17 000	8.86	13 200	17.26	8 000	24.89	5 000	32.32
6	14 500	8.39	13 000	17.04	8 000	24.74	6 000	32.30
7.0	11 400	7.22	11 500	16.54	7 210	24.41	5 600	31.95
8	9 100	5.54	9 450	15.95	6 860	24.02	5 300	31.66
9			7 750	15.27	6 500	23.59	4 500	31.33
10			6 310	14.48	6 000	23.10	4 000	30.97
12			4 600	12.49	4 500	21.94	3 500	30.13
14			3 500	9.60	3 560	20.51	3 200	29.12
16					2 800	18.74	2 800	27.93
18.0					2 300	16.52	2 200	26.52
20.0					1 800	13.61	1 700	24.95
22					1 500	9.29	1 400	22.90
24							1 100	20.54
26							850	17.60
28							640	13.71
29							550	11.07

（二）轮胎式起重机的性能

轮胎式起重机的性能见表 2.4。

表 2.4 起重机性能

起重量 /t	3	5	8	12	16	25	40	65	100
有效幅度 /m	1.25	1.35	1.45	1.50	1.50	1.25	1.00	0.85	0.70
支腿横向跨距 /m	3.1	3.3	3.5	4.0	4.5	5.0	5.5	6.0	6.6
工作幅度 /m	2.80	3.00	3.50	3.50	3.75	3.75	3.75	3.85	4.00
起重力矩 /(kN•m)	84	150	256	420	600	940	1 500	2 500	4 000
额定的起重力矩 /(kN•m)	80	150	250	400	600	950	1 500	2 500	4 000

三、汽车、轮胎式起重机安全使用

（1）一般规定。参见“履带式起重机”相关规定。

（2）起重机械工作的场地应保持平坦坚实，符合起重时的受力要求；起重机械应与沟渠、基坑保持安全距离。

（3）起重机械启动前应重点检查下列项目，并应符合相应要求。

①各安全保护装置和指示仪表应齐全完好。

②钢丝绳及连接部位应符合规定。

③燃油、润滑油、液压油及冷却水应添加充足。

④各连接件不得松动。

⑤轮胎气压应符合规定。

⑥起重臂应可靠搁置在支架上。

（4）起重机械启动前，应将各操纵杆放在空挡位置，手制动器应锁死，内燃机的启动应遵循本书“第二章”相关规定。应在怠速运转 3 ~ 5 min 后进行中高速运转，并应再检查各仪表指示值，确认运转正常后接合液压泵，液压达到规定值，油温超过 30 ℃时，方可作业。

（5）作业前，应全部伸出支腿，调整机体使回转支撑面的倾斜度在无载荷时不大于 1/1 000（水准居中）。支腿的定位销必须插上。底盘为弹性悬挂的起重机，插支腿前应先收紧稳定器。

（6）作业中不得扳动支腿操纵阀。调整支腿时应在无载荷时进行，应先将起重臂转至正前方或后方以后，再调整支腿。

（7）起重作业前，应根据所吊重物的重量和起升高度，并应按起重性能曲线，调整起重臂长度和仰角；应估计吊索长度和重物本身的高度，留出适当起吊空间。

（8）起重臂顺序伸缩时，应按使用说明书进行，在伸臂的同时应下降吊钩。当制动器发出警报时，应立即停止伸臂。

（9）汽车式起重机变幅角度不得小于各长度所规定的仰角。

（10）汽车式起重机起吊作业时，汽车驾驶室内不得有人，重物不得超越汽车驾驶室上方，且不得在车的前方起吊。

（11）起吊重物达到额定起重量的 50% 及以上时，应使用低速挡。

（12）作业中发现起重机倾斜、支腿不稳定等异常现象时，应在保证作业人员安全的情况下，将重物降至安全的位置。

（13）当重物在空中需停留较长时间时，应将起升卷筒制动锁住，操作人员不得离开操作室。

（14）起吊重物达到额定起重量的 90% 以上时，严禁向下变幅，同时严禁进行两种及两种以上的操作动作。

（15）起重机械带载回转时，操作应平稳，应避免急剧回转或急停，换向应在停稳后进行。

（16）起重机械带载行走时，道路应平坦坚实，载荷应符合使用说明书的规定，重物距离地面不得超过 500 mm，并应拴好拉绳，缓慢行驶。

（17）作业后，应先将起重臂全部缩回放在支架上，再收回支腿；吊钩应使用钢丝绳挂牢，车架尾部两撑杆应分别撑在尾部下方的支座内，并应采用螺母固定，阻止机身旋转的销式制动器插入销孔，并将取力器操纵手柄放在脱开位置，最后锁住起重操作室门。

（18）起重机械行驶前，应检查确认各支腿收存牢固，轮胎气压应符合规定，行驶时，发动机水温应在 80 ~ 90 ℃ 范围内，当水温未达到 80 ℃ 时，不得高速行驶。

（19）起重机械应保持中速行驶，不得紧急制动，过铁道口或起伏路面时应减速，下坡时严禁空挡滑行，倒车时应有人监护并指挥。

（20）行驶时，底盘走台上不得有人员站立或蹲坐，不得堆放物件。

第三节 塔式起重机

塔式起重机是臂架安置在垂直的塔身顶部的可回转臂架型起重机。塔式起重机由钢结构、工作机构、电气系统及安全装置四部分组成

一、塔式起重机分类与特点

（一）塔式起重机分类

（1）按起重能力大小可分为轻型塔式起重机、中型塔式起重机及重型塔式起重机。

（2）按有无行走机构可分为固定式和移动式两种，移动式又可分为履带式、汽车式、轮胎式和轨道式四种行走装置。

（3）按其回转形式可分为上回转和下回转两种。

（4）按其变幅方式可分为水平臂架小车变幅和动臂变幅两种。

（5）按其安装形式可分为自升式、整体快速拆装式和拼装式三种。

（二）塔式起重机特点

（1）塔式起重机的主要优点：

① 具有足够的起升高度、较大的工作幅度和工作空间。

② 可同时进行垂直、水平运输，能使吊、运、装、卸在三维空间中的作业连续完成，作业效率高。

③ 司机室视野开阔，操作方便。

④ 结构较简单、维护容易、可靠性好。

（2）塔式起重机的缺点。

① 结构庞大，自重大，安装劳动量大。

② 拆卸、运输和转移不方便。

③ 轨道式塔式起重机轨道基础的构筑费用大

二、典型塔式起重机构造与工作

（一）轻型塔式起重机

如图 2.2 所示，QT25A 型轻型塔式起重机的塔身采用了伸缩式结构、小车变幅、轨道

行走（或固定）及下回转式。当臂架采用 30° 仰角时，可用于 8 层建筑楼面的吊装。这类轻型塔式起重机具有整体拖运、安装方便、转移迅速等特点。

其主要由金属结构部分、交叉滚柱回转支承、回转平台、钢丝绳滑轮系统架设机构、工作机构和电气设备等组成。

塔身由上、下两节组成，为角钢焊接的桁架式结构。上塔身上部有操作室，下塔身下部与回转平台上的人字架铰接。上塔身套装于下塔身之中，上、下塔身之间有四组导向滚轮，作为塔身伸缩时的支承与导向，减小运动时的摩擦阻力。

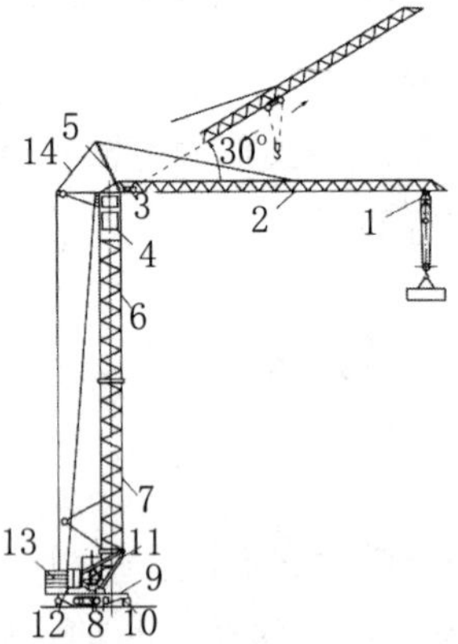

1—起重小车；2—起重臂，3—小车牵引机构；4—操作室；5—塔顶撑架，6—上塔身；7—下塔身；8—回转支承；9—底架；10—行走台车；11—回转机构；12—回转平台；13—卷扬机；14—拉索

图 2.2 QT25A 型轻型塔式起重机构造示意图

起重臂为三角形桁架结构，分臂头、臂尾两节。起重小车沿下弦行走，小车牵引机构安装在根部。臂架在双向两个平面内折叠，拖运时臂头在水平方向内紧贴臂尾。塔顶活动撑架采用人字形结构。由于伸缩式塔身后倒放置，拖运长度大大减小。

回转平台为型钢焊成的框架结构，装有起升与安装共用的双筒卷扬机及回转机构等。右侧装有配电箱，左侧设有下部操作室，供架设及起重时使用；前部通过人字架与塔身连接，后部置平衡重。回转支承采用交叉滚柱轴承盘，降低重心、改善整体稳定性。其外齿圈和回转小齿轮相啮合，构成行星轮系。

（二）QTZ40 型自升式塔式起重机

QTZ40 型自升式塔式起重机具有广泛的适应性，其标准起重臂长可达 30 m，加长臂可达 35 m 和 40 m。最大起重量 4 t，标称起重力矩 40 kN·m，最大为 470 kN·m，如图 2.3 所示。

该机主要由钢结构、工作机构、电气控制系统、液压顶升系统、安全装置及附着装置等组成。

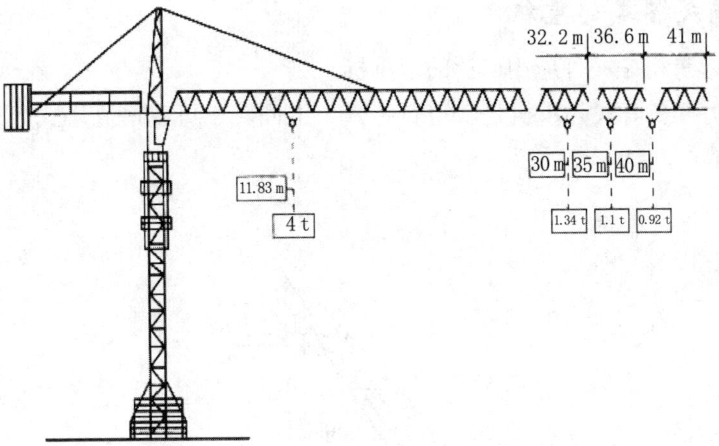

图 2.3 QTZ40 型自升式塔式起重机构造示意图

1. 钢结构

钢结构包括塔身、起重臂等，主要特点是结构简单，标准化强。塔身主要由若干标准节构成，其标准节由型钢焊接成格构式方形断面，每节高度为 2.4 m，标准节之间用高强度螺栓连接，塔式起重机的工作高度由安装塔身标准节节数的多少决定。塔身的底架装在底部基础节上，塔身上部装有顶升套架，套架上装有液压顶升机构，套架和液压顶升机构是作为接高塔身时使用的专门装置。

塔身顶部装有回转支承及塔帽，其前后对称地铰接有起重臂和平衡臂，起重臂由五节组成，可分别构成 30 m、35 m、40 m 臂，断面为三角形钢结构件，下弦兼作起重小车的运行轨道。单吊点的起重臂拉杆一端支承在塔帽上，另一端拉在起重臂的上弦杆上，用于支撑起重臂呈水平状。平衡臂由平台、扶栏等构成，上面放有平衡配重、起升机构等。

2. 工作机构

本机的起升钢丝绳滑轮组的倍率为两倍率或四倍率互换式，从而可调整起升速度与起重量。

3. 液压顶升系统和自升过程

塔式起重机工作高度的自升过程主要是由液压顶升系统与爬升套架共同完成的。液压顶升系统安装在爬升套架上，在自升过程中通过油泵、阀、液压油缸等提供安全可靠的动力将塔式起重机的上部逐渐抬起，使塔身顶部形成足够的空间用以加接标准节。根据高度需要每次可加装多节标准节。

爬升套架可分为外套架式和内套架式两种。用得较多的外套架式主要由套架、平台、扶手等组成。套架在塔身标准节的顶端，其上部用螺栓与回转支承座相连。在套架侧边安装有液压顶升系统。

（三）轨道式塔式起重机

轨道式塔式起重机是一种应用广泛的起重机。

TQ60/80 型轨道式塔式起重机是轨道行走式、上回转、可变塔高塔式起重机，其外形尺寸如图 2.4 所示。

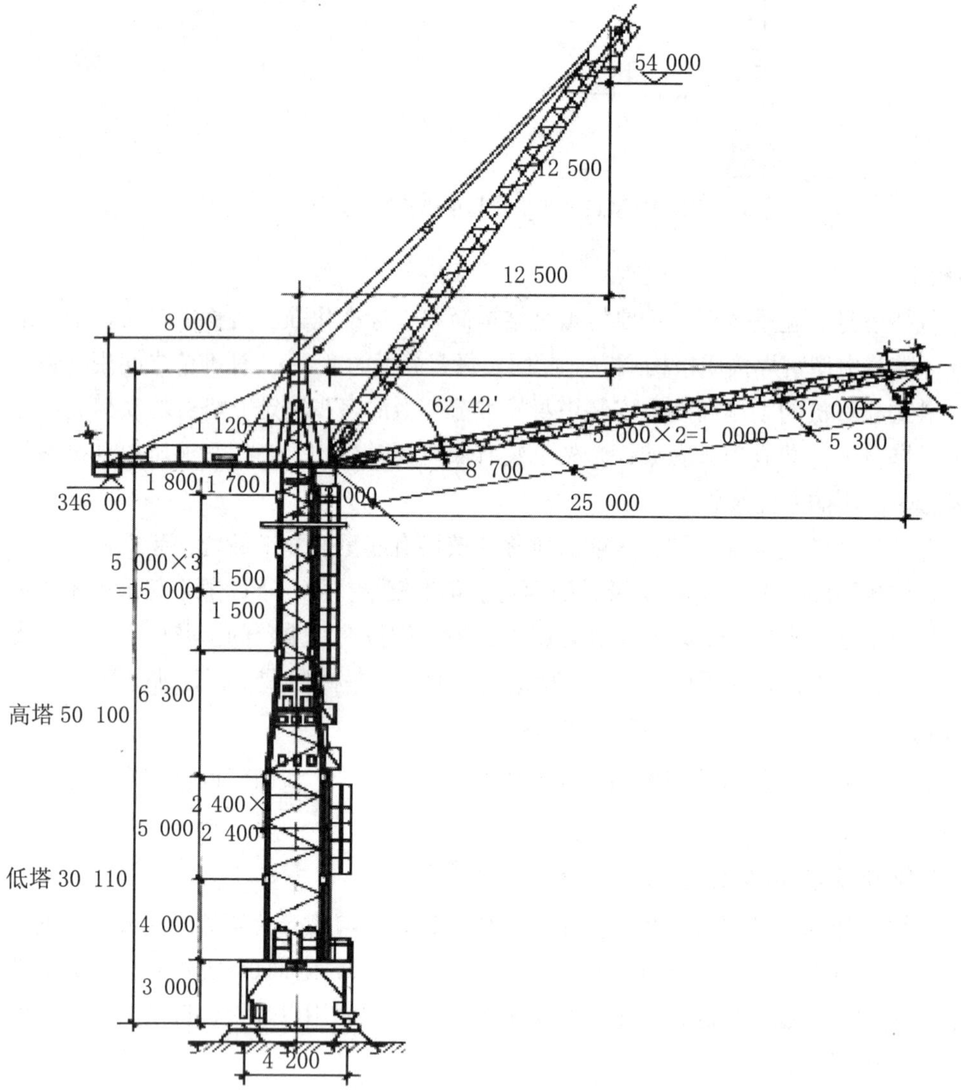

图 2.4 TQ60/80 型轨道式塔式起重机的外形尺寸图（单位 mm）

三、塔式起重机技术性能参数

（1）下回转快速拆装塔式起重机的型号及主要技术性能参数见表 2.5。

（2）上回转自升塔式起重机的型号及主要技术性能参数见表 2.6。

表 2.5 下回转快速拆装塔式起重机的型号及主要技术性能参数

型号项目		红旗Ⅱ-16	QT25	QTG40	QT60	QTK60	Q170
起重特性	起重力矩 /（kN·m）	160	250	400	600	600	700
	最大幅度 /m/ 起重荷载 /kN	16/10.0	20/12.5	20/20.0	20/30.0	25/22.7	20/35.0
	最小幅度 /m/ 起重荷载 /kN	8.0/20.0	10.0/25.0	10.0/46.6	10.0/60.0	11.6/60.0	10.0/70.0
	最大幅度吊钩高度 /m	17.2	23.0	30.3	25.5	32	23
	最小幅度吊钩高度 /m	28.3	36.0	40.8	37.0	43.0	36.3
工作速度	起升 /（$m\cdot min^{-1}$）	14.1	25.0	14.5/29.0	30.0/3.0	35.8/5.0	16.0/24.0
	变幅 /（$m\cdot min^{-1}$）	4.00	—	14.00	13.30	30/15	2.46
	回转 /（$r\cdot min^{-1}$）	1.00	0.80	0.82	0.80	0.80	0.46
	行走 /（$m\cdot min^{-1}$）	19.40	20.00	20.14	25.00	25.00	21.00
电动机功率 /kW	起升	7.5	7.5×2	11.0	22.0	22.0	22.0
	变幅	5.0	7.5	10.0	5.0	2/3	7.5
	回转	3.5	3.0	3.0	4.0	4.0	5.0
	行走	3.5	2.2×2	3.0×2	5.0×2	4.0×2	5.0×2
质量 /t	平衡质量	5	3	14	17	23	12
	压重	—	12	—	—	—	—
	自身质量	13.00	16.50	29.37	25.00	23.00	26.00
	总质量	18.00	31.50	43.37	42.00	46.00	38.00
轴距 /m× 轨距 /m		3.00×2.80	3.83×3.20	4.50×4.00	4.50×4.50	4.60×4.50	4.40x4.40
转台尾部回转半径 /m		2.50			3.50	3.57	4.00

表 2.6. 上回转自升塔式起重机的型号及主要技术性能参数

型号项目		TQ60/80 （QT60/80）	QTZ50	QTZ60	QTZ53	QT80A	QTZ100
起重力矩 /（kN·m）		600/700/800	490	600	630	1 000	1 000
最大幅度 /m/ 起重荷载 /kN		30/20.0, 25/32.0，20/40.0	45/10.0	45/11.2	48/11.9	50/15.0	60/12.0
最小幅度 /m/ 起重荷载 /kN		10.00/60, 10.00/70, 10.00/80	12.00/50	12.25/60	12.76/60	12.50/80	15.00/80
起升高度 /m	附着式	—	90	100	101	120	180
	轨道式	65.0/55.0/45.0	36.0	—	—	45.5	—
	固定式	—	36.0	39.5	41.0	45.5	50.0
	内爬升式	—	—	160	—	140	—
工作速度 /（m/min）	起升（2绳）	21.5	10.0～80.0	32.7～100.0	12.0～80.0	29.5～100.0	10.0～100.0
	起升（4绳）	（3绳）14.3	5.0～40.0	16.3～50	6.0～40.0	14.5～50.0	5.0～50.0
	变幅	8.5	24.0～36.0	30.0～60.0	22.0～44.0	22.5	34.0～52.0
	行走	17.5	—	—	—	18.0	—
电动机功率 /kW	起升	22	24	22	30	30	30
	变幅（小车）	7.5	4.0	4.4	4.5	3.5	5.5
	回转	3.5	4.0	4.1	5.5	3.7×2	4.0×2
	行走	7.5×2	—	—	—	7.5×2	—
	顶升	—	4.0	5.5	4.0	7.5	7.5
质量 /t	平衡质量	5/5/5	2.90～5.04	12.90	47.00	10.40	7.40～11.10
	压重	46/30/30	12	52	14	56	26
	自身重量	41/38/35	23.5～ 24.5	33.0	31.0～32.0	49.5	48.0～50.0
	总质量	92/73/70	—	97.9	—	115.9	—
起重臂长 /m		15～30	45	35/40/45	48	50	60
平衡臂长 /m		8.00	13.50	9.50	14.00	11.90	17.01
距 × 轨距 /（m×m）		4.8×4.2	—	—	—	5.0×5.0	—

四、附着式塔式起重机的爬升与拆除

附着式塔式起重机的自升系统包括顶升套架、液压千斤顶、承座、顶升横梁及定位销等。液压千斤顶的缸体安装在塔顶底端的承座上。其顶升过程可分为 5 个步骤，如图 2.5 所示。

（1）将标准节起吊到摆渡小车上，并将过渡节与塔身标准节相连接的螺栓松开，准备顶升。

（2）开动液压千斤顶，将塔式起重机上部结构包括顶升套架向上升起到超过一个标准节的高度，然后用定位销将套架固定。这样，塔式起重机上部结构的重量便通过定位销传递到塔身。

（3）千斤顶回缩，形成引进空间，站在套架上的工作人员将装有标准节的摆渡小车推入引进空间。

（4）用液压千斤顶顶起待接高的标准节，退出摆渡小车，然后将待接的标准节平稳地落到下面的塔身上，工作人员用螺栓加以连接。

（5）拔出定位销，下降过渡节，使之与已接高的塔身连成整体。

附着式塔式起重机的拆除，其过程与安装过程正好相反。

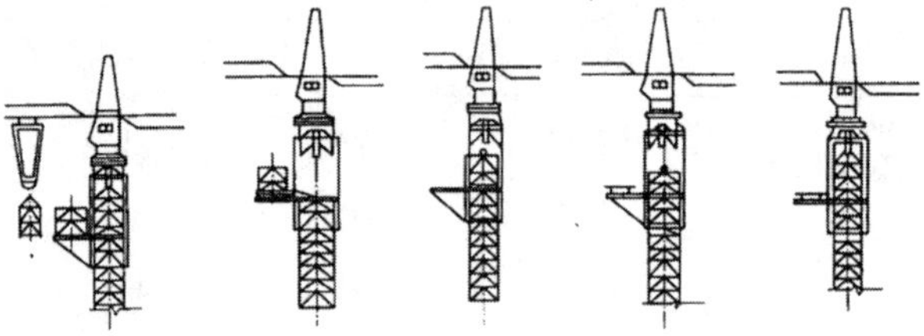

(a) 准备状态；(b) 顶升塔顶；(c) 推入标准节；(d) 安装标准节；(e) 塔顶与塔身连成整体

图 2.5 附着式塔式起重机的自升示意图

五、塔式起重机安全使用技术

（1）一般规定。参见“履带式起重机”相关规定。

（2）行走式塔式起重机的轨道基础应符合下列要求：

① 路基承载能力应满足塔式起重机使用说明书要求。

② 每间隔 6 m 应设轨距拉杆一个，轨距允许偏差应为公称值的 1/1 000，且不得超过 ± 3 mm。

③ 在纵横方向上，钢轨顶面的倾斜度不得大于 1/1 000；塔机安装后，轨道顶面纵、横方向上的倾斜度，对上回转塔式起重机应不大于 3/1 000；对下回转塔机应不大于 5/1 000。在轨道全程中，轨道顶面任意两点的高差应小于 100 mm。

④ 钢轨接头间隙不得大于 4 mm，与另一侧轨道接头的错开距离不得小于 1.5 m，接头处应架在轨枕上，接头两端高度差不得大于 2 mm。

⑤ 距轨道终端 1 m 处应设置缓冲止挡器，其高度不应小于走轮的半径。在轨道上应安

装限位开关碰块，安装位置应保证塔机在与缓冲止挡器或与同一轨道上其他塔机相距大于 1 m 处能完全停住，此时电缆线应有足够的富余长度。

⑥ 鱼尾板连接螺栓应紧固，垫板应固定牢靠。

（3）塔式起重机的混凝土基础应符合使用说明书和现行行业标准《塔式起重机混凝土基础工程技术规程》（JGJ/T187—2009）的规定。

（4）塔式起重机的基础应排水通畅，并应按专项方案与基坑保持安全距离。

（5）塔式起重机应在其基础验收合格后进行安装。

（6）塔式起重机的金属结构、轨道应有可靠的接地装置，接地电阻不得大于 40 Ω。高位塔式起重机应设置防雷装置。

（7）装拆作业前应进行检查，并应符合下列规定：

①混凝土基础、路基和轨道铺设应符合技术要求；

②应对所装拆塔式起重机的各机构、结构焊缝、重要部位螺栓、销轴、卷扬机构和钢丝绳、吊钩、吊具、电气设备、线路等进行检查，消除隐患；

③应对自升塔式起重机顶升液压系统的液压缸和油管、顶升套架结构、导向轮、顶升支撑（爬爪）等进行检查，使其处于完好工况；

④装拆人员应使用合格的工具、安全带、安全帽；

⑤装拆作业中配备的起重机械等辅助机械应状况良好，技术性能应满足装拆作业的安全要求；

⑥装拆现场的电源电压、运输道路、作业场地等应具备装拆作业条件；

⑦安全监督岗的设置及安全技术措施的贯彻落实应符合要求。

（8）指挥人员应熟悉装拆作业方案，遵守装拆工业和操作规程，使用明确的指挥信号。参与装拆作业的人员，应听从指挥，如发现指挥信号不清或有错误时，应停止作业。

（9）装拆人员应熟悉装拆工艺，遵守操作工程，当发现异常情况或疑难问题时，应及时向技术负责人汇报，不得自行处理。

（10）装拆顺序、技术要求、安全注意事项应按批准的专项施工方案执行。

（11）塔式起重机高强度螺栓应由专业厂家制造，并应有出厂合格证明。高强度螺栓严禁焊接。安装高强度螺栓时，应采用扭矩扳手或专用扳手，并应按装配技术要求预紧。

（12）在装拆作业过程中，当遇天气剧变、突然停电、机械故障等意外情况时，应将已装拆的部件固定牢靠，并经检查确认无隐患后方可停止作业。

（13）塔式起重机各部位的栏杆、平台、扶杆、护圈等安全防护装置应配置齐全。行走式塔式起重机的大车行走缓冲止挡器和限位开关碰块应安装牢固。

（14）因损坏或其他原因而不能用正常方法拆卸塔式起重机时，应按照技术部门重新批准的拆卸方案执行。

（15）塔式起重机在安装过程中，应分阶段检查验收。各机构动作应正确、平稳，制动可靠，各安全装置应灵敏有效。在无载荷情况下，塔身的垂直度允许偏差应为 4/1 000。

（16）塔式起重机升降作业时，应符合下列规定：

①升降作业应由专人指挥，专人操作液压系统，专人拆装螺栓。非作业人员不得登上顶升套架的操作平台。操作室内应只准一人操作。

②升降作业应在白天进行。

③顶升前应预先放松电缆，电缆长度应大于顶升总高度，并应紧固好电缆。下降时应适时收缩电缆。

④升降作业前，应对液压系统进行检查和试机，应在空载状态下将液压缸活塞杆伸缩 3 ~ 4 次，检查无误后，再将液压缸活塞杆通过顶升梁借助顶升套架的支撑，顶起载荷 100 ~ 150 mm，停止 10 min，观察液压缸载荷是否有下滑现象。

⑤升降作业时，应调整好顶升套架滚轮与塔身标准节的间隙，并应按规定要求使起重臂和平衡臂处于平衡状态，将回转机构制动。当回转台与塔身标准节之间的最后一处连接螺栓（销轴）拆卸困难时，应将最后一处连接螺栓（轴销）对角方向的螺栓重新插入，再采取其他方法进行拆卸。不得用旋转起重臂的方法松动螺栓（轴销）。

⑥顶升撑脚（爬爪）就位后，应及时插上安全销，才能继续升降作业。

⑦升降作业完毕后，应按规定扭力紧固各连接螺栓，将液压操纵杆扳到中间位置，并应切断液压升降机构电源。

（17）塔式起重机的附着装置应符合下列规定：

①附着建筑物的锚固点的承载能力应满足塔式起重机技术要求。附着装置的布置方式应按使用说明书的规定执行。当有变动时，应另行设计。

②附着杆件与附着支座（锚固点）应采取销轴铰接。

③安装附着框架和附着杆件时，应用经纬仪测量塔身垂直度，并应利用附着杆件进行调整，在最高锚固点以下垂直度允许偏差为 2/1 000。

④安装附着框架和附着支座时，各道附着装置所在平面与水平面的夹角不得超过 10°。

⑤附着框架设置在塔身标准节连接处，并应箍紧塔身。

⑥塔身顶升到规定附着间距时，应及时增设附着装置。塔身高出附着装置的自由端高度，应符合使用说明书的规定。

⑦塔式起重机作业过程中，应经常检查附着装置，发现松动或异常情况时，应立即停止作业，故障未排除，不得继续作业。

⑧拆卸塔式起重机时，应随着降落塔身的进程拆卸相应的附着装置。严禁在落塔之前先拆卸附着装置。

⑨附着装置的安装、拆卸、检查和调整应由专人负责。

⑩行走式塔式起重机作固定式塔式起重机使用时，应提高轨道基础的承载能力，切断行走机构的电源，并应设置阻挡行走轮移动的支座。

（18）塔式起重机内爬升时应符合下列规定：

①内爬升作业时，信号联络应畅通。

②内爬升过程中，严禁进行塔式起重机的起升、回转、变幅等各项动作。

③塔式起重机爬升到指定楼层后，应立即拔出塔身底座的支承梁或支腿，通过内爬升框架及时固定在结构上，并应顶紧导向装置或用楔块塞紧。

④内爬升塔式起重机的塔身固定间距应符合使用说明书要求。

⑤应对设置内爬升框架的建筑结构进行承载力复核，并应根据计算结果采取相应的加固措施。

（19）雨天后，对行走式塔式起重机，应检查轨距偏差、钢轨顶面的倾斜度、钢轨的平直度、轨道基础的沉降及轨道的通过性能等，对固定式塔式起重机，应检查混凝土基础不均匀沉降。

（20）根据使用说明书的要求，应定期对塔式起重机各工作机构、所有安全装置、制动器的性能及磨损情况、钢丝绳的磨损及绳端固定、液压系统、润滑系统、螺栓销轴连接处等进行检查。

（21）配电箱应设置在塔式起重机 3 m 范围内或轨道中部，且明显可见电箱中应设置带熔断式断路器及塔式起重机电源总开关，电缆卷筒应灵活有效，不得拖揽。

（22）塔式起重机在无线电台、电视台或其他电磁波发射天线附近施工时，与吊钩接触的作业人员，应戴绝缘手套和穿绝缘鞋，并应在吊钩上挂接临时放电装置。

（23）当同一施工地点有两台以上的塔式起重机并可能互相干涉时，应制订群塔作业方案；两台塔式起重机之间的最小架设距离应保证处于低位塔式起重机的起重臂端部与另一台塔式起重机的塔身之间至少有 2 m 的距离，处于高位塔式起重机的最低位置的部件（吊钩升至最高点或平衡重的最低部位）与低位塔式起重机中处于最高位置部件之间的垂直距离应不小于 2 m。

（24）轨道式塔式起重机作业前，应检查轨道基础平直无沉陷，鱼尾板、连接螺栓及道钉不得松动，并应清除轨道上的障碍物，将夹轨器固定。

（25）塔式起重机启动应符合下列要求：

①金属结构和工作机构的外观情况应正常。

②安全保护装置和指示仪表应齐全完好。

③齿轮箱、液压油箱的油位应符合规定。

④各部位连接螺栓不得松动。

⑤钢丝绳磨损应在规定范围内，滑轮穿绕应正确。

⑥供电电缆不得破损。

（26）送电前，各控制器手柄应在零位。接通电源后，应检查并确认不得有漏电现象。

（27）作业前，应进行空载运转，试验各工作机构并确认运转正常，不得有噪声及异响，各机构的制动器及安全保护装置应灵敏有效，确认正常后方可作业。

（28）起吊重物时，重物和吊具的总重量不得超过塔式起重机相应幅度下规定的起重量。

（29）应根据起吊重物和现场情况，选择适当的工作速度，操纵各控制器时应从停止点（零点）开始，依次逐级增加速度，不得越挡操作。在变换运转方向时，应将控制器手柄扳到零位，待电动机停止运转后再转向另一方向，不得直接变换运转方向突然变速或制动。

（30）在提升吊钩、起重小车或行走大车运行到限位装置前，应减速缓行到停止位置，并应与限位装置保持一定距离。不得采用限位装置作为停止运行的控制开关。

（31）动臂式塔式起重机的变幅动作应单独进行。允许带载变幅的动臂式塔式起重机，当载荷达到额定起重量的 90% 及以上时，不得增加幅度。

（32）重物就位时，应采用慢就位工作机构。

（33）重物水平移动时，重物底部应高出障碍物 0.5 m 以上。

（34）回转部分不设集电器的塔式起重机，应安装回转限位器，在作业时，不得顺一个方向连续回转 1.5 圈。

（35）当停电或电压下降时,应立即将控制器扳到零位,并切断电源,如吊钩上挂有重物，应重复放松制动器，使重物缓慢地下降到安全位置。

（36）采用涡流制动调速系统的塔式起重机,不得长时间使用低速挡或慢就位速度作业。

（37）遇大风停止作业时，应锁紧夹轨器，将回转机构的制动器完全松开，起重臂应能随风转动。对轻型俯仰变幅塔式起重机，应将起重臂落下并与塔身结构锁紧在一起。

（38）作业中，操作人员临时离开操作室时，应切断电源。

（39）塔式起重机载人专用电梯不得超员，专用电梯断绳保护装置应灵敏有效。塔式起重机作业时，不得开动电梯。电梯停用时，应降至塔身底部位置，不得长时间悬在空中。

（40）在非工作状态时，应松开回转制动器，回转部分应能自由旋转；行走式塔式起重机应停放在轨道中间位置，小车及平衡重应置于非工作状态，吊钩组顶部宜上升到距起重臂底面 2 ~ 3 m 处。

（41）停机时，应将每个控制器拨回零位，依次断开各开关，关闭操作室门窗，下机后，应锁紧夹轨器，断开电源总开关，打开高空障碍灯。

（42）检修人员对高空部位的塔身、起重臂、平衡臂等检修时，应系好安全带。

（43）停用的塔式起重机的电动机、电气柜、变阻器箱及制动器等应遮盖严密。

（44）动臂式和未附着塔式起重机及附着以上塔式起重机桁架上不得悬挂标语牌。

第四节　龙门架（井架）物料提升机

一、井架与龙门架

（一）井架

1. 基本组成

井架的起重能力一般为 3 t。型钢井架提升高度一般在 40 m 以内；扣件式钢管井架搭设高度一般控制在 60 m 以内，在采取措施后还可搭设得更高。井架内设吊篮，其具有稳定性好，运输量大，可以搭设较高的高度等特点，是施工中最常用、最简便的垂直运输设施。井架多为单孔井架，但也可构成两孔或多孔井架。角钢井架示意图如图 2.6 所示。

2．搭设要求

（1）底部须设底座和垫木，要立于坚实、可靠的地基上。

（2）井架搭设要做到方正平直。

（3）最底层的剪刀撑应落地，钢管剪刀撑和斜撑应用整根钢管。

（4）进、出料口的净空高度不小于 1.7 m，出料口的小横杆可拆下移到与出料口平台的横杆的位置一致。

（5）导轨垂直度及间距尺寸的偏差不得超过 ±10 mm。

（6）30 m 以下的井架的安装垂直偏差不得超过全高的 1/400，30 m 以上的井架的安装垂直偏差应控制在全高的 1/600。

（7）对于缆风设置和附墙连接，井架高度在 15 m 以下。

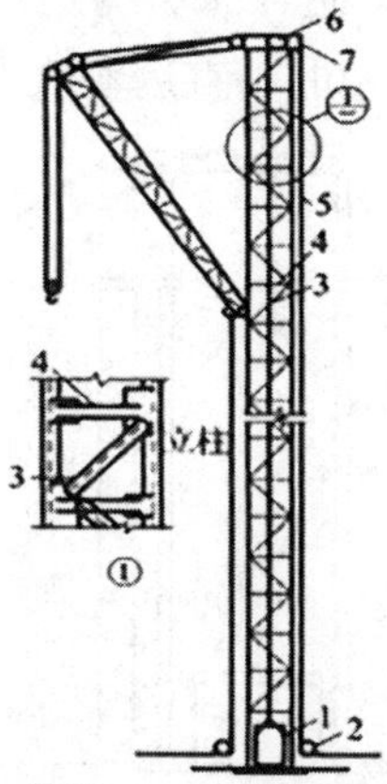

1—吊篮；2—导向滑轮；3—斜撑；4—平撑；5—立柱；6—天轮；7—缆风绳

图 2.6 角钢井架示意图

（8）井架与结构的附墙连接的做法是：当井架宽度方向平行于墙面时，采用简单拉结或加强拉结；当井架宽度方向垂直于墙面时，采用展宽拉结。

（9）井架的悬空长度（位于拉结点之上）不得大于 10 m。

（10）井架的侧面除有进、出料口外，均应自下而上连续设置剪刀撑。

（11）支撑天轮梁的横杆应采用双杆，井架中立柱采用双扣件并加设斜支撑与井架角柱相连。

3．使用要求

（1）井架应装设避雷装置。

（2）井架自地面 5 m 以上的四周（出料口除外）应使用安全网或其他遮挡材料（竹笆等）进行封闭，避免吊篮上材料坠落伤人。

（3）吊篮必须设置安全停靠装置、断绳保护装置、楼层口停靠栏杆（门）、吊篮安全门、上料口防护棚、上极限限位器及紧急断电开关和信号装置。

（4）吊篮不得长时间悬于井架中，应及时落到地面。

（5）吊篮内不要装长杆材料和零散的材料，材料应居中放置。

（6）卷扬机设备、轨道、地锚、钢丝绳和安全装置等应经常检查、保养，发现问题后应及时解决。不得在有问题的情况下使用。

（7）应经常检查井架的杆架是否发生变形或有连接松动情况，经常观察是否发生地基不均匀沉降的现象。

二、龙门架

（一）基本组成

龙门架由两根立柱及横梁构成，如图 2.7 所示。在龙门架上装设滑轮、导轨、吊篮、安全装置及起重锁、缆风绳等，可构成一个完整的垂直运输体系。普通龙门架的架设高度为 20 ～ 30 m，适用于多层建筑施工。近年来，为适应高层建筑施工的需要，附着式龙门架的架设高度可达 80 ～ 100 m，龙门架的垂直运输能力一般为 0.6 ～ 1.2 t。

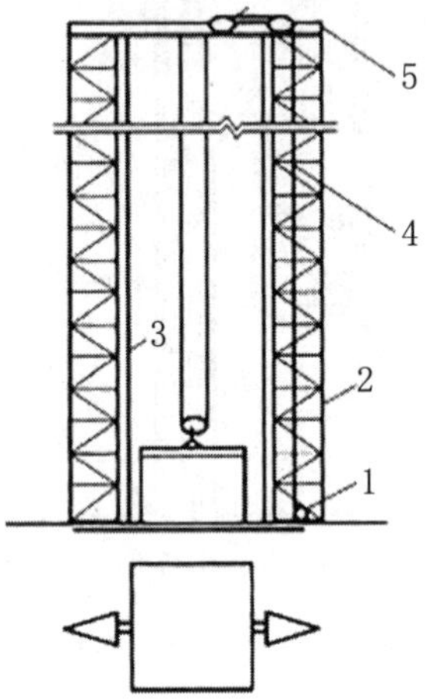

1—地轮；2—立柱；3—导轨；4—缆风绳；5—天轮

图 2.7 龙门架

龙门架高度在 12 m 以下，设缆风绳一道；12 m 以上时，每增加 5 ～ 6 m 增设一道缆风绳，每道不少于 6 根，与地面成 45°。

龙门架架立后必须进行校正，导轨垂直度及间距尺寸偏差不得大于 ±10 mm。门架的安全装置必须齐全，正式投产前要进行试运转。

（二）安装方法及要求

（1）探明施工现场及邻近地方的市政设施情况（包括地上、地下管线），并做好改移工作。

（2）完成临水、临电管网的布设工作，并完成交通导改工作。

（3）做好龙门架施工所用材料的存放、保管工作。材料需经监理验收。

（4）组织施工机械、设备和工具进场，按规定地点和方式存放，并做好相应的保养和试运转等工作。龙门架安装示意图如图 2.8 所示。

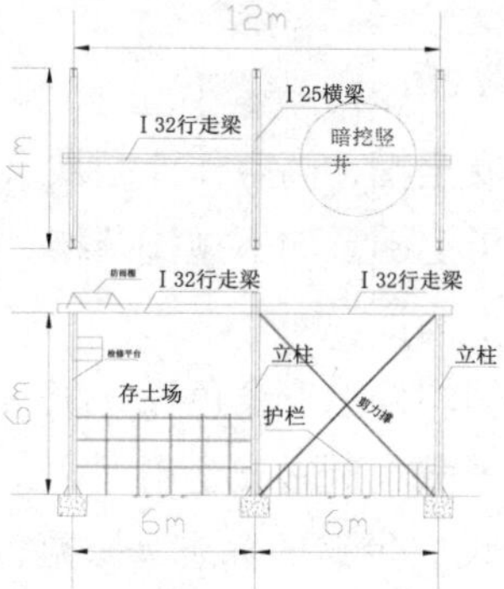

图 2.8　龙门架安装示意图

三、施工方法

测量放线→立柱基础施工→立柱吊装及焊接→角钢斜梁、连接横梁、轨道梁安装→屋架安装→修理平台施工→防腐处理。

（1）测量放线：根据已建立的现场控制测量网，布设龙门架的立柱基础及小室圈梁的位置控制线。

（2）立柱基础及锁口圈梁施工：立柱基础为矩形设计的现浇混凝土结构，采用明挖施工，开挖过程中确保地下管线的安全。

立柱基础施工工序流程：挖探沟→沟槽开挖→预埋竖井龙门架及梯道预埋铁件→支搭模板→浇注混凝土→养护→拆模。待立柱基础混凝土达到设计强度后方可进行立柱吊装。

（3）立柱吊装及焊接：放出立柱边线，采用 20 t 汽车吊对立柱进行吊装，立柱起吊前将吊索具、爬梯、缆风绳等固定在立柱上，立柱吊起离地面 50 cm 时应停机检查吊索具是否安全可靠，确认无误后起升到安全高度，移到就位基础上方，缓慢下降，先调整标高、位移，再调整垂直度，就位后，将立柱与预埋铁焊接，四周满焊，焊缝饱满，焊缝高度不小于最薄钢板厚度。

（4）100 角钢斜梁、连接横梁、轨道梁安装：在立柱顶端焊 10 mm 厚的钢板并预留 Φ22 的螺栓孔，连接横梁及轨道梁翼缘焊 10 mm 厚钢板并预留 Φ22 的螺栓孔，四周与工字钢满焊，焊缝饱满，焊缝高度不小于最薄钢板厚度，采用 Φ20 的螺栓连接。

（5）雨棚安装：采用 40 角钢焊接定型屋架，加焊钢板与轨道梁采用 M20 螺栓连接；屋架顶面焊 40 角钢檩条，1 mm 厚的瓦楞铁采用铆钉锚接（1 m × 1.5 m）；40 mm × 20 mm 的方钢与立柱焊接，1 mm 厚铁皮与方钢锚接。

（6）修理平台施工：在立柱肋板中央焊接 100 角钢两道，下面的距地面不得少于 5 m，以利于铲车的出入，50 mm × 50 mm 角钢焊接的三脚架与 100 mm 角钢焊接，三脚架水平面上铺 4 cm 厚脚手板，采用 Φ32 钢管作 1.2 m 高的防护栏。

（7）防腐涂漆处理：所有外露铁件均刷防锈漆两道，面漆一道（橙色）。

（8）调试：龙门架安装好后，先进行调试，并做吊装试运行。

四、现场安全施工措施

（1）进入现场的人员必须戴安全帽，高空作业必须系安全带。

（2）施工过程中，不得从架子上随意向下抛掷杂物。

（3）特殊工种操作人员均有上岗证。

（4）现场各类配电箱、开关箱均外涂安全色标，统一编号，箱内无杂物。

（5）对新工人和外包人员、零散人员做安全培训和交底。

（6）为确保工程安全施工，设立足够的标志（限重标识牌）、宣传画、标语、指示牌、警告牌、火警、匪警和急救电话指示牌。

（7）在施工期间配备足够数量的合格手提灭火器。

（8）吊车回转半径内不得站人，并有专人指挥，安全员旁站方可进行吊装。

五、现场文明消防环保施工措施

（一）文明施工措施

（1）进入现场人员必须佩戴胸卡，穿戴整齐，穿戴好防护用具。

（2）非施工人员不得随意进出施工区。

（3）施工人员不得在施工现场打闹、大声喧哗。

（4）施工现场不得随意堆放杂物，施工要做到井然有序，施工完清场。

（5）施工现场不得随地大小便。

（6）施工人员必须服从甲方及现场领导的管理，听从领导的指挥。

（二）消防保卫措施

（1）现场设警卫值班室，并派专人负责，建立值班制度。

（2）施工现场禁止吸烟，以免发生火灾。

（3）各施工区每层要有必要的灭火器材，并放于明显处。

（三）环保施工措施

（1）水泥及其他的易飞扬的散体材料，安排在库内存放并遮盖，运输时要防止遗撒、飞扬，卸运时要采取措施，减少扬尘。施工现场配备洒水设备及指定专人负责，在易产生扬尘的场地道路洒水降尘，建立环保工作的自检专检。

（2）对易起尘沙裸露的砂堆、水泥等，活干完后必须用苫布覆盖。

（3）严禁随意抛洒，施工现场要不定时清扫并适量洒水减少扬尘。

六、提升架附属设施

（一）检修平台和雨棚

在提升架上设电葫芦简易检修平台，如检修平台未设置栏杆，在进行检修作业时，应按高空作业要求进行，必须佩带保险绳。另外，因检修平台承载力较低，检修人员不超过两人，检修工具重量不超过 10 kg。

另设电葫芦防雨棚，简易雨棚用瓦楞铁制作，用钢板和螺栓固定在大梁工字钢上面。

（二）爬梯及挡土设施

在龙门架立柱上焊接 Φ20 的圆钢作爬梯踏步，间距 300 mm，圆钢与立柱工字钢两翼焊牢。为方便堆土和出土，在堆土跨距立柱底 0.4 m、1.2 m 和 2.0 m 处立柱内侧各设一道挡土撑，挡土撑采用 I14。挡土撑与立柱之间每个节点均采用 4 个长为 60 mm 的 Φ18 螺栓相连，在挡土撑和立柱上各焊一块 10 mm 厚的 200 mm × 200 mm 连接板。

七、加工说明

（1）立柱的预埋件采用 20 mm 厚钢板，预埋时，其上螺栓的位置尺寸必须准确无误。钢板上焊接 6 根 Φ20 预埋锚固钢筋，长度 80 cm。

（2）圈梁外的立柱，要设置 0.8 m × 0.8 m × 1.0 m（长 × 宽 × 高）的混凝土基础，在混凝土基础上预埋钢板，要求基础混凝土一次浇注完成。

（3）提升架立柱与横梁用高强螺栓连接，螺栓均为 Φ18，长 80 mm，两侧加垫板。行梁与中间横梁的连接采用 Φ20 螺栓连接。

（4）提升架侧向加设剪刀撑，以增强侧向强度。剪刀撑为角钢，与立柱间采用螺栓连接。

（5）电葫芦应设垂直和水平运输限位器。

（6）在立柱上下部各焊一块 16 mm 厚的剪刀撑连接钢板，连接钢板中部打两个孔径为 20 mm × 30 mm 的螺栓孔，孔中心间距为 70 mm。上部剪刀撑连接钢板中心距立柱顶 0.5 m，下部剪刀撑连接钢板中心距立柱底 0.5 m。在剪刀撑角钢端部直接打螺栓孔，并与剪刀撑连接钢板用 Φ18，60 mm 长螺栓连接。剪刀撑交叉节点连接用 Φ18，60 mm 长螺栓连接。

（7）横撑、斜撑及剪刀撑的连接均用 Φ18，60 mm 长螺栓连接，其余连接均用 Φ20，80 mm 长螺栓连接并用双螺帽。

八、龙门架拆除方案

（一）编制依据

龙门架及井字架物料提升机安全技术规范 JGJ88—92，建筑施工扣件式钢管脚手架安全技术规范 JGJB – 2001，SBA150 型开门自锁断绳保护自升门式提升架安装使用说明书，《建筑施工安全检查标准》JGJ59—99 建筑施工安全检查标准实施细则。

（二）拆除方法

拆架基本按照与安装步骤相反的次序进行：

（1）放下吊篮，再落自升平台，即将提升滑轮组件置于立柱顶部，先稍向上提起平台，拉动自翻爬爪尾部绳子使爬爪倾斜离开立柱，并将绳端系在平台上，保持爬爪倾斜。反摇手动卷扬机使平台下移一个标准节，放松爬爪尾绳，使平台卡在下移的标准节上，从立柱顶取下提升滑轮组件置于平台上，并上升吊篮。

（2）用平台上的扒杆将上一节标准节卸下，放入已上升的吊篮内，将卸下的标准节运至地面卸下来，再按步骤 1 放下下一个标准节，如此重复，将标准节一组一组地拆下。

（3）当需要拆哪一组附着时就拆哪一组，不可把所有附着架同时拆除，外封闭脚手架也应随立柱一步一步地拆除，以防拆架时晃动。

（4）拆到只有两组标准节时就开始拆下吊篮，撑杆放下平台，卸标准节、地梁等。

（三）拆除安全技术措施

（1）拆除前，操作人员要详细检查现场周围环境，清除障碍物。划定危险区并设置围杆或警戒标志。拆除时要设专人监护，禁止人员进入危险区，并随时观望拆除过程中架体的稳定情况，如发现倾斜问题，立即报告负责人停止作业，采取措施。

（2）拆除前要统一指挥作业人员要服从领导，密切配合。严格按交底顺序、安全措施进行。特别是拆除缆风绳时要注意架体的稳定情况。

（3）拆除前，工地负责人要根据方案的拆除方法、拆除顺序、使用的机具设备和现场的具体情况，编写安全技术交底，交底的内容要全面、具体、针对性强。

（4）安全技术交底编好后，工地负责人要按规定向班组长或全体作业人员，行文字和口头交底，讲清拆除方法、拆除顺序、机械设备的使用和现场作业时应注意的事项和具体要求。交底后，交（工地负责人、安全员）、接（作业班组长）双方在书面交底上签字，交底后，作业班组长与其作业组全体员工要认真履行自己的职责，按交底要求进行拆除作业。

（5）拆除前，要对使用的绳索、机械设备、支撑杆件等进行检查，符合要求后才能使用。

（6）拆除作业中，严禁从高处向下抛掷物体，拆下的杆、件等要及时清理，放置在规定的位置，并码放整齐。

（7）拆除卷扬机，必须先拆断电源，经检查无误后，才能进行拆除工作。

（8）拆除缆风绳或连墙杆前，应先设置临时缆风绳或支撑，确保架体的自由高度不大于两个标准节。

（9）拆除龙门架天梁前要分别对两立柱采取稳固措施，保证单柱的稳定。

（10）拆除作业宜在白天进行，夜间作业要有良好的照明，因故中断作业时，应采取临时稳固措施。

九、维护、保养及运输

工程结束，对卸下的标准节、吊篮、平台等结构要全面清洗，除锈刷漆。电机、手动卷扬机、安全装置等要进行维修保养。储存时禁止杂乱堆放、碰撞、挤压，要按顺序放好，转场运输时要捆绑牢固。

（1）装配式构件（梁、板）的安装，应制定安装方案，并建立统一的指挥系统。施工难度和危险性较大的作业项目应组织施工技术、指挥、作业人员进行培训。所有起重设备都应符合国家关于特种设备的安全规程，并进行严格管理。在实际作业中，要严格执行下列规定：

① 吊装前，应检查安全技术措施及安全防护设施等准备工作是否齐备，检查机具设备和构件的重量、长度及吊点位置等是否符合设计要求，严禁无准备盲目施工。

② 施工所需的脚手架、作业平台、防护栏杆、上下梯道、安全网必须齐备。深水施工，应备救护用船。

③ 旧钢丝绳，在使用前，应检查其破损程度。每一节距内折断的钢丝，不得超过 5%。对大型构件、重构件的吊装宜使用新的钢丝绳，使用前也要检验。

④ 重大的吊装作业，应先进行试吊。按设计吊重分阶段进行观测，确定无误后，方可进行正式吊装作业。施工时，工地主要领导及专兼职安全员应在现场亲自指挥和监督。

⑤ 遇大风及雷雨等恶劣天气时，应停止作业。

（2）根据吊装构件的大小、重量，选择适宜的吊装方法和机具，不准超负荷。

（3）吊钩的中心线，必须通过吊体的重心，严禁倾斜吊卸构件。吊装偏心构件时，应使用可调整偏心的吊具进行吊装。安装的构件必须平起稳落、就位准确、与支座密贴。

（4）起吊大型及有突出边棱的构件时，应在钢丝绳与构件接触的拐角处设垫衬。起吊时，离开作业地面 0.1 m 后，暂停起吊，经检查确认安全可靠后，方可继续起吊。

（5）单导梁、墩顶龙门架安装构件时，应按照下列规定执行。

① 导梁组装时，各节点应联结牢固，在桥跨中推进时，悬臂部分不得超过已拼好导梁全长的 1/3。

② 墩顶或临时墩顶导梁通过的导轮支座必须牢固可靠。导梁接近导轮时，应采取渐进的方法进入导轮。导梁推进到位后，用千斤顶顶升，将导梁置于稳定的木垛上。

③ 导梁上的轨道必须平行等距铺设，使用不同规格的钢轨时，其接头处应妥善处理，不得有错台。

④ 墩顶龙门架使用托架托运时，托架两端应保持平衡稳定，行进速度应缓慢。龙门架落位后应立即与墩顶预埋件联接，并系好缆风绳。

⑤ 构件在预制场地起重装车后，牵引至导梁时，行进速度不得大于 5 m/min，到达安装位置后，平车行走轮应用木楔楔紧。

⑥ 构件起吊横移就位后，应加设支撑、垫木，以保持构件稳定。

⑦ 龙门架顶横移轨道的两端应设置制动枕木。

（6）预制场采用千斤顶顶升构件装车及双导梁、桁梁安装构件时，应遵守下列规定。

① 千斤顶使用前，要做承载试验。起重吨位不得小于顶升构件的 1.2 倍。千斤顶一次顶升高度应为活塞行程的 1/3。

② 千斤顶的升降应随时加设或抽出保险垫木，构件底面与保险垫木间的距离应控制在 5 cm 之内；构件接触的拐角处设垫衬。起吊时，离开作业地面 0.1 m 后，暂停起吊，经检查确认安全可靠后，方可继续起吊。

（7）单导梁、墩顶龙门架安装构件时，应按照下列规定执行。

① 到两组装时，各节点应联结牢固，在桥跨中推进时，悬臂部分不得超过已拼好导梁全长的 1/3。

② 墩顶或临时墩顶导梁通过的导轮支座必须牢固可靠。导梁接近导轮时，应采取渐进的方法进入导轮。导梁推进到位后，用千斤顶顶升，将导梁置于稳定的木垛上。

③ 导梁上的轨道必须平行等距铺设，使用不同规格的钢轨时，其接头处应妥善处理，不得有错台。

④ 墩顶龙门架使用托架托运时，托架两端应保持平衡稳定，行进速度应缓慢。龙门架落位后应立即与墩顶预埋件联结，并系好缆风绳。

⑤ 构件在预制场地起重装车后，牵引至导梁时，行进速度不得大于 5 m/min，到达安装位置后，平车行走轮应用木楔楔紧。

⑥ 构件起吊横移就位后，应加设支撑、垫木，以保持构件稳定。

⑦ 龙门架顶横移轨道的两端应设置制动枕木。

（8）预制场采用千斤顶顶升构件装车及双导梁、桁梁安装构件时，应遵守下列规定：

① 千斤顶使用前，要做承载试验。起重吨位不得小于顶升构件的 1.2 倍。千斤顶一次顶升高度应为活塞行程的 1/3。

② 千斤顶的升降应随时加设或抽出保险垫木，构件底面与保险垫木间的距离应控制在 5 cm 之内。

（9）安装大型盆式橡胶支座，墩上两侧应搭设操作平台，墩顶作业人员应待支座吊至墩顶稳定后再扶正就位。

（10）龙门架、架桥机等设备拆除前应切断电源。拆除龙门架时，应将龙门架底部垫实，并在龙门架顶部拉好缆风绳和安装临时连接梁。拆下的杆件、螺栓、材料等应捆好向下吊放。

（11）安装涵洞预制盖板时，应用撬棍等工具拔移就位。单面配筋的盖板上应标明起吊标志。吊装涵管应绑扎牢固。

（12）各种大型吊装作业，在连续紧张作业一阶段后（如吊装一孔梁、板或一较大工序等）应适当进行人员休整，避免长时间处于高度紧张状态，并检查、保养、维修吊装设备等。

十、超高层爬升塔机拆除吊装方法

一般情况下，当建筑物超过 200 m 时，往往采用爬升式塔机，尤其是近年来越来越多的高达 500 m 以上的建筑，采用外附着式塔机已经因塔身极限和成本问题而无法实施，故采用架设于建筑体上的爬升式塔机成为唯一选择，并且此时采用的塔机一般为巨型塔机，最大起重力矩动辄达到几千吨米。爬升式塔机不能像附着式塔机那样自行降落到贴近地面后再用一般辅助起重机拆除，本内容讲述该类塔机的拆除吊装方法。

（一）拆除吊装基本原理

1. 基本流程

待拆爬升式塔机的建筑施工完工后（一般在楼顶上端），以自身作为辅助起重机A，在自身旁边安装一台小于自身最大起重力矩级别的塔机B。以塔机B作为辅助起重机，拆除塔机A。以塔机B作为辅助起重机，在自身旁边安装一台小于自身最大起重力矩级别的塔机C，以塔机C作为辅助起重机，拆除塔机B，以塔机C作为辅助起重机，在自身旁边安装一台小于自身最大起重力矩级别的塔机D。以塔机D作为辅助起重机，拆除塔机C，（同样循环，直到起重机可以被轻型桅杆起重装置拆除时）以塔机D作为辅助起重机安装轻型桅杆起重装置，以轻型桅杆起重装置为辅助起重机拆除塔机D，人工拆除轻型桅杆起重装置后通过施工升降电梯运至地面。

（二）基本原理演示

例：1台最大起重力矩为6 500 kN·m（650 t·m）爬升式塔机的拆除演示步骤如图2.9所示。

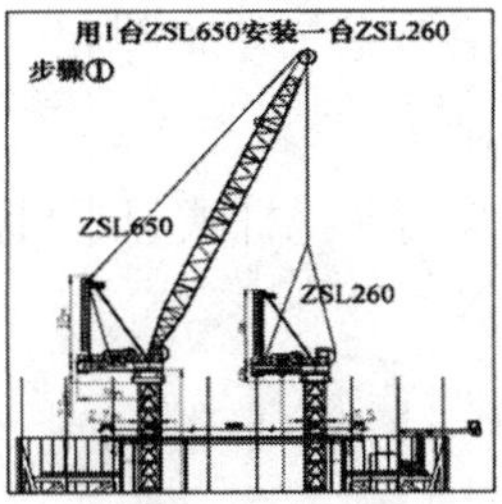

步骤①

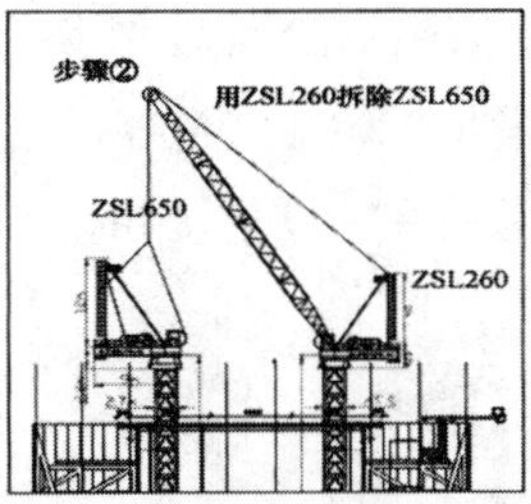

步骤②

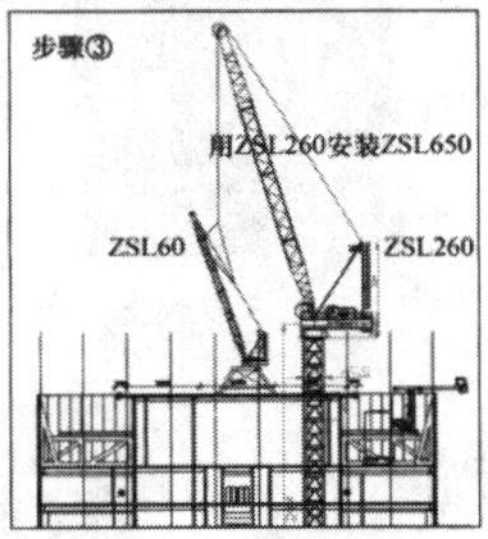

步骤③

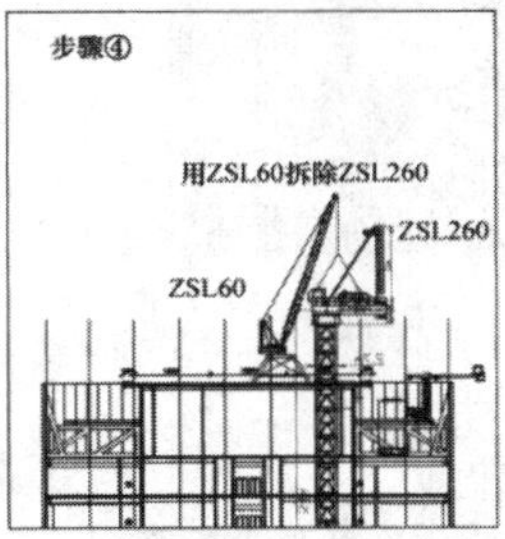

步骤④

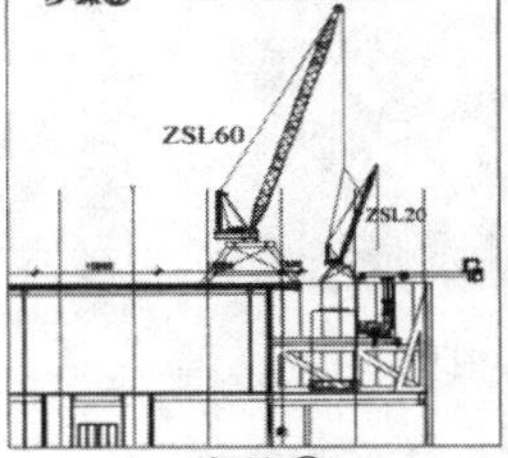

步骤⑤

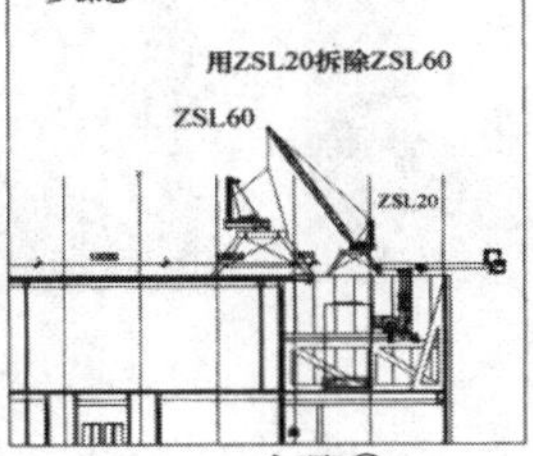

步骤⑥

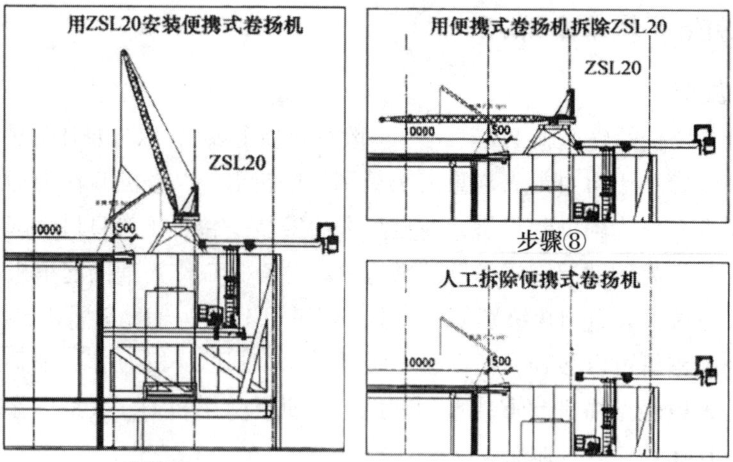

步骤⑦　　　　步骤⑨

图 2.9　爬升式塔机的拆除步骤图

例：1 台最大起重力矩为 25 000 kN·m（2 500 t·m）的爬升式塔机的拆除演示图如图 2.10 所示。

步骤①：用 M1280D 塔吊拆除 M440D 塔吊并安装 C7050 塔吊。

步骤②：用 C7050 塔吊拆除 M1280D 塔吊。

步骤③：用 C7050 塔吊在 F97 层天桥上安装两台桅杆式起重机。

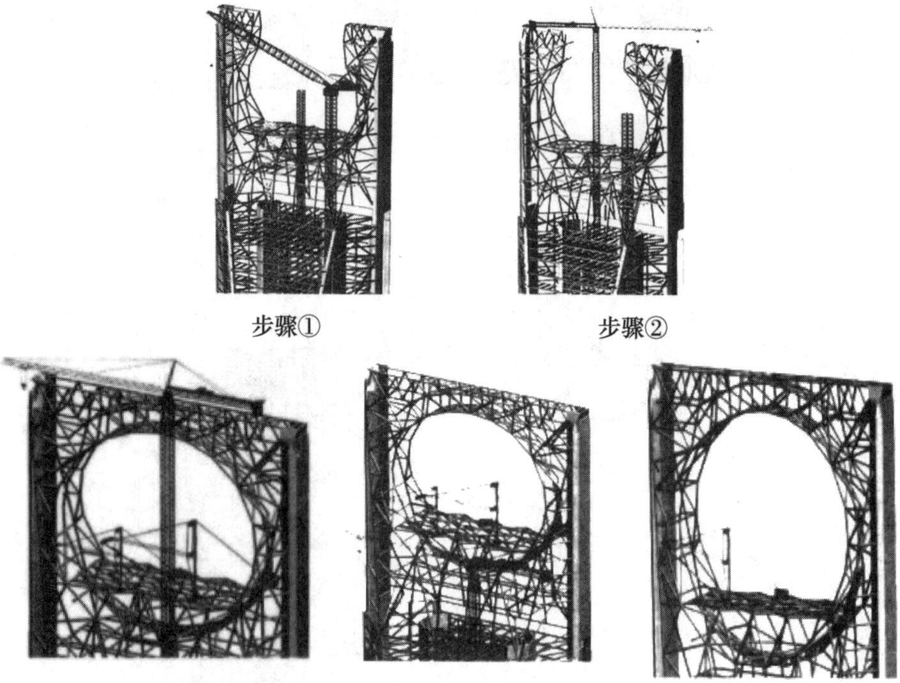

步骤③　　　　步骤④　　　　步骤⑤

图 2.10　爬升式塔机的拆除演示图

步骤④：C7050 塔吊降至 F97 层，然后用 30 t 桅杆起重机拆除 C7050 塔吊。

步骤⑤：用 30 t 桅杆式起重机拆除 C7 塔吊，最后用顶部擦窗机拆除 10 t 桅杆起重机。

十一、此类拆除吊装方案的特点

（1）高空作业，风险高。

（2）循环安拆，流程复杂，工期漫长，作业成本巨大。

（3）受现场条件限制，现有辅助起重机限制较多，方案设计考虑因素较多。

（4）涉及多次非标塔机基础设计，技术难度较大。

十二、吊装方案设计要点

此类吊装方案应由技术人员设计并在塔机安拆方案中出示，作为安拆工，只需了解其基本概念并照方案执行。

（一）辅助起重机类型的选用

辅助起重机类型可以选用标准分类中塔机，也可采用专用的屋面吊、专用起重设备，原则上对采用何种类型的辅助起重机没有绝对要求，可根据实际情况选用。起重小车变幅塔机因为其高度在使用中无法变化，若采用此类起重机将只能在此吊装方案中出现顶升、落节操作，较为麻烦，而采用动臂式塔机一般可通过动臂俯仰运动变化高度，一般可以省去顶升、落节环节。

（二）辅助起重机级别的选用

下级辅助起重机一般要比上一级起重机小 1/2 ~ 3/4，具体机械选用应根据两台起重机之间的水平距离和高差来计算选用，没有绝对定论。

（三）辅助起重机基础的设置

辅助起重机的基础一般均为非标类型基础，因楼顶条件所致，需要专业人员依据多学科技术理论进行设计。一般超高层塔机会同时使用多台塔机，可以先用塔机之间互拆，争取最后剩余 1 台塔机，再考虑如果有可能，可以先利用被拆完的塔机塔身作为几次辅助起重机的临时基础基座。

第五节　施工电梯

施工电梯又称附壁式施工升降机，是一种垂直井架导轨式外用笼式电梯，适用于高层建筑。施工电梯是垂直输送建筑材料和人员的高效率施工机械，性能稳定、安全可靠、操作简单、维修容易、拆装方便、提升高度大、过载能力强、使用较广，但因操作不当会造成吊笼冲顶、平衡重坠落的恶性事故，尤其装、拆过程中具有一定的危险，必须做好这两个环节的安全工作。

一、施工电梯的分类

（1）构造法（见表2.7）

表2.7 施工电梯分类（构造法）

类型	适用范围
单笼	输送量较小的建筑物
双笼	输送量较大的建筑物

（2）按提升方式分（见表2.8）。

表2.8 施工电梯分类（按提升方式）

类型	提升方式	
齿轮出条式	吊笼通过齿轮和齿条啮合的方式做提升运动	结构简单，传动平稳，已为较多机型采用
钢丝绳式	吊笼由钢丝绳牵引的方式做提升运动	早期升降机都采用的形式，现已较少使用
混合式	一个吊笼由齿轮齿条驱动，另一个吊笼由钢丝绳牵引	构造复杂，已很少使用

二、施工电梯的结构

施工电梯由钢结构、传动系统、电气系统及安全控制系统等组成。

（1）钢结构：吊笼（核心部件）、外笼、标准节、对重、附墙架。

（2）传动系统：由电动机、联轴器、减速器和安装在减速器输出轴上的齿轮组成，采用双电机驱动，使齿轮齿条受力均匀，传动系统安装在吊笼内，通过齿轮与导轨架上的齿条相啮合，使吊笼上下运行。

（3）电气系统：每个吊笼有一套，包括电源箱、电控箱、操纵盒等，可在吊笼内用手插式按钮操纵吊笼升降运行，在任何位置均可随时停车，在上下终端，可由上下设置限位开关控制自动停车。

（4）安全控制系统：在电路中设置了过载、断路、短路、超速等安全开关，当运行中发生任何一种故障时，升降机立即自动停车。吊笼上各门均有限位开关，当任何一门未关闭或异常开启时，吊笼均不能启动或立即停止运行。每台吊笼均配备锥鼓限速器作为防坠安全装置能有效防止吊笼坠落。

三、基本规定

施工电梯在进场安装前，需进行以下工作。

（1）向安装单位提供拟安装设备位置的基础施工资料，确认施工电梯进场安装所需的施工条件。

（2）审核施工电梯的特种设备制造许可证、产品合格证、起重机械制造监督检验证书、备案证明（在产权单位工商注册所在地县级以上建设行政主管部门备案登记）等文件。

（3）施工电梯使用单位应与安装单位签订施工电梯安装合同，明确双方的安全职责，实行设备租赁，应与租赁单位签订租赁合同（租赁单位应与备案证明上的产权单位相一致）。实行施工总承包的，施工总承包单位应与安装单位签订施工电梯安装、拆卸工程安全协议书。

（4）审核安装单位的资质证书（由建设行政主管部门颁发的起重设备安装工程专业承包资质）和安全生产许可证，特种作业人员的特种作业操作资格证书（安装拆卸工、电工、司机）。

（5）审核安装单位编制的施工电梯的安装、拆卸工程专项施工方案。

①专项方案应根据使用说明书的要求，作业场地及周边环境的实际情况，施工电梯使用要求等编制（方案内容包括工程概况，编制依据，作业人员组织和职责，施工电梯安装位置平面，立面图和安装作业范围平面图，施工电梯的技术参数，主要零部件外形尺寸和重量，辅助起重设备的种类、型号、性能及位置安排，吊索具的配置，安装与拆卸工具及仪器，安装、拆卸步骤与方法，安全技术措施，安全应急预案）。当利用辅助起重设备安装、拆卸施工电梯时，应对辅助设备位置、锚固方法和基础承载能力进行设计和验算。

②施工电梯安装作业前，安装单位应编制施工电梯的安装、拆卸工程专项施工方案，由安装单位技术负责人批准后，并告知工程所在地县级以上建设行政主管部门。当安装、拆卸过程中专项施工方案发生变更时，应按施工程序重新对方案进行审批，未经审批不得继续进行安装、拆卸作业。

（6）制定专职安全生产管理人员监督检查施工电梯安装、使用、拆卸情况。

四、施工电梯的安装

（一）安装条件

（1）施工电梯地基、基础应满足使用说明书的要求，对基础设在地下室顶板、楼面或其他下部悬空结构上的施工电梯，应对基础支撑结构进行承载力计算，安装前按照基础验收表进行验收，合格后方可安装。

（2）施工电梯安装前应对各部件进行检查，对有可见裂纹的构件应进行修复或更换，对有严重锈蚀、严重磨损、整体或局部变形的构件必须进行更换。

（3）有下列情况之一的施工电梯不得安装使用：

① 属国家明令淘汰或停止使用的。

② 超过由安全技术标准或制造厂家规定的使用年限。出厂年限超过 8 年（不含 8 年）的 SC 型施工电梯，使用时间过长造成结构件疲劳、变形、腐蚀等较严重，运动件磨损严重，存在安全隐患。

③ 经检验达不到安全技术标准规定的。

④ 无完整安全技术档案的。

⑤无齐全有效的安全保护装置的。

（4）安装作业前，应对辅助起重设备和其他安装辅助用具的机械性能和安全性能进行检查，合格的方可投入使用。

（5）安装作业前，安装技术人员应按照专项施工方案和使用说明书的要求。对安装作业人员进行安全技术交底，并由安装人员在交底书上签字，在施工期间，交底书应保存。

（6）施工电梯必须安装防坠安全器，必须在有效的标定期限内使用（防坠安全器的寿命为5年，有效标定期为1年）。无论使用与否，在有效标定期满后都必须重新进行检验标定。

（7）施工电梯应安装超载保护装置，超载保护装置在载荷达到额定载重量的110%前应能中止吊笼启动，在齿轮齿条式载人施工电梯载荷达到额定载重量的90%时应能给出报警信号。

（8）施工电梯的附墙架形式、附着高度、垂直间距、附着点水平距离、附墙架与水平面之间的夹角、导轨架自由端高度和导轨架与主体结构间水平距离等均应符合使用说明书的要求。

（9）当附墙架不能满足施工现场要求时，应对附墙架进行设计，附墙架的设计应满足构件刚度、强度、稳定性要求，制作应满足设计要求，基础预埋件、连接构件的设计与制作应符合使用说明书的要求，在施工电梯使用期限内，非标准构件的设计计算书、图纸、施工电梯安装工程专项施工方案及相关资料应在工地存档。

（10）安装前应做好施工电梯的保养工作。

（二）安装作业

（1）安装单位的专业技术人员、专职安全生产管理人员应进行现场监督。

（2）施工电梯的安装作业范围应设置警戒线及明显的标志，非作业人员不得进入警戒范围。任何人不得在悬吊物下方行走或停留。

（3）当遇到大雨、大雪、大雾或风速大于13 m/s（相当于6级）等恶劣天气时，应停止安装作业。

（4）施工电梯金属结构和电气设备金属外壳均应接地，接地电阻不应大于40 Ω（接地装置不得与金属结构焊接）。

（5）安装时应确保施工电梯运行通道内无障碍物。

（6）安装作业时必须将按钮盒或操作盒移至吊笼顶部操作，当导轨架或附墙上有人员作业时，严禁开动施工电梯。

（7）安装作业过程中安装作业人员和工具等总负载不得超过施工电梯的额定安装载重量。

（8）当安装吊杆上有悬挂物时，严禁开动施工电梯，严禁超载使用安装吊杆。

（9）层站（建筑物或其他固定结构上供吊笼停靠和人货出入的地点）应为独立受力系统，不得搭设在施工电梯附墙架的立架上。

（10）当需要安装导轨架加厚标准节（加厚标准节是指施工电梯安装到一定的高度后，

导轨架底部使用的立管壁更厚、承载力更大的标准节）时，应确保普通标准节替代加厚标准节。

（11）导轨架安装时，应对施工电梯导轨架的垂直度进行测量校正，垂直度偏差符合使用说明书的要求。

（12）每次加节完毕后，应对施工电梯的垂直度进行校正，且按规定及时重新设置行程开关和极限开关，经检验合格后方能运行。

（13）连接件和连接件之间的防松防脱件应符合使用说明书的规定，不得用其他物代替，对有预紧力要求的连接螺栓，应使用扭力扳手或专用工具，按规定的拧紧次序将螺柱准确地紧固到规定的扭矩值。安装标准节螺栓时，宜螺杆在下，螺母在上。若螺母在下，螺杆在上，则当螺母脱落后螺杆仍在原位，不易被检查人员发现，进而导致施工升降机安全事故的发生。

（14）当发现故障或危及安全的情况时，应立刻停止安装作业，采取必要的安全防护措施，应设置警示标志并报告技术负责人，在故障或危险未排除之前，不得继续安装作业。

（15）当遇到意外情况不能继续安装作业时，应使已安装的部件达到稳定状态并固定牢靠，经确认合格后方能停止作业，作业人员下班离岗时，应采取必要的防护措施，并应设置明显的警示标志。

（16）安装完毕后应拆除安装作业而设置的所有临时设施，清理施工场地上作业时所用的索具、工具、零部件等。

（三）安装自检和验收

（1）施工电梯安装完毕且经调试后，安装单位应按规范要求及使用说明书的有关要求，对安装质量进行自检，并向使用单位进行安全使用说明。（附自检表）

（2）安装单位自检合格后，应由有相应资质的检验检测机构监督检验。

（3）检验合格后，使用单位应组织租赁单位、安装单位和监理单位进行验收。实行施工总承包的，由施工总承包单位组织验收。（附四方验收表）

（4）严禁使用未经验收或验收不合格的施工电梯。

（5）安装自检表、检测报告和验收记录等应纳入设备档案。

五、施工电梯的使用

（一）使用前的准备工作

（1）施工电梯司机应持有建筑施工特种作业操作资格证书，不得无证操作。

（2）使用单位应对施工电梯司机进行书面安全技术交底，交底资料应留存备查。

（3）使用单位应按使用说明书的要求对需润滑部件进行全面润滑。

（二）操作使用

（1）严禁使用超过有效标定期的防坠安全器（1 年）。

（2）施工电梯额定载重量，额定乘员数标牌应置于吊笼醒目位置，额定载重量 1 t 以下（含 1 t）的载人施工电梯单次载人不得超过 2 人，额定载重量 1 t 以上的载人施工电梯单次载人不得超过 9 人，严禁在超过额定载重量或额定乘员数的情况下使用施工电梯。

（3）当建筑物超过 2 层时，施工电梯地面通道上方应搭设防护棚，当建筑物高度超过 24 m 时，应设置双层防护。

（4）当遇到大雨、大雪、大雾、施工电梯顶部风速大于 20 m/s（8 级）或导轨架、电缆表面结有冰层时，不得使用施工电梯。

（5）严禁用行程开关作为停止运行的控制开关。

（6）施工电梯基础周边 5 m 内，不得开挖井沟，不得堆放易燃易爆物品及其他杂物。

（7）施工电梯运行通道内不得有障碍物，不得利用施工电梯的导轨架、横竖支撑层站等牵拉或悬挂脚手架、施工管道、绳缆标语、旗帜等。

（8）安装在阴暗处或夜班作业的施工电梯，应在全行程装设明亮的楼层标号标志灯。

（9）层门门闩设置在靠施工电梯一侧，且层门应处于常闭状态，未经施工电梯司机许可，不得启闭层面。

（10）施工电梯的司机严禁酒后作业。

（11）实行多班作业的施工电梯，应执行交班制度，填写交接班记录表，接班司机应进行班前检查，确认无误后，方可开机作业。

（12）施工电梯每天第一次使用前，司机应将吊笼升离地面 1 ~ 2 m，停车试验制动器的可靠性，施工电梯每 3 个月应进行一次 1.25 倍额定载重量的超载试验，确保制动器性能安全可靠。

（13）当在施工电梯运行中发现异常情况时，应立即停机，直至排除故障后方能继续运行。当施工电梯运行中由于断电或其他原因中途停止时，可进行手动下降，吊笼手动下降速度不得超过额定运行速度。

（14）作业结束后应将施工电梯返回最底层停放。将各控制开关拨到零位，切断电源，锁好开关箱、吊笼门和地面防护围栏门。

（15）吊笼上的各类安全装置应保持完好有效，经过大雨、大雪、台风等恶劣天气后应对各安全装置进行全面检查，确认安全有效后方能使用。

（三）检查、保养和维修

（1）在每天开工前和每次换班前，施工电梯司机应按使用说明书及规范要求对设备进行检查。对检查结果应进行记录，发现问题应向使用单位报告。

（2）试用期间，使用单位每月组织专业技术人员按规范要求进行检查，并对检查结果进行记录。

（3）当遇到可能影响施工电梯安全技术性能的自然灾害，发生设备事故或停工 6 个月以上时应对施工电梯重新组织检查验收。

（4）应按使用说明书的规定对施工电梯进行保养、维修，保养、维修的时间间隔应根据施工频率、操作环境和施工电梯状况等因素确定，使用单位应在施工电梯使用期间安排足够的设备保养、维修时间。

（5）对保养和维修后的施工电梯，经检测确认各部件状态良好后，宜对施工电梯进行额定载重量试验，双笼施工电梯应对左右吊笼分别进行额定载重量试验。

六、施工电梯的拆卸

（1）拆卸前应对施工电梯的关键部位进行检查，当发现问题时，应在问题解决后方能进行拆卸作业。

（2）应有足够的工作面作为拆卸场地，应在拆卸场地周围设置警戒线和醒目的安全警示标志，并应派专人监护。拆卸施工电梯时，不得在拆卸区域内进行与拆卸无关的其他作业。

（3）夜间不得进行施工电梯的拆卸作业。

（4）拆卸附墙架时，施工电梯导轨架的自由端高度应始终满足使用说明书的要求。

（5）应确保与基础相连的导轨架在最后一个附墙架拆除后，仍能保持各方向的稳定性。

（6）施工电梯拆卸应连续作业，当拆卸作业不能连续完成时，应根据拆卸状态采取相应的安全措施。

（7）吊笼未拆除之前，非拆卸人员不得在地面防护围栏内、施工电梯运行通道内、导轨架内，以及附墙架上等区域活动。

七、业内资料编制目录

（1）施工电梯生产厂家生产许可证、营业执照、产品合格证、设备监督检验证明、备案证书、使用说明书。

（2）基础混凝土试块报告、钢筋复试报告。

（3）施工电梯安装施工方案、安装和租赁合同、安装单位营业执照、资质证书、安全生产许可证、安装人员操作证。

（4）施工电梯使用技术交底。

（5）施工电梯检测报告和准用证。

（6）施工电梯安装单位安装（加节）自检记录、安装（加节）验收记录。

（7）施工电梯司机交接班记录，每日使用前检查记录。

（8）施工电梯运输记录，维修保养记录。

（9）施工电梯每月检查记录。

（10）施工电梯操作人员操作证复印件。

第六节　建筑运输机械

一、自卸汽车

自卸汽车是指利用本车发动机动力驱动液压举升机构，将其车厢倾斜一定角度卸货并依靠车厢自重使其复位的专用汽车。

（一）自卸汽车分类

自卸汽车按其用途可分为两大类：一类属于非公路运输用的重型和超重型自卸汽车。主要承担大型矿山、水利工地等运输任务，通常与挖掘机配套使用。这类汽车也称为矿用自卸汽车。它的长度、宽度、高度等外廓尺寸，以及轴荷等不受公路法规的限制，但只能在矿山、工地上使用；另一类属于公路运输用的轻、中、重型普通自卸汽车。它主要承担砂石、泥土、煤炭等松散货物运输。某些自卸汽车是针对专门用途设计的，故又称专用自卸汽车，如摆臂式自装卸汽车、自装卸垃圾汽车等。

自卸汽车按装载质量可分为轻型自卸汽车（小于 3.5 t）、中型自卸汽车（3.5 ~ 8 t）和重型自卸车（大于 8 t）。

自卸汽车按运载货物倾卸方向可分为后倾式、侧倾式、三面倾式和底卸式自卸汽车。

自卸汽车按车厢栏板结构可分为栏板一面开启式、栏板三面开启式和簸箕式（无后栏板）自卸汽车。

（二）自卸汽车安全使用技术

（1）运输机械应有完整的机械产品合格证以及相关的技术资料。

（2）启动前应重点检查下列项目，并应符合相应的要求：

① 车辆的各总成、零件、附件应按规定装配齐全，不得有脱焊、裂缝等缺陷；螺栓、铆钉连接紧固不得松动、缺损；

② 各润滑装置应齐全并应清洁有效；

③ 离合器应结合平稳、工作可靠、操作灵活，踏板行程应符合规定；

④ 制动系统各部件应连接可靠，管路畅通；

⑤ 灯光、喇叭、指示仪表等应齐全完整；

⑥ 轮胎气压应符合要求；

⑦ 燃油、润滑油、冷却水等应添加充足；

⑧ 燃油箱应加锁；

⑨ 运输机械不得有漏水、漏油、漏气、漏电现象。

（3）运输机械启动后，应观察各仪表指示值，检查内燃机运转情况，检查转向机构及制动器等性能，并确认正常，当水温达到 40 ℃以上、制动气压达到安全压力以上时，应低挡起步。起步时应检查周边环境，并确认安全。

（4）装载的物品应捆绑稳固牢靠，整车中心高度应控制在规定范围内，轮式机具和圆形物件装运时应采取防止滚动的措施。

（5）运输机械不得人货混装，运输过程中，料斗内不得载人。

（6）运输超限物件时，应事先勘察路线，了解空中、地面、地下障碍，以及道路、桥梁等通行能力，并应制定运输方案，按规定办理通行手续。在规定时间内按规定路线行驶。超限部分白天应插警示旗，夜间应挂警示灯。装卸人员及电工携带工具随行，保证运行安全。

（7）运输机械水温未达到 70 ℃时，不得高速行驶。行驶中变速应逐级增减挡位，不得强推硬拉。前进和后退交替时，应在运输机械停稳后换挡。

（8）运输机械在行驶中，应随时观察仪表的指示情况，当发现机油压力低于规定值，水温过高，有异响、异味等情况时，应立即停车检查，并应排除故障后继续运行。

（9）运输机械运行时不得超速行驶，并应保持安全距离。进入施工现场应沿规定的路线行进。

（10）车辆上、下坡应提前换入低速挡，不得中途换挡。下坡时，应以内燃机变速箱阻力控制车速，必要时，可间歇轻踏制动器。严禁空挡滑行。

（11）在泥泞、冰雪道路上行驶时，应降低车速，并应采取防滑措施。

（12）车辆涉水过河时，应先探明水深、流速和水底情况，水深不得超过排气管或曲轴皮带盘，并应低速直线行驶，不得在中速停车或换挡。涉水后，应缓行一段路程，轻踏制动器使浸水的制动片上的水分蒸发掉。

（13）通过危险地区时，应先停车检查，确认可以通过后，应由有经验人员指挥前进。

（14）运载易燃易爆、剧毒、腐蚀性等危险品时，应使用专用车辆按相应的安全规定运输，并应有专业随车人员。

（15）爆破器材的运输，应符合现行国家法规《爆破安全规程》（GB6722—2014）的要求。起爆器材与炸药、不同种类的炸药严禁同车运输。车厢底部应铺软垫层，并应有专业押运人员，按指定路线行驶。不得在人口稠密处、交叉路口和桥上（下）停留。车厢应用帆布覆盖并设置明显标志。

（16）装运氧气瓶的车厢不得有油污，氧气瓶严禁与油料或乙炔气瓶混装。氧气瓶上防振胶圈应齐全，在运行过程中，氧气瓶不得滚动或相互撞击。

（17）车辆停放时，应将内燃机熄火，拉紧手制动器，关锁车门。在下坡道停放时应挂倒挡，在上坡道停放时应挂一挡，并应使用三角木楔等楔紧轮胎。

（18）平头型驾驶室需前倾时，应清理驾驶室内物件，关紧车门后前倾并锁定。平头型驾驶室复位后，应检查并确认驾驶室已锁定。

（19）在车底进行保养、检修时，应将内燃机熄火，拉紧手制动器并将车轮楔牢。

（20）车辆经修理后需要试车时，应由专业人员驾驶，当需在道路上试车时，应事先报经公安、公路等有关部门批准。

（21）自卸汽车应保持顶升液压系统完好，工作平稳。操纵应灵活，不得有卡阻现象。各节液压缸表面应保持清洁。

（22）非顶升作业时，应将顶升操纵杆放在空挡位置。顶升前，应拔出车厢固定锁。作业后，应及时插入车厢固定锁。固定锁应无裂纹，插入或拔出应灵活、可靠。在行驶过程中车厢挡板不得自行打开。

（23）自卸汽车配合挖掘机、装载机装料时，应符合相关操作规定，就位后应拉紧手制动器。

（24）卸料时应听从现场专业人员指挥，车厢上方不得有障碍物，四周不得有人员来往，并应将车停稳，举升车厢时，应控制内燃机中速运转，当车厢升到顶点时，应降低内燃机转速，减少车厢振动。不得边卸边行驶。

（25）向坑洼地区卸料时，应和坑边保持安全距离。在斜坡上不得侧向倾卸。

（26）卸完料，车厢应及时复位，自卸汽车应在复位后行驶。

（27）自卸汽车不得装运爆破器材。

（28）车厢举升状态下，应将车厢支撑牢靠后，进入车厢下面进行检修、润滑等作业。

（29）装运混凝土或黏性物料后，应将车厢清洗干净。

（30）自卸车装运散料时，应有防止散落的措施。

二、平板拖车

平板拖车又称平板车、全挂平板车、全挂车、平板挂车等，是现代物流运输的重要工具。使用平板拖车是提高经济效益最有效而简单的重要手段，具有承重能力强、效率高等优势。

（一）平板拖车分类

1. 牵引杆平板拖车

牵引杆平板拖车是至少有两根轴的平板拖车，一轴可 180° 转向；通过角向移动的牵引杆与平板拖车联结；牵引杆可垂直移动，联结到底盘上，因此不能承受任何垂直力。具有隐藏支地架的半挂车也作为牵引杆平板拖车。通用牵引杆平板拖车是一种在敞开（平板式）或封闭（厢式）载货空间内载运货物的牵引平板拖车。

2. 重钢平板拖车

平板拖车的车身用的材料是重钢，通常被人们称为重钢平板拖车。如大型、重型、承载能力比较强的平板拖车，称为重钢平板拖车。重钢平板拖车一般用于工业大吨位货物运输，可在厂内周转货物，或货物中途上道路运输。重钢平板拖车比较适用的范围有：适合重型产品的短途中转、移库、机械、物流、下线等作业运输。

（二）平板拖车安全使用技术

（1）一般规定。参见“自卸汽车”相关规定。

（2）拖车的制动器、制动灯、转向灯等应配备齐全，并应与牵引车的灯光信号同时起作用。

（3）行车前，应检查并确认拖挂装置、制动装置、电缆接头等连接良好。

（4）拖车装卸机械时，应停在平坦坚实处，拖车应制动并用三角木楔紧车胎。装车时应调整好机械在车厢上的位置，各轴负荷分配应合理。

（5）平板拖车的跳板应坚实，在装卸履带式起重机、挖掘机、压路机时，跳板与地面夹角不宜大于 15°；在装卸履带式推土机、拖拉机时，跳板与地面夹角不宜大于 25°。装卸时应由熟练的驾驶人员操作，并应统一指挥。上车、下车动作应平稳，不得在跳板上调整方向。

（6）装运履带式起重机时，履带式起重机起重臂应拆短，起重臂向后，吊钩不得自由晃动。

（7）推土机的铲刀宽度超过平板拖车宽度时，应先拆除铲刀后再装运。

（8）机械装车后，机械的制动器应锁定，保险装置应锁牢，履带或车轮应楔紧，机械应绑扎牢固。

（9）使用随车卷扬机装卸物件时，应有专人指挥，拖车应制动锁定，并应将车轮楔紧，防止在装卸时车辆移动。

（10）拖车长期停放或重车停放时间较长时，应将平板支起，轮胎不应承压。

三、机动翻斗车

机械翻斗车是一种特殊的料斗可倾翻的短途输送物料的车辆，适用于砂石、土方、煤炭、矿石等各种散装物料的短途运输，动力强劲。机械翻斗车按照外形不同，可分为单桥翻斗车、双桥翻斗车、平头翻斗车、尖头翻斗车、前四后八翻斗车、双桥半挂翻斗车、三桥半挂翻斗车等。

机械翻斗车的安全使用应遵循下列规定：

（1）一般规定。参见“自卸汽车”相关规定。

（2）机动翻斗车驾驶员应经考试合格，持有机动翻斗车专用驾驶证上岗。

（3）机动翻斗车行驶前，应检查锁紧装置，并应将料斗锁牢。

（4）机动翻斗车行驶时，不得用离合器处于半结合状态来控制车速。

（5）在路面不良状况下行驶时，应低速缓行。机动翻斗车不得靠近路边或沟旁行驶，并应防侧滑。

（6）在坑沟边缘卸料时，应设置安全挡块。车辆接近坑边时，应减速行驶，不得冲撞挡块。

（7）上坡时，应提前换入低挡行驶；下坡时，不得空挡滑行；转弯时，应先减速；急转弯时，应先换入低挡。机动翻斗车不宜紧急刹车，应防止向前倾覆。

（8）机动翻斗车不得在卸料工况下行驶。

（9）内燃机运转或料斗内有载荷时，不得在车底下作业。

（10）多台机动翻斗车纵队行驶时，前后车之间应保持安全距离。

四、散装水泥车

散装水泥车又称粉粒物料运输车，由专用汽车底盘、散装水泥车罐体、气管路系统、自动卸货装置等部分组成。其适用于粉煤灰、水泥、石灰粉、矿石粉、颗粒碱等颗粒直径不大于 0.1 mm 的粉粒干燥物料的散装运输，主要供水泥厂、水泥仓库和大型建筑工地使用，可节约大量包装材料和装卸劳动。

散装水泥车利用动力驱动空气压缩机，将压缩空气经管道送入密封罐体下部的气室使气室液态化床上的粉粒体悬浮成流态状，当罐内压力达到额定值时，打开卸料阀，流动化物料通过管道流动而进行输送。

散装水泥车安全使用应遵循下列规定：

（1）在装料前，应检查并清除散装水泥车的罐体及料管内积灰和结渣等杂物，管道不得有堵塞和漏气现象；阀门开闭应灵活，部件连接应牢固可靠，压力表工作应正常。

（2）在打开装料口前，应先打开排气阀，排除罐内残余气压。

（3）装料完毕，应将装料口边缘上堆积的水泥清扫干净，盖好进料口，并锁紧。

（4）散装水泥车卸料时，应装好卸料管，关闭卸料管蝶阀和卸压管球阀，并应打开二次风管，接通压缩空气。空气压缩机应在无载情况下启动。

（5）在确认卸料阀处于关闭状态后，向罐内加压，当达到卸料压力时，应先开二次风嘴阀后再打开卸料阀，并用二次风嘴阀调整空气与水泥比例。

（6）在卸料过程中，应注意观察压力表的变化情况，当发现压力突然上升，输气软管堵塞时，应停止送气，并应放出管内有压气体，及时排除故障。

（7）卸料作业时，空气压缩机应由专人管理，其他人员不得擅自操作。在进行加压卸料时，不得增加内燃机转速。

（8）卸料结束后，应打开放气阀，放尽罐内余气，并应关闭各部阀门。

（9）雨雪天气，散装水泥车进料口应关闭严密，并不得在露天装卸作业。

五、皮带运输机

皮带运输机是运用皮带的无极运动运输物料的机械，广泛应用于采矿、冶金、化工、铸造、建材等行业的输送和生产流水线，以及水电站建设工地和港口等生产部门。

皮带运输机的安全使用应遵循下列规定：

（1）一般规定。参见“自卸汽车”使用相关规定。

（2）固定式皮带运输机应安装在坚固的基础上，移动式皮带运输机在开动前应将轮子楔紧。

（3）皮带运输机在启动前，应调整好输送带的松紧度，带扣应牢固，各传动部件应灵活可靠，防护罩应齐全有效。电气系统应布置合理，绝缘及接零或接地应保护良好。

（4）输送带启动时，应先空载运转，在运转正常后，再均匀装料。不得先装料后启动。

（5）输送带上加料时，应对准中心，并宜降低加料高度，减少落料对输送带的冲击。

（6）作业中，应随时观察输送带运输情况，当发现输送带有松动、走偏或跳动现象时，应停机进行调整。

（7）作业时，人员不得从输送带上面跨越，或从输送带下面穿过。输送带打滑时，不得用手拉动。

（8）输送带输送大块物料时，输送带两侧应加装挡板或栅栏。

（9）多台皮带运输机串联作业时，停机时，应从装料端开始按顺序停机。

（10）作业时需要停机时，应先停止装料，将输送带上物料卸完后再停机。

（11）皮带运输机作业中突然停机时，应立即切断电源，清除运输带上的物料，检查并排除故障。

（12）作业完毕后，应将电源断开，锁好电源开关箱，清除输送机上的砂土，采用防雨护罩将电动机盖好。

第三章 混凝土机械

第一节 混凝土搅拌机

一、混凝土搅拌机的分类

常用的混凝土搅拌机按其搅拌原理分为自落式搅拌机和强制式搅拌机两类。

（一）自落式搅拌机

自落式搅拌机的搅拌鼓筒是垂直放置的。随着鼓筒的转动，混凝土拌和料在鼓筒内做自由落体式翻转搅拌，从而达到搅拌的目的。自落式搅拌机多用于搅拌塑性混凝土和低流动性混凝土。筒体和叶片磨损较小，易于清理，但动力消耗大，效率低。搅拌时间一般为 90 ~ 120 秒 / 盘，其构造如图 3.1 ~图 3.3 所示。

鉴于此类搅拌机对混凝土骨料有较大的磨损，从而影响混凝土质量，现已逐步被强制式搅拌机所取代。

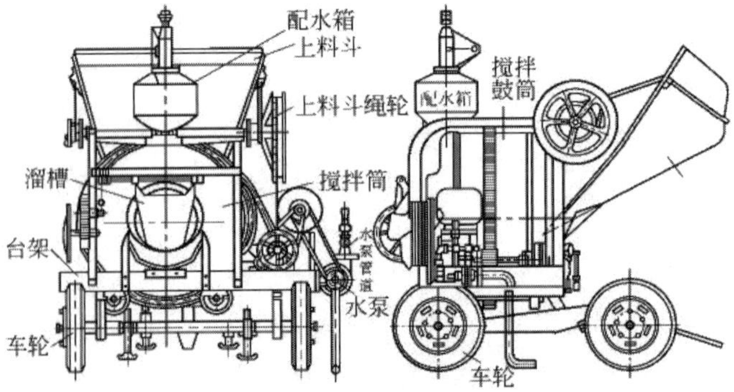

图 3.1 自落式搅拌机

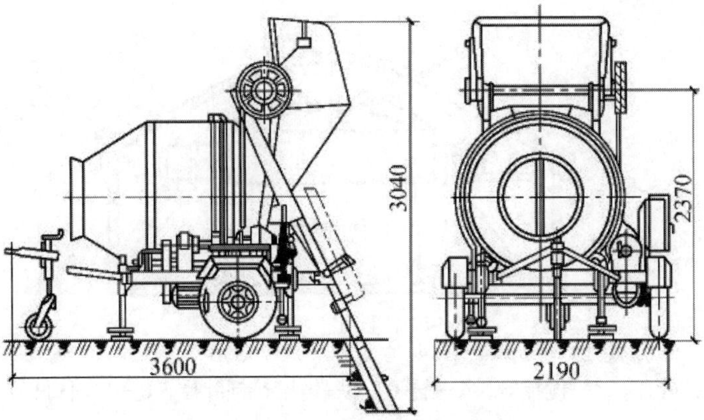

图 3.2 自落式铃形反转出料搅拌机

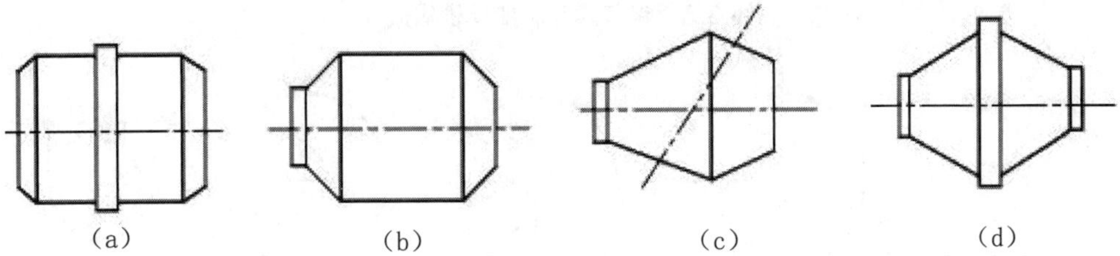

(a) 鼓筒式搅拌机； (b) 锥形反转出料搅拌机； (c) 单开口双锥形倾翻出料搅拌机；

(d) 双开口双锥形倾翻出料搅拌机

图 3.3 自落混凝土搅拌机搅拌筒的几种形式

（二）强制式搅拌机

强制式搅拌机的鼓筒内有若干组叶片，搅拌时叶片绕竖轴或卧轴旋转，将材料强行搅拌,直至搅拌均匀。这种搅拌机的搅拌作用强烈,适宜于搅拌干硬性混凝土和轻骨料混凝土，也可搅拌流动性混凝土，具有搅拌质量好、搅拌速度快、生产效率高、操作简便及安全等优点。但机件磨损严重，一般需用高强合金钢或其他耐磨材料作内衬，多用于集中搅拌站。涡桨式强制搅拌机的外形如图 3.4 所示，构造如图 3.5 所示。图 3.6 为强制式混凝土搅拌机的几种形式。

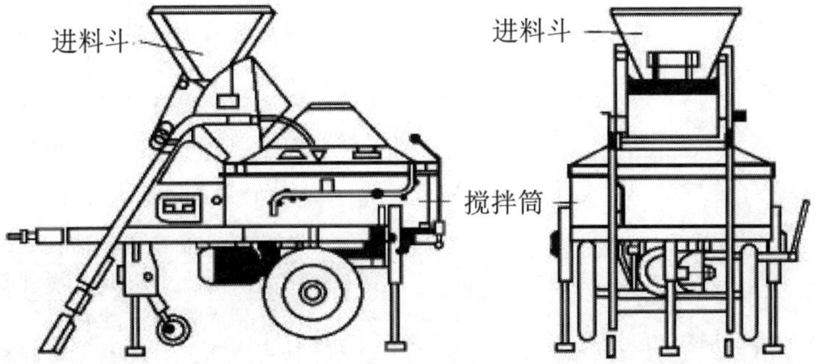

图 3.4 涡桨式强制搅拌机的外形图

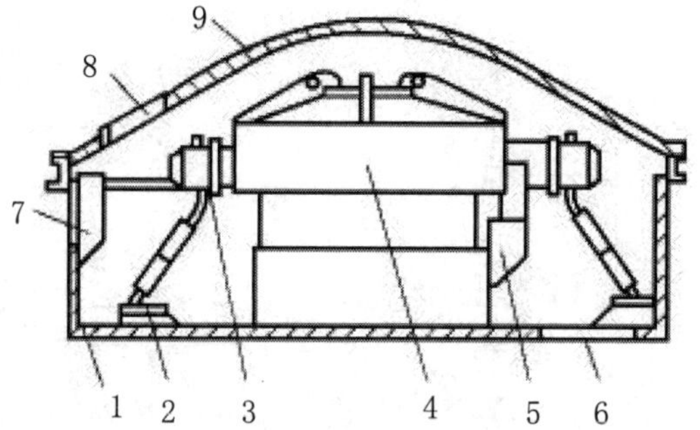

1—搅拌盘；2—搅拌叶片；3—搅拌臂；4—转子；5—内壁铲刮叶片；6—出料口；7—外壁铲刮叶片；8—进料口；9—盖板

图 3.5　涡浆式强制搅拌机构造

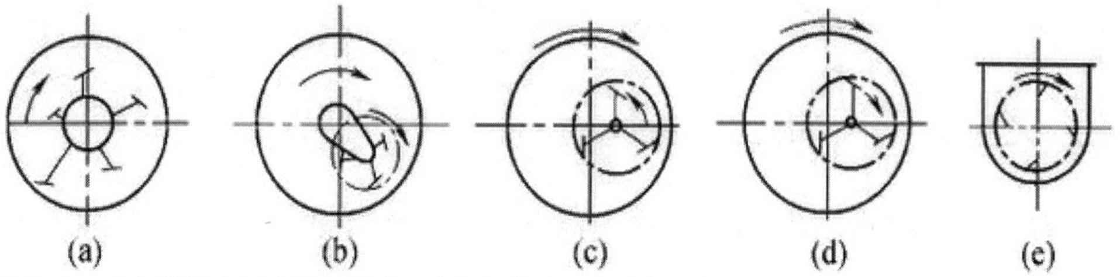

(a) 涡浆式；(b) 搅拌盘固定的行星式；(c) 搅拌盘反向旋转的行星式；(d) 搅拌盘同向旋转的行星式；(e) 单卧轴式

图 3.6　强制式混凝土搅拌机的几种形式

二、混凝土搅拌机的型号

混凝土搅拌机的型号分类及表示方法见表 3.1。

表 3.1 混凝土搅拌机的型号分类及表示方法

组	型	特性	代号	代号含义	主参数	
					名称	单位
混凝土搅拌机 J（搅）	锥形反转出料式 Z（锥）	—	JZ	锥形反转出料混凝土搅拌机	出料容量	L
		C（齿）	JZC	齿圈锥形反转出料混凝土搅拌机		
		M（摩）	JZM	摩擦锥形反转出料混凝土搅拌机		
	锥形倾翻出料式 F（翻）	—	JF	锥形倾翻出料混凝土搅拌机		
		C（齿）	JFC	齿圈锥形倾翻出料混凝土搅拌机		
		M（摩）	JFM	摩擦锥形倾翻出料混凝土搅拌机		
混凝土搅拌机 J（搅）	立轴涡浆式 W（涡）	—	JM	立轴涡浆式混凝土搅拌机		
	单卧轴式 D（单）	—	JD	单卧轴式混凝土搅拌机		
		Y（液）	JDY	单卧轴式液压上料混凝土搅拌机		
	双卧轴式 S（双）	—	JS	双卧轴式混凝土搅拌机		
		Y（液）	JSY	双卧轴式液压上料混凝土搅拌机		

三、混凝土搅拌机型号及主要技术参数

JS 是指：双卧轴式混凝土搅拌机。

该系列设备具备了可以单机独立作业和与 PLD 系列配料机组成简易式混凝土搅拌站的双重优越性，还可为搅拌站提供配套主机，适用于各类大、中、小预制构件厂及公路、桥梁、水利、码头等工业及民用建筑工程，可搅拌干硬性混凝土、流动性混凝土、轻骨料混凝土及各种砂浆，是种高效率机型，应用非常广泛。

该系列产品设计结构合理，布局新颖，使用维修方便。支腿部分高度设计为：JS500 为 1 500 mm，JS750 为 1 600 mm，JS1000 为 3 500 mm 和 4 000 mm，JS1500 和 JS2000 为 4 500 mm。用户可自配翻斗车、自卸车、搅拌车使用，同时还可根据用户特殊要求进行改制，以满足用户需要。

主要技术参数。

项目多数型号：JS500。

出料容量：500 L。

进料容量：800 L。

生产率：25 m^3/h。

骨料最大料径：（卵石 / 碎石）80 mm/60 mm。

搅拌叶片转速：35 r/min 数量 2 × 7。

搅拌电机型号：Y180M–4 功率 18.5 kW 。

卷扬电机型号：YEZ132S–4–BS 功率 5.5 kW。

水泵电机型号：50DWB20–8A 功率 750 W。

料斗提升速度：18 m/min。

外形尺寸（长 × 宽 × 高）运输状态 3 050 mm × 2 300 mm × 2 680 mm; 工作状态 4 461 mm × 3 050 mm × 5 225 mm。

整机质量：4 000 kg。

卸料高度：1 500 mm。

JDY500D 是指：单卧轴强制式搅拌机。

单卧轴强制式搅拌机是种新型多功能砼搅拌机械，该机使用范围广，可适用于塑性、干硬性、软骨料混凝土及各种灰浆、砂石的搅拌，该机具有结构简单、搅拌质量好、生产效率高、能耗低、噪声小、寿命长、维修保养方便等优点，适用于预制厂、公路、桥梁、码头等建筑工地。本机除作单机使用外，还可与配料机组合成简易式搅拌站。

JDK500D 主要技术参数。

出料容量：500 L。

进料容量 :800 L。

生产能力 :25 ~ 30 m^3/h。

整机质量：4 500 kg。

整机功率 :15.55 kW。

料斗提升速度：20 m/min。

搅拌轴转速 :25 r/min。

搅拌时间：25 ～ 30 s。

骨料粒径：60 mm/80 mm。

外形尺寸：3 300 mm × 2 150 mm × 1 870 mm。

★ JDY 混凝土搅拌机有 JDY350 型，JDY350C 型，JDY500 型，JDY500D 型。

表 3.2 混凝土搅拌机型号

JSY 是指：双卧轴式液压上料混凝土搅拌机	JZC350	功率 5.5 kW，容量 350 L，生产率 13 m^3/h
混凝土搅拌机	JZC350	功率 5.5 kW，容量 350 L，生产率 14 m^3/h
	JZM350	功率 4 kW，容量 350 L，生产率 13 m^3/h
强制式搅拌机	JD150	功率 7.5 kW，生产率 7.5～9 m^3/h
	JD20D	功率 7.5 kW，生产率 11～13 m^3/h
	JD250	功率 11 kW，生产率 12.5 m^3/h
	JD350	功率 15 kW，生产率 21 m^3/h
	JW500	功率 30 kW，生产率 20～25 m^3/h
	JOW500	功率 30 kW，生产率 20～24 m^3/h
	W1000	功率 55 kW，生产率 40 m^3/h
水泥混凝土搅拌机	HZ-15	功率 38.5 kW，生产率 15 m^3/h
	HZQ15/20	功率 20 kW，生产率 15～20 m^3/h
	HZQ20	功率 30 kW，生产率 20 m^3/h
水泥混凝土搅拌站	HZQ25	功率 30 kW，生产率 20 m^3/h
附：1 L 是容积单位，换成体积单位就是 1 dm^3 或 1 000 cm^3 或 0.001 m^3。		

目前，广泛应用于大中型预制构件厂及公路、桥梁、水利、码头等工业及民用建筑工程的混凝土搅拌机为 JS2000 强制式混凝土搅拌机。JS2000 主机是目前国内外先进、理想的建筑设备机型，其搅拌系统是由电动机、皮带轮、减速器、开式齿轮、搅拌筒搅拌装置、供油装置等组成。电动机直接与摆线针减速器连接，减速器两输出轴通过对开式齿轮分别带动水平配置的搅拌轴反向等速回转。其适用于塑性、干硬性、轻骨料混凝土及各种灰浆、砂浆的搅拌。JS2000 强制式混凝土搅拌机采用机动出料，能与翻斗车配套使用，是各种建筑工地的理想机具。JS2000 混凝土搅拌机具有自动化程度高、搅拌质量好、搅拌时间短、效率高、能耗低、噪声小、拌和均匀、操作方便、卸料速度快、衬板和叶片使用寿命长、维修保养方便、生产率高等优点。强制式混凝土搅拌机的技术参数见表 3.3。

表 3.3 强制式混凝土搅拌机的技术参数

项目型号	JS500	S750	S1000	S1500	S2000	S3000
进料容量 /L	800	1 200	1 600	2 400	3 200	4 800

（续表）

出料容量 /L		500	750	1 000	1 500	2 000	3 000
生产率 / (m^3/h)		≤ 25	≤ 35	≤ 50	≤ 75	≤ 100	≤ 150
骨料最大粒径 卵石 / 碎石 /mm		80/60	80/60	80/60	80/60	80/60	80/60
搅拌叶片	转速 / (r/min)	35.0	30.5	25.5	25.5	23.0	23.0
	数量	14	18	20	22	20	22
搅拌电机	型号	Y180M-4 -18.5	Y200L-4 -30	Y200L1-6 -18.5	Y225M-6 -30	Y225s-4 -37	Y250M -4-55
搅拌电机	型号	YEz1325 -4-5.5	YEz132M -4-7.5	YEz180M -4-18.5	YEZ200L1 -6-22	—	—
水泵功率	功率 /kW	0.75	1.10	3.00	3.00	—	—
料斗提升速度 / (m/min)		18.0	19.2	21.9	23.0	—	—
外形尺寸（长×宽×高）	运输状态	2 786 mm× 2 480 mm× 2 151 mm	4 195 mm× 2 300 mm× 2 800 mm	4 640 mm× 2 250 mm× 2 250 mm	5 058 mm× 2 250 mm× 2 440 mm	3 275 mm× 2 320 mm× 2 252 mm	3 771 mm× 2 600 mm× 2 270 mm
	工作状态	4 278 mm×2 786 mm×4 605 mm	5 980 mm× 2 300 mm× 6 260 mm	8 765 mm× 3 436 mm× 9 540 mm	9 645 mm× 3 436mm× 9 700 mm	3 275 mm× 2 320 mm× 2 252 mm	3 771 mm× 2 600 mm× 2 270 mm
整机质量 /kg		3 900	6 800	8 750	11 130	7 500	8 400
卸料高度 /mm		1 600/2 700/ 3 800	1 600/2 700/ 3 800	1 600/2 700/ 4 800	4 000	4 000	4 600

四、混凝土搅拌机的特点和适用范围

各类搅拌机的特点及适用范围见表 3.4；不同容量搅拌机的适用范围见表 3.5。

表 3.4 各类搅拌机的特点及适用范围

类型	特点及适用范围
周期性	周期性地进行装料、搅拌、出料，结构简单可靠，容易控制配合比及拌和质量，使用广泛
连续式	连续进行装料、搅拌、出料，生产率高。主要用于混凝土使用量很大的工程
自落式	由搅拌筒内壁固定叶片将物料带到一定高度，然后自由落下，周而复始，使其获得均匀搅拌。最适宜拌制塑性和半塑性混凝土
强制式	筒内物料由旋转轴上的叶片或刮板的强制作用而获得充分的拌和。拌和时间短、生产率高。适宜于拌制干硬性混凝土
固定式	通过机架地脚螺栓与基础固定。多装在搅拌楼或搅拌站上使用
移动式	装有行走机构，可随时拖运转移。应用于中小型临时工程
倾翻式	靠搅拌筒倾倒出料
非倾翻式	靠搅拌筒反转出料
犁式	搅拌筒可绕纵轴旋转搅拌，又可绕横轴回转装料、卸料。一般用于试验室小型搅拌机

（续表）

类型	特点及适用范围
锥式	多用于大中型搅拌机
鼓筒式	多用于中小型搅拌机
槽式	多为强制式。有单槽单搅拌轴和双槽双搅拌轴等，国内较少使用
盘式	是一种周期性垂直强制式搅拌机，国内较少采用

注：自落鼓筒式搅拌机，是我国最早生产和使用的搅拌机，由于性能指标比较落后，已于 1987 年被列为淘汰产品，但目前仍有部分工程在使用。

表 3.5 不同容量搅拌机的适用范围

进料容量 /L	出料容量 /L	适用范围	进料容量 /L	出料容量 /L	适用范围
100	60	试验室制作混凝土试块	1 200	750	大型工地拆装式搅拌站和大型混凝土制品厂搅拌楼主机
240	150	修缮工程或小型工地拌制混凝土及砂浆	1 600	1 000	
320	200		2 400	1 500	大型堤坝和土木工程的搅拌楼主机
400	250	一般工地、小型移动式搅拌站和小型混凝土制品厂的主机	4 800	3 000	
560	350				
800	500				

五、混凝土搅拌机的使用注意事项

（一）操作要点

新机使用前应按使用说明书的要求，对各系统和部件进行检验和必要的试运转，务必使达到规定要求方能投入使用。

（1）移动式搅拌机的停放位置必须选择平整坚实的场地，周围应有良好的排水沟渠。

（2）搅拌机就位后，放下支腿将机架顶起，使轮胎离地。在作业期较长的地区使用时，应用垫木将机器架起，卸下轮胎和牵引杆，并将机器调平。

（3）料斗放到最低位置时，在料斗与地面之间应加一层缓冲垫木。

（4）接线前检查电源电压，电压升降幅度不得超过搅拌机电气设备规定的 5%。

（5）作业前应先进行空载试验，观察搅拌筒或叶片旋转方向是否与箭头所示方向一致，如方向相反，则应改变电动机接线。反转出料的搅拌机，应使搅拌筒正反运转数分钟，看有无冲击抖动现象，如有异常噪声，应停机检查。

（6）搅拌筒或叶片运转正常后，再进行料斗提升试验，观察离合器、制动器是否灵活可靠。

（7）检查和校正供水系统的指示水量与实际水量是否一致，如误差超过 2%，应检查管道是否漏水，必要时应调整节流阀。

（8）每次加入的拌和料不得超过搅拌机规定值的 10%。为减少黏罐，加料的次序应为粗骨料→水泥→砂子，或砂子→水泥→粗骨料。

（9）料斗提升时，严禁任何人在料斗下停留或通过。如必须在料斗下检修时，应将料斗提升后再用铁链锁住。

（10）作业过程不得检修、调整或加油；并不得将砂、石等物料落入机器的传动机构内。

（11）搅拌过程不宜停车，如因故必须停车，在再次启动前应卸除荷载，不得带载启动。

（12）以内燃机为动力的搅拌机，在停机前先脱开离合器，停机后仍应合上离合器。

（13）如遇冰冻天气，停机后应将供水系统的积水放净。内燃机的冷却水也应放净。

（14）搅拌机在场内移动或远距离运输时，应将进料斗提升到上止点，并用保险铁链锁住。

（15）固定式搅拌机安装时，主机与辅机都应用水平尺校正水平。有气动装置的，风源气压应稳定在 0.6 MPa 左右。作业时不得打开检修孔，入孔检修先把空气开关关闭，并派人监护。

（二）维护保养

1. 日常保养

（1）每次作业后，清洗搅拌筒内外积灰。搅拌筒内与拌和料不接触部分，清洗完毕后涂上一层机油（全损耗系统用油），便于下次清洗。

（2）移动式搅拌机的轮胎气压应保持在规定值，轮胎螺栓应旋紧。

（3）料斗钢丝绳如有松散现象，应排列整齐并收紧钢丝绳。

（4）用气压装置的搅拌机，作业后应将储气筒及分路盒内积水放出。

（5）按润滑部位及周期表进行润滑作业。

（6）清洗搅拌机的污水应引入指定地点，并进行处理，不准在机旁或建筑物附近任其自流。尤其冬季，严防搅拌机筒内和地面积水甚至结冰，应有防冻防滑防火措施。

2. 定期保养（周期 500 h）

（1）调整 V 带松紧度。检查并紧固钢板卡子螺栓。

（2）料斗提升钢丝绳磨损超过规定时，应予更换，如尚能使用，应进行除尘润滑。

（3）内燃搅拌机的内燃机部分应按内燃机保养有关规定执行。电动搅拌机应消除电器的积尘，并进行必要的调整。

（4）按照相应搅拌机说明书规定的润滑部位及周期进行润滑作业。

（三）注意事项

（1）电动机应装设外壳或采用其他保护措施，防止水分和潮气侵入而损坏。电动机必须安装启动开关，速度由慢变快。

（2）开机后，经常注意搅拌机各部件的运转是否正常。停机时，经常检查搅拌机叶片是否打弯，螺钉是否掉落或松动。

（3）当混凝土搅拌完毕或预计停歇 1 h 以上时，除将余料除净外，应用石子和清水倒入拌筒内，开机转动 5 ~ 10 min，把黏在料筒上的砂浆冲洗干净后全部卸出。料筒内不得有积水，以免料筒和叶片生锈。同时还应清理搅拌筒外积灰，使机械保持清洁完好。下班后及停机不用时，将电动机保险丝取下。

第二节 混凝土泵

一、混凝土泵的类型及特点

混凝土泵是通过管道依靠压力输送混凝土的施工设备，它能一次连续地完成水平输送和垂直输送，是现有混凝土输送设备中比较理想的一种。

预拌混凝土生产与泵送施工相结合，利用混凝土搅拌运输车进行中间运送，可实现混凝土的连续泵送和浇筑。这对于一些工地狭窄和有障碍物的施工现场，用其他输送设备难以直接靠近的施工工程，混凝土泵则更能有效地发挥作用。而且泵送施工输送距离长，单位时间的输送量大，可以很好地满足高层建筑和混凝土量大的施工要求。

混凝土泵具有机械化程度高、效率高、占用人力少、劳动强度低和施工组织简单等优点，已经在国内外得到了广泛的应用。我国的混凝土泵送技术已迫近世界先进水平。

混凝土泵，按其构造和工作原理的不同，可以分为活塞式、挤压式、隔膜式及气罐式等几种类型，其中活塞式混凝土泵得到了最广泛的应用。

二、混凝土泵的工作原理

液压活塞式混凝土泵主要由料斗、混凝土缸、分配阀、液压控制系统和输送管等组成。通过液压控制系统使分配阀交替启闭。液压缸与混凝土缸连接，通过液压缸活塞杆的往复运动以及分配阀的协同动作，使两个混凝土缸轮流交替完成吸入与排出混凝土的工作过程。目前国内外均普遍采用液压活塞式混凝土泵。

三、混凝土泵的组成与功用

混凝土泵发展到今天，因电机功率、输送效率等的不同，生产厂家对其详细分类已多达数百种，但其工作性质与原理基本相似。以下以中联重工的 HBT60 型混凝土泵为例，介绍其结构特点与泵送原理。

（一）结构组成

其结构组成如图 3.7 所示。

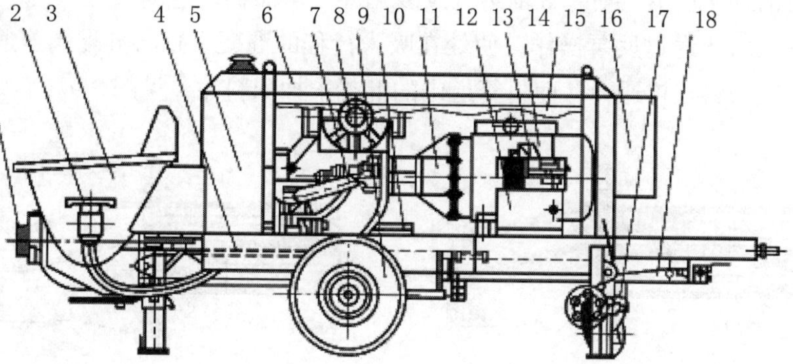

1—分配机构；2—搅拌机构；3—料斗；4—机架；5—液压油箱；6—机罩；7—液压系统；8—冷却系统；9—拖运桥；10—润滑系统；11—动力系统；12—工具箱；13—清洗系统；14—电机；15—电气系统；16—软启动箱；17—支地轮；18—泵送系统

图 3.7 HBT60 型混凝土泵

（二）泵送系统（见图 3.8）

（1）混凝土活塞 7、8 分别与主液压缸 1、2 的活塞杆连接，在主液压缸液压油作用下，作往复运动，一缸前进，则另一缸后退；混凝土缸出口与料斗连通，分配阀一端接出料口，另一端能过花键轴与摆臂连接，在摆动油缸作用下，可以左右摆动。

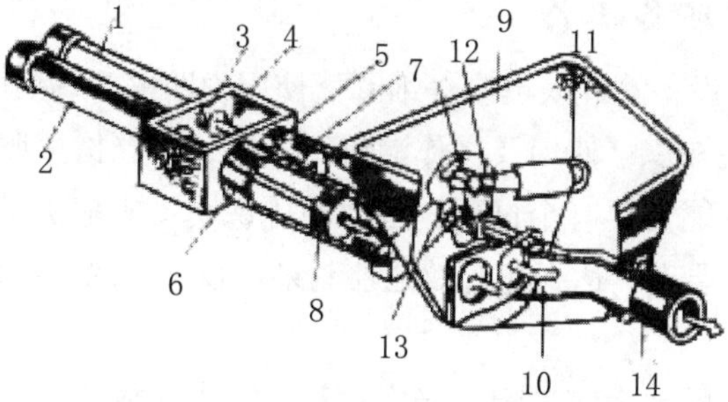

1、2—主液压缸；3—水箱；4. 换向装置；5、6—混凝土缸；7、8—活塞；9—料斗；10—分配阀；11—摆臂；12、13—摆动液压缸；14—出料口

图 3.8 泵送系统

（2）泵送混凝土料时，在主液压缸作用下，混凝土活塞 7 前进，混凝土活塞 8 后退，同时在摆动液压缸作用下，分配阀 10 与混凝土缸 5 连通，混凝土缸 6 与料斗连通。这样混凝土活塞 8 后退，便将料斗内的混凝土吸入混凝土缸，混凝土活塞 7 前进，将混凝土缸内混凝土料送入分配阀泵出。

（3）当混凝土活塞 8 后退至行程终端时，触发水箱 3 中的换向装置 4，主液压缸 1、2 换向，同时摆动液压缸 12、13 换向，使分配阀 10 与混凝土缸 6 连通，混凝土缸 5 与料斗

（4）需垂直向上配管时，随着高度的增加即势能的增加，混凝土存在回流的趋势，因此应在混凝土泵与垂直配管之间敷设一定长度的水平管道，以保证有足够的阻力防止混凝土回流。当泵送高层建筑混凝土时，需垂直向上配管，此时其地面水平管长度不宜小于垂直管长度的 1/4。如因场地所限，不能放置上述要求长度的水管时，可用弯管或软管代替。

在垂直配管与水平配管相连接的水平配管一侧，宜配置一段软包管。另外在垂直配管的下端应设置减振支座。垂直向上配管的形式如图 3.10 所示。

（5）在混凝土泵送过程中，随着泵送压力的增大，泵送冲击力将迫使管来回移动，这不仅损耗了泵送压力，而且使泵管之间的连接部位处于冲击和间断受拉的状态，可导致管卡及胶圈过早受损、水泥浆溢出，因此必须对泵加以固定。

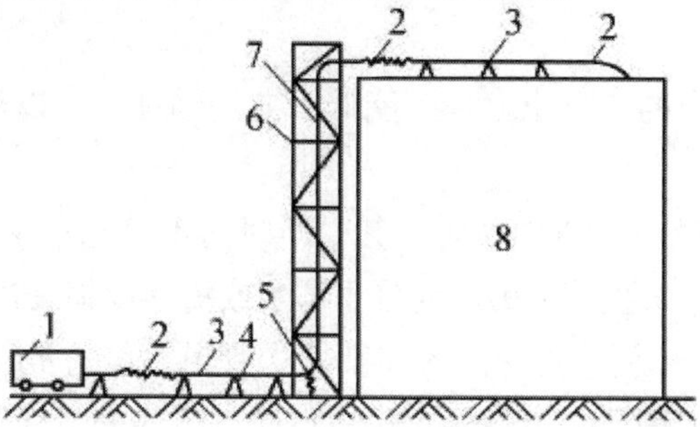

1—泵车；2—软管；3—水平管；4—支架；5—减振支座；6—管架；7—垂直管；8—建筑物

图 3.10 垂直向上的管路布置

（6）混凝土泵与输送管连通后，应按混凝土泵使用说明书的规定进行全面检查，符合要求后方能开机进行空运转。空载运行 10 min 后，再检查一下各机构或系统是否工作正常。

（7）混凝土的可泵性。

泵送混凝土应满足可泵性要求，必要时应通过试泵送确定泵送混凝土的配合比。

（二）泵送施工操作要点

（1）混凝土泵启动后应先泵送适量水，以湿润混凝土泵的料斗、混凝土缸和输送管等直接与混凝土接触的部位。泵送水后再采用下列方法之一润滑上述部位。

①泵送水泥浆。

②泵送 1∶2 的水泥砂浆。

③泵送除粗骨料外的其他成分配合比的水泥砂浆。润滑用的水泥浆或水泥砂浆应分散布料，不得集中浇筑在同一地方。

（2）开始泵送时，混凝土泵应处于慢速、匀速运行的状态，然后逐渐加速。应同时观察混凝土泵的压力和各系统的工作情况，待各系统工作正常后方可以正常速度泵送。

（3）混凝土泵送工作尽可能连续进行，混凝土缸的活塞应保持以最大行程运行，以便发挥混凝土泵的最大效能，并可使混凝土缸在长度方向上磨损均匀。

（4）混凝土泵若出现压力过高且不稳定、油温升高、输送管明显振动及泵送困难等现象时，不得强行泵送，应立即查明原因予以排除。可先用木槌敲击输送管的弯管、锥形管等部位，并进行慢速泵送或反泵，以防止堵塞。

（5）当出现堵塞时，应采取下列方法排除。若堵塞不严重，重复进行反泵和正泵运行，逐步将混凝土吸出返回至料斗中，经搅拌后再重新泵送；若堵塞严重应首先用木槌敲击等方法查明堵塞部位，待混凝土击松后重复进行反泵和正泵运行，以排除堵塞。当上述两种方法均无效时，应在混凝土卸压后拆开堵塞部位，待排出堵塞物后重新泵送。

（6）泵送混凝土宜采用预拌混凝土，也可在现场设搅拌站供应泵送混凝土，但不得泵送手工搅拌的混凝土。对供应的混凝土应予以严格的控制，随时注意坍落度的变化，对不符合泵送要求的混凝土不允许入泵，以确保混凝土泵有效地工作。

（7）混凝土泵料斗上应设置筛网，并设专人监视进料，避免因直径过大的骨料或异物进入而造成堵塞。

（8）泵送时，料斗内的混凝土存量不能低于搅拌轴位置，以避免空气进入泵管引起管道振动。

（9）当混凝土泵送过程需要中断时，其中断时间不宜超过 1 h。并应每隔 5 ~ 10 min 进行反泵和正泵运转，以防止管道中因混凝土泌水或坍落度损失过大而堵管。

（10）泵送完毕后，必须认真清洗料斗及输送管道系统。混凝土缸内的残留混凝土若清除不干净，将在缸壁上固化，当活塞再次运行时，活塞密封面将直接承受缸壁上已固化的混凝土对其的冲击，导致推送活塞局部剥落。这种损坏不同于活塞密封的正常磨损，密封面无法在压力的作用下自我补偿，从而导致漏浆或吸空，引起泵送无力、堵塞等。

（11）当混凝土可泵性差或混凝土出现泌水、离析而难以泵送时，应立即对配合比、混凝土泵、配管及泵送工艺等进行研究，并采取相应措施解决。泵送高度和混凝土坍落度的关系见表 3.6。

表 3.6 泵送高度和混凝土坍落度关系

泵送高度 /m	30 以下	30 ~ 60	60 ~ 100	100 以上
坍落度 /mm	100 ~ 140	140 ~ 160	160 ~ 180	180 ~ 200

（三）季节性施工

（1）在炎热季节施工时，宜用湿草袋、湿罩布等物覆盖混凝土输送管，以避免阳光直接照射，防止混凝土因坍落度损失过快而造成堵管。

（2）在严寒地区的冬季进行混凝土泵送施工时，应采取适当的保温措施，宜用保温材料包裹混凝土输送管，防止管内混凝土受冻。

五、混凝土泵的安全操作要点

（1）料斗上的方格网在作业过程中不得随意移去。

（2）保证泵机各部分润滑良好。

（3）水箱无水时不得开机运转。

（4）寒冷冬季采取防冻措施。

（5）泵机运转时，严禁把手伸入料斗或用手抓握分配阀。在料斗或分配阀上工作时，应先关闭电动机和消除蓄能器压力。

（6）炎热季节要防止油温过高，如达到70 ℃时，应停止运行。寒冷季节要采取防冻措施。

（7）输送管路要固定、垫实。严禁将输送软管弯曲，以免爆炸。

（8）不得随意调整液压系统压力。

（9）气洗管路时，应将末节管子和其他管路中的弯管用索具固定，现场人员不得靠近出料管口及管路急弯处。压缩空气压力不得高于0.7 MPa，进气阀不宜立即开大，应先一开一关反复试气，只有当混凝土顺利排出时，才能把气阀开到最大。若发现管端不排料，应关闭进气阀，再缓缓打开排气阀，然后设法分段清洗。当清洗海绵球即将喷出管口瞬间，应发出信号警告现场人员。

（10）作业完毕后要释放蓄能器的压力。

第三节　混凝土振动器

一、混凝土振动器的作用及分类

（一）混凝土振动器的作用

用混凝土搅拌机拌和好的混凝土浇筑构件时，必须排除其中气泡，进行捣固，使混凝土密实结合，消除混凝土的蜂窝麻面等现象，以提高其强度，保证混凝土构件的质量。混凝土振动器就是一种借助动力通过一定装置作为振源产生频繁的振动，并使这种振动传给混凝土，以振动捣实混凝土的设备。

（二）混凝土振动器的分类

混凝土振动器的种类繁多。按传递振动的方式分为内部振动器、外部振动器和表面振动器三种；按振动器的动力来源分为电动式、内燃式和风动式三种，以电动式应用最广；按振动器的振动频率分为低频式、中频式和高频式三种；按振动器产生振动的原理分为偏心式和行星式两种。

二、混凝土内部振动器

（一）适用范围及分类

1. 适用范围

混凝土内部振动器适用于各种混凝土施工，对于塑性、平塑性、干硬性、半干硬性以及有钢筋或无钢筋的混凝土捣实均能适用。

2．分类

混凝土内部振动器主要用于梁、柱、钢筋加密区的混凝土振动设备，常用的内部振动器为电动软轴插入式振动器，其结构如图 3.11 所示。

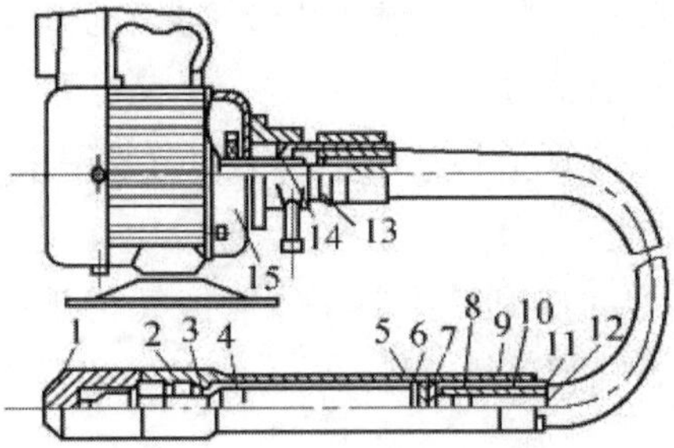

1—尖头；2—滚道；3—套管；4—滚锥；5—油封座；6—油封；7—大间隙轴承；8—软轴接头；9—软管接头；10—锥套；11—软管；12—软轴；13—连接头；14—防逆装置；15—电动机

图 3.11　电动软轴插入式振动器结构

（二）特点及原理

1．电动软轴行星插入式振动器

（1）特点。行星振动子是装在振动棒体内的滚锥在滚动，滚锥与滚道直径越接近，公转次数就越高，振动频率也相应提高。其主要特点是启动容易、生产率高、性能可靠、使用寿命长。

（2）原理。它是利用振动棒中一端空悬的转轴旋转时，其下垂端的圆锥部分沿棒壳内的圆锥面滚动，从而形成滚动体的行星运动，以驱动棒体产生圆周振动，其结构如图 3.12 所示。

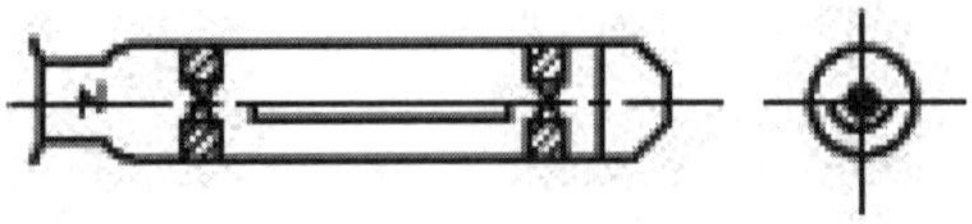

图 3.12　电动软轴行星插入式振动器

2．电动软轴偏心插入式振动器

（1）特点。偏心振动子是装在振动棒体内的偏心轴旋转时产生的离心力造成振动，偏心轴的转速和振动频率相等。其主要特点是体积小、质量轻、转速高、不需防逆装置、结构简单。

（2）原理。它是利用振动棒中心安装的具有偏心质量的转轴在高速旋转时产生的离心力通过轴承传递给振动棒壳体，从而使振动棒产生圆周振动的，其结构如图 3.13 所示。

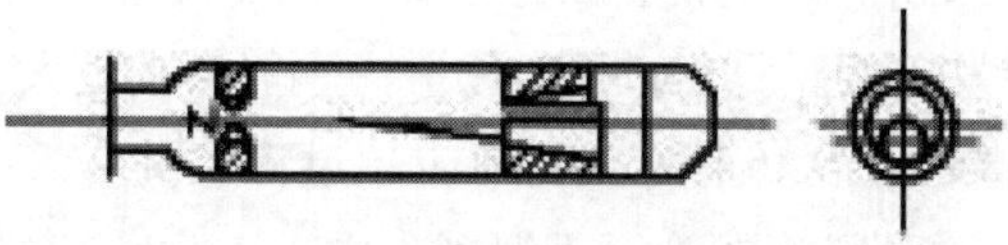

图 3.13　电动软轴偏心插入式振动器

（三）混凝土内部振动器的主要技术性能

混凝土内部振动器的主要技术性能见表 3.7。

表 3.7 混凝土内部振动器的主要技术性能

项目		型号				
		ZN35	ZN50	ZN70	ZX25-I	ZX35-II
振动棒	直径 /mm	35	50	70	25	35
	频率 /Hz	≥ 200	≥ 183	≥ 183	≥ 50	≥ 50
	振幅 /mm	≥ 0.8	≥ 1.0	≥ 1.2	≥ 0.7	≥ 0.8
	质量 /kg	3.0	5.0	8.0	4.0	5.5
软轴软管	软轴直径 /mm	10	13	13	8	10
	软管直径 /mm	30	36	36	24	30
	长度 /mm	4 000	4 000	4 000	600	600
电动机	功率 /kW	1.1	1.1	1.5	0.6	0.6
	电压 /V	380	380	380	220	220
	转速 /（$r\cdot min^{-1}$）	2 840	2 840	2 840	—	—

（四）操作要点

（1）插入式振动器在使用前应检查各部件是否完好，各连接处是否紧固，电动机绝缘是否良好，电源电压和频率是否符合铭牌规定，检查合格后，方可接通电源、进行试运转。

（2）振动器的电动机旋转时，若软轴不转，振动棒不起振，系电动机旋转方向不对，可调换任意两相电源线即可；若软轴转动，振动棒不起振，可摇晃棒头或将棒头轻磕地面，即可启振。当试运转正常后，方可投入作业。

（3）作业时，要使振动棒自然沉入混凝土，不可用力猛往下推。一般应垂直插入，并插到下层尚未初凝层中 50 ~ 100 mm，以促使上下层相互结合。

（4）振动时，要做到“快插慢拔”。快插是为了防止将表层混凝土先振实，与下层混凝土发生分层、离析现象。慢拔是为了使混凝土能来得及填满振动棒抽出时所形成的空间。

（5）振动棒各插点间距应均匀，一般间距不应超过振动棒有效作用半径的 1.5 倍。

（6）振动棒在混凝土内振密的时间，一般每插点振密 20 ~ 30 s，见到混凝土不再显著下沉，不再出现气泡，表面泛出水泥浆和外观均匀为止。如振密时间过长，有效作用半径虽然能适当增加，但总的生产率反而降低，而且还可能使振动棒附近混凝土产生离析，这对塑性混凝土更为重要。此外，振动棒下部振幅要比上部大，故在振密时，应将振动棒上下抽动 5 ~ 10 cm，使混凝土振密均匀。

（7）作业中要避免将振动棒触及钢筋、芯管及预埋件等，更不得采取通过振动棒振动钢筋的方法来促使混凝土振密。否则就会因振动而使钢筋位置变动，还会降低钢筋与混凝土之间的黏结力，甚至会发生相互脱离，这对预应力钢筋影响更大。

（8）作业时，振动棒插入混凝土的深度不应超过棒长的 2/3 ~ 3/4。否则振动棒将不易拔出而导致软管损坏；更不得将软管插入混凝土中，以防砂浆被侵蚀及渗入软管而损坏机件。

（9）振动器在使用中如温度过高，应立即停机冷却检查，如机件故障，要及时进行修理。冬季低温下，振动器作业前，要采取缓慢加温，使棒体内的润滑油解冻后，方能作业。

（五）安全操作

（1）插入式振动器电动机电源上，应安装漏电保护装置，熔断器选配应符合要求，接地应安全可靠。电动机未接地线或接地不良者，严禁开机使用。

（2）振动器操作人员应掌握一般安全用电知识，作业时应穿戴好胶鞋和绝缘橡皮手套。

（3）工作停止，移动振动器时，应立即停止电动机转动；搬动振动器时，应切断电源。不得用软管和电缆线拖拉、扯动电动机。

（4）电缆上不得有裸露之处，电缆线必须放置在干燥、明亮处；不允许在电缆线上堆放其他物品以及车辆在其上面直接通过；更不能用电缆线吊挂振动器等物。

（5）作业时，振动棒软管弯曲半径不得小于规定值；软管不得有断裂。若软管使用过久，长度变长时，应及时进行修复或更换。

（6）振动器启振时，必须由操作人员掌握，不得将启振的振动棒平放在钢板或水泥板等坚硬物上，以免振坏。

（7）严禁用振动棒撬拔钢筋和模板，或将振动棒当锤使用；操作时勿使振动棒头夹到钢筋里或其他硬物中而造成损坏。

（8）作业完毕，应将电动机、软管、振动棒擦拭干净，按规定要求进行保养作业。振动器存放时，不要堆压软管，应平直放好，以免变形；并应防止电动机受潮。

三、混凝土表面振动器

（一）特点及适用范围

混凝土表面振动器有多种，其中最常用的是平板式表面振动器。平板式表面振动器（见图 3.14）是将它直接放在混凝土表面上，振动器 2 产生的振动波通过与之固定的振动底板 1 传给混凝土。由于振动波是从混凝土表面传入，故称表面振动器。工作时由两人握住振动器的手柄 4，根据工作需要进行拖移。它适用于大面积、厚度小的混凝土，如混凝土预制构件板、路面、桥面等。

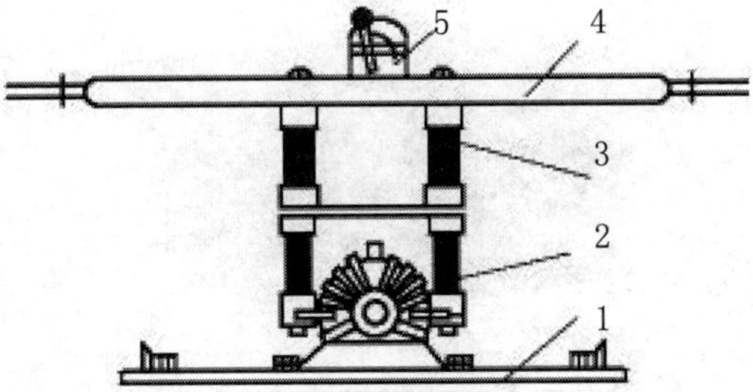

1—振动底板；2—振动器；3—减振弹簧；4—手柄；5—控制器

图 3.14 平板式表面振动器结构

（二）技术性能

平板振动器主要技术性能见表 3.8。

表 3.8 平板振动器主要技术性能

项目		型号					
		ZF_5	ZF_{11}	ZF_{15}	ZF_{20}	ZF_{22}	$ZB_{5.5}$
振动频率 /（次 • 分 $^{-1}$）		2 980	2 850	2 850	2 850	2 850	2 850
振动力 /kN		5.0	4.3	6.3	10 ～ 17.6	6.3	0 ～ 5.5
电动机	功率 /kW	1.10	1.10	1.50	3.00	2.20	0.55
	电压 /V	380	380	380	380	380	380
	转速 /（r • min^{-1}）	2 850	2 850	2 850	2 850	2 850	2 850

（三）使用要点

（1）使用时，应将混凝土浇灌区划分若干排。依次成排平拉慢移，顺序前进，移动间距应使振动器的平板能覆盖已振捣完混凝土的边缘 500 mm 左右，以防止漏振。

（2）振捣倾斜混凝土表面时，应由低处逐渐向高处移动，以保证混凝土振实。

（3）平板振动器在每一位置上振捣持续时间，以混凝土停止下沉并往上泛浆，或表面平整并均匀出现浆液为度，一般在 25 ～ 40 s 范围内为宜。

（4）平板振动器的有效作用深度，在无筋及单层配筋平板中约为 200 mm，在双层配筋平板中约为 120 mm。

（5）大面积混凝土楼面，可将 1 ～ 2 台振动器安在两条木杠上，通过木杠的振动使混凝土密实。

四、振动台

（一）构造及适用范围

（1）混凝土振动台通常用来振动混凝土预制构件。装在模板内的预制品置放在与振动器连接的台面上，振动器产生的振动波通过台面与模板传给混凝土预制品，其外形结构如

图 3.15 所示。

图 3.15　混凝土振动台

（2）振动台是由上部框架、下部框架、支承弹簧、电动机、齿轮箱、振动子等组成。上部框架为振动台台面，它通过螺旋弹簧支承在下部框架上；电动机通过齿轮箱将动力等速反向地传给固定在台面下的两行对称偏心振动子，其振动力的水平分力任何时候都相平衡，而垂直分力则相叠加，因而只产生上下方向的定向振动，有效地将模板内的混凝土振动成型。

（3）混凝土外部振动器适用于大批生产空心板、壁板及厚度不大的梁柱构件等成型设备。

（二）技术性能

振动台的主要技术性能见表 3.9。

表 3.9 振动台的主要技术性能

项目	型号						
	SZr-0.6×1	SZr-1×l	HZ9-1×2	HZ9-1x4	HZ9-1.5x4	HZ9-1.5x6	HZ9-2.4x6.2
振动频率 /（次•分$^{-1}$）	2 850	2 850	2 850	2 850	2 940	2 940	1 470 ～ 2 850
激振力 /kN	4.52 ～ 13.16	4.52 ～ 13.16	14.60 ～ 30.70	22.00 ～ 49.40	63.70 ～ 98.00	85.00 ～ 130.00	150.00 ～ 230.00
振幅 /mm	0.3 ～0.7	0.3 ～0.7	0.3～0.9	0.3 ～0.7	0.3 ～0.8	0. 3 ～0.8	0.3～0.7
电动机功率 /kW	1.1	1.1	7.5	7.5	22.0	22.0	25.0

（三）操作要点

（1）振动台是一种强力振动成型设备，应安装在牢固的基础上，地脚螺栓应有足够强度并拧紧。同时在基础中间必须留有地下坑道，以便调整和维修。

（2）使用前要进行检查和试运转，检查机件是否完好，所有紧回件特别是轴承座螺栓、偏心块螺栓、电动机和齿轮箱螺栓等，必须紧固牢靠。

（3）振动台不宜空载长时间运转。作业中必须安置牢固可靠的模板并锁紧夹具，以保证模板及混凝土和台面一起振动。

（4）齿轮因承受高速重负荷，故需要有良好的润滑和冷却。齿轮箱内油面应保持在规定的水平面上，工作时温升不得超过 70 ℃。

（5）应经常检查各类轴承并定期拆洗更换润滑油。作业中要注意检查轴承温升，发现过热应停机检修。

（6）电动机接地应良好可靠，电源线与线接头应绝缘良好，不得有破损漏电现象。

（7）振动台台面应经常保持清洁平整，使其与模板接触良好。由于台面在高频重载下振动，容易产生裂纹，必须注意检查，及时修补。

（四）注意事项

（1）当构件厚度小于 200 mm 时，可将混凝土一次装满振捣，如厚度大于 200 mm 时，则宜分层浇灌，每层厚度不大于 200 mm，或随加料摊平、随振捣。

（2）振捣时间根据混凝土构件的形状、大小及振动能力而定，一般混凝土表面呈水平并出现均匀的水泥浆和不再冒气泡表示已振实，即可停止振捣。

第四章　钢筋机械

钢筋机械是用于钢筋原、配料加工和成型加工的机械。现场常用钢筋机械类组划分见表 4.1。

表 4.1 现场常用钢筋机械类组划分表

<table>
<tr><th>类</th><th>组</th><th>产品名称</th></tr>
<tr><td rowspan="9">钢筋机械</td><td rowspan="3">钢筋加工机械</td><td>钢筋弯曲机</td></tr>
<tr><td>钢筋调直剪切机</td></tr>
<tr><td>钢筋切断机</td></tr>
<tr><td rowspan="2">钢筋强化机械</td><td>钢筋冷拉机</td></tr>
<tr><td>钢筋冷拔机</td></tr>
<tr><td rowspan="3">钢筋连接机械</td><td>钢筋冷挤压连接机</td></tr>
<tr><td>钢筋对焊机</td></tr>
<tr><td>钢筋螺纹成型机</td></tr>
<tr><td>钢筋预应力机械</td><td>预应力钢丝拉伸设备</td></tr>
</table>

第一节　钢筋调直剪切机

一、钢筋调直剪切机的构造及原理

（一）构造

钢筋调直剪切机构造如图 4.1 所示。

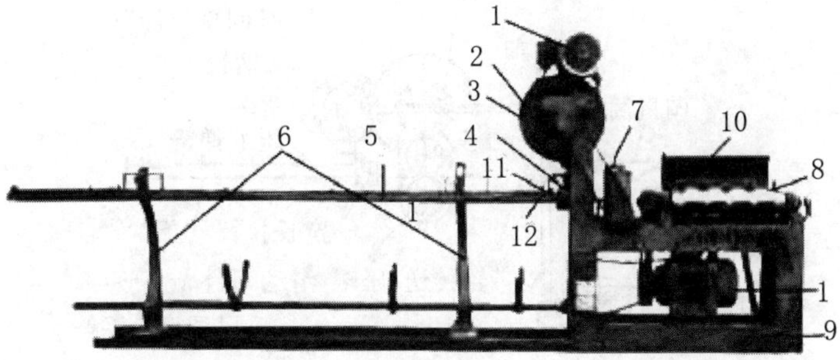

1—电机；2—切断行轮；3—曲轴总成；4—切断总成；5—滑道；6—滑道支架；7—送丝压滚总成；8—调直总成；9—机器立体；10—机器护罩；11—滑道限位锁片；12—滑道拉簧

图 4.1　钢筋调直剪切机构造图

（二）工作原理

（1）盘料架系承载被调直的盘圆钢筋的装置，当钢筋的一端进入主机调直时，盘料架随之转动，机停转动停。

（2）调直机构由调直筒和调直块组成，调直块固定在调直筒上，调直筒转动带动调直块一起转动，它们之间相对位置可以调整，借助于相对位置的调整来完成钢筋调直。

（3）钢筋牵引由一对带有沟槽的压辊组成，在扳动手柄时，两压辊可分可离，手轮可调压辊的压紧力，以适应不同直径的钢筋。钢筋切断机构主要由锤头和方刀台组成，锤头上下运动，方刀台水平运动，内部装有上下切刀，当方刀台移动至锤头下面时，上切刀被锤头砸下与下切刀形成剪刀，钢筋被切断。

（4）承料架由三段组成，每段 2 m，上部装有拉杆定尺机构，保证被切钢筋定尺，下部可承接被切钢筋。

（5）电机及控制系统电路全部安装在机座内，通过转换开关，控制电机正反转，使钢筋前进或倒退。

（6）由电动机通过皮带传动增速，使调直筒高速旋转，穿过调直筒的钢筋被调直，并由调直模清除钢筋表面的锈皮；由电动机通过另一对减速皮带传动和齿轮减速箱，一方面驱动两个传送压辊，牵引钢筋向前运动，另一方面带动曲柄轮，使锤头上下运动。

（7）当钢筋调直到预定长度，锤头锤击上刀架，将钢筋切断，切断的钢筋落入承料架时，由于弹簧作用，刀台又回到原位，完成一个循环。其工作原理如图 4.2 所示。

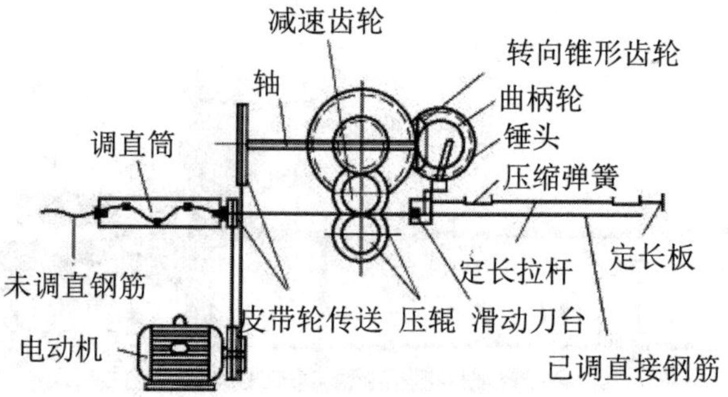

图 4.2　钢筋调直机工作原理图

二、钢筋调直剪切机的技术性能

以某品牌钢筋调直剪切机为例，将各型号主要技术性能列于表 4.2。

表 4.2 钢筋调直剪切机各型号主要技术性能

技术性能	GT1.6/4	GT3/8	GT6/12	GT5/17	LGT4/8	LGT6/14	WGT10/16
钢筋公称直径 /mm	1.6 ~ 4	3 ~ 8	6 ~ 12	5 ~ 7	4 ~ 8	6 ~ 14	10 ~ 16
钢筋抗拉强度 /MPa	650	650	650	1 500	800	800	1 000
切断长度 /mm	300 ~ 8 000	300 ~ 8 000	300 ~ 8 000	300 ~ 8 000	300 ~ 8 000	300 ~ 8 000	300 ~ 8 000
切断长度误差 /mm	1	1	1	1	1	1.5	1.5
牵引速度 $(m \cdot min^{-1})$	20 ~ 30	40	30 ~ 50	30 ~ 50	40	30 ~ 50	20 ~ 30
调直筒转速 $(r \cdot min^{-1})$	2 800	2 800	1 900	1 900	2 800	1 450	1 450

三、钢筋调直剪切机的操作要点

机器安装完毕试调直过程中，应对调整部分进行试调，试调工作必须由专业技术人员完成，以便使加工出的钢筋满足使用要求。钢筋调直机的局部构造如图 4.3 所示。

（一）调直块的调整

（1）调直筒内有五个与被调钢筋相适应的调直块，一般调整第三个调直块，使其偏移中心线 3 mm，如图 4.4 中（a）所示。若试调钢筋仍有慢弯，可加大偏移量，钢筋拉伤严重，可减小偏移量。

1—调直滚；2—牵引轮；3—切刀；4—跑道；5—冲压主轴；6—下料开口时间调节丝；7—下料开口大小调节丝

图 4.3　钢筋调直机局部构造图

（2）对于冷拉的钢料，特别是弹性高的，建议调直块 1、5 在中心线上，3 向一方偏移，2、4 向 3 的反方向偏移，如图 4.4（b）所示。偏移量由试验确定，使调出钢筋达到满意为止，长期使用调直块会出现磨损，调直块的偏移量相应会增大，磨损严重时需更换。

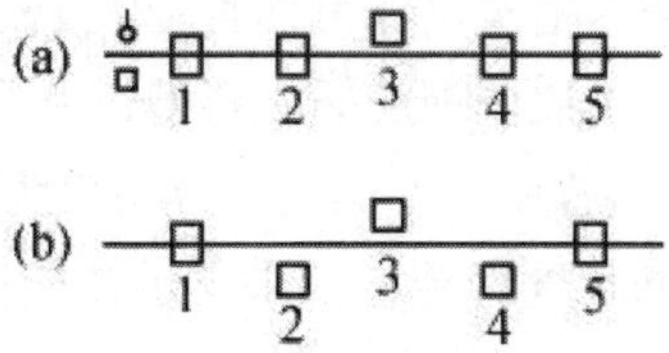

图 4.4　调直块调整示意图

（二）压辊的调整与使用

（1）本机有两对压辊可供调不同直径钢筋时使用，对于四槽压辊，如用外边的槽，将压辊垫圈放在外边；如用里边的槽，要将压辊垫圈装在压辊的背面或将压辊翻转。入料前将手柄 4 转向虚线位置，此时抬起上压辊，把被调料前端引入压辊间，而后手柄转回 4，再根据被调钢筋直径的大小，旋紧或放松手轮 6 来改变两辊之间的压紧力，如图 4.5 所示。

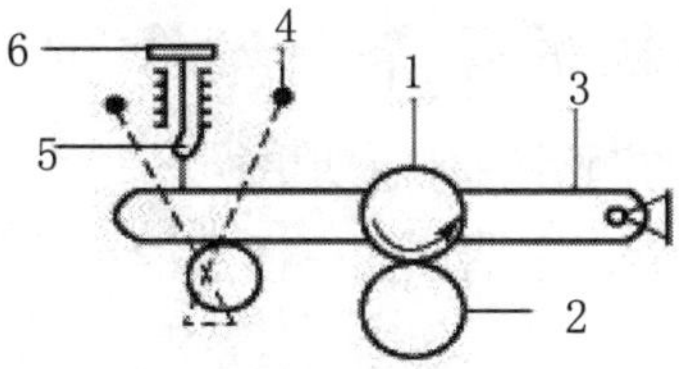

1—上压辊；2—下压辊；3—框架；4—手柄；5—压簧；6—手轮

图 4.5　压辊调整机结构图

（2）一般要求两轮之间的夹紧力能保证钢筋顺利地被牵引，看不见料有明显的转动，而在切断的瞬间，钢筋在压辊之间有明显的打滑现象为宜。

（三）上下切刀间隙调整

上下切刀间隙调整是在方刀台没装入机器前进行的（见图 4.6）。上切刀 3 安装在刀架 2 上，下切刀装在机体上，刀架又在锤头的作用下可上下运动，与固定的下切刀对钢筋实现切断，旋转下切刀可调整两刀间隙，一般是保证两刀口靠得很近，而上切刀运动时又没有阻力，调好后要旋紧下切刀的锁紧螺母。

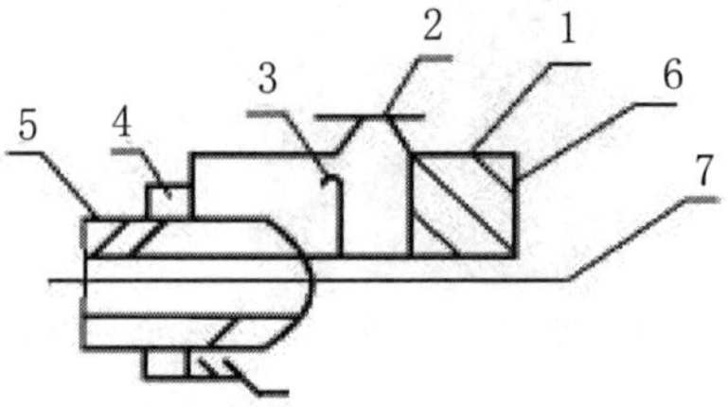

1—方刀台；2—刀架；3—上切刀；4—锁母；5—下切刀；6—拉杆；7—钢筋

图 4.6　方刀台总成示意图

（四）承料架的调整和使用

（1）根据钢筋直径确定料槽宽度，若钢筋直径大时，将螺钉松开，移动下角板向左，料槽宽度加大，反之则小，一般料槽宽度比钢筋直径大 15% ~ 20%。

（2）支承柱旋入上角板后，用被调钢筋插入料槽，沿着料槽纵向滑动，要能感到阻力，钢筋又能通过，试调中钢筋能从料槽中由左向右连续挤出为宜，否则重调，然后将螺母锁紧。

（3）定尺板位置按所需钢筋长度而定，如果支承柱或拉杆托块妨碍定尺板的安装，可暂时取下。

（4）定尺切断时拉杆上的弹簧要施加预压力，以保证方刀能可靠弹回为准，对粗料同时用三个弹簧，对细料用其中一个或两个，预压力不足能引起连切，预压力过大可能出现在切断时被顶弯，或者压辊过度拉伤钢筋。

（5）每盘料开头一段经常不直，进入料槽，容易卡住，所以应用手动机构切断，并从料槽中取出。每盘料末尾一段要高度注意，最好缓慢送入调直筒，以防折断伤人。

四、钢筋调直剪切机的保养与维修

（1）保证传动箱内有足够的润滑油，定期更换。

（2）调直筒两端用干油润滑，定期加油。锤头滑块部位和方刀台导轨面要每班加油一次。

（3）盘料架上部孔定期加干油，承料架托块每班要加润滑油。

（4）定期检查锤头和切刀状态，如有损坏及时更换。

（5）不要打开皮带罩和调直筒罩开车，以防发生危险。

（6）机器电气部分要装有接地线。

（7）调直剪切机在使用过程中若出现故障一般由专业人员进行检修处理，在本书中只作一般介绍，见表 4.3。

连通，这时活塞 7 后退，活塞 8 前进。反复循环，从而实现连续泵送。

（4）反泵时，通过反泵操作，使处在吸入行程的混凝土缸与分配阀连通，处在推送行程的混凝土缸与料斗连通，从而将管道中的混凝土抽回料斗，见图 3.9。

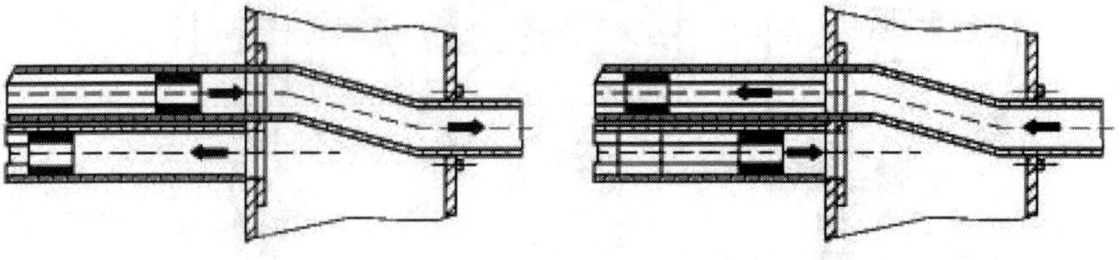

(a)　　(b)

（a）正泵状态；（b）反泵状态

图 3.9　混凝土推行状态

（5）泵送系统通过分配阀的转换完成混凝土的吸入与排出动作，因此分配阀是混凝土泵中的关键部件，其形式会直接影响到混凝土泵的性能。

四、混凝土泵的操作要点

随着混凝土的不断发展，混凝土泵已被广泛地应用在混凝土浇筑工程中。为了确保混凝土泵达到规定的技术状况，必须认真执行使用和维修保养规程，以提高混凝土泵送施工质量与进度。

（一）泵送前的准备工作

（1）操作者及有关设备管理人员应仔细阅读使用说明书，掌握其结构原理、使用和维护，以及泵送混凝土的有关知识；使用及操作混凝土泵时，应严格按照使用说明书执行。因操作者能完全掌握机械性能需要有个过程，因此使用说明书应随机备用。同时，应根据使用说明书制订专门的操作要点，达到能有效地控制泵送技术中的一些可变因素，如泵机位置、管道布置等。

（2）支撑混凝土泵的地面应平坦、坚实；整机需水平放置，工作过程中不应倾斜。支腿应能稳定地支撑整机，并可靠地锁住或固定。泵机位置既要便于混凝土搅拌运输车的进出及向料斗进料，又要考虑有利于泵送布管以及减少泵送压力损失，同时要求距离浇筑地点近，供电、供水方便。

（3）应根据施工场地特点及混凝土浇筑方案进行配管，配管设计时要校核管道的水平换算距离是否与混凝土泵的泵送距离相适应。弯管角度一般为 15°、30°、45°和 90°四种，曲率半径分 1 m 和 0.5 m 两种（曲率半径较大的弯管阻力较小）。配管时应尽可能缩短管线长度，少用弯管和软管。输送管的铺设应便于管道清洗、故障排除和拆装维修。当新管和旧管混用时，应将新管布置在泵送压力较大处。配管过程中应绘制布管简图，列出各种管件、管卡、弯管和软管等的规格和数量，并提供清单。

表 4.3 钢筋调直剪切机故障产生原因及排除方法

故障	产生原因	排除方法
方刀台被顶出导航	牵引力过大，料在料槽中运动阻力过大	减小压力，调整支承柱旋入量，调整偏移量，提高调直质量，加大拉杆弹簧预压外力
连切现象	拉杆弹簧预紧力小，压辊力过大，料槽阻力大	加大预紧力排除方法
调前未定尺寸从料槽落下	支承柱旋入短	调整支承柱
钢筋不直	调直块偏移量小	加大偏移量
钢筋表面拉伤	压辊压力过大，调直块偏移量过大，调直块损坏	减小压力，减小偏移量，更换调直块
弯丝	见说明书	调正调直块角度，看调直器与压滚槽，切断总成是否在一条直线上
出现断丝	见说明书	调直块角度过大，切断总成上压簧变软，刀退不回，送丝滚上的压簧过松，材质不好
跑丝	见说明书	压滚压簧过紧，滑道拔簧过松，滑道下边拖丝钢棍不到位，滑道不滑动
出现短节	见说明书	滑道与主机拉簧过松，调整拉簧
机器出现振动	见说明书	调整调直块的平衡度

第二节 钢筋切断机

一、钢筋切断机的构造及原理

（1）钢筋切断机是用来把钢筋原材料或已调直的钢筋切断，其主要类型有机械式、液压式和手持式。机械式钢筋切断机有偏心轴立式、凸轮式和曲柄连杆式等形式。常见的为曲柄连杆式钢筋切断机。

（2）曲柄连杆式钢筋切断机又分开式（见图 4.7）、半开式及封闭式三种，它主要由电动机、曲柄连杆机构、偏心轴、传动齿轮、减速齿轮及切断刀等组成。曲柄连杆式钢筋切断机由电动机驱动三角皮带轮，通过减速齿轮系统带动偏心轴旋转。偏心轴上的连杆带动滑块和活动刀片在机座的滑道中作往复运动，配合机座上的固定刀片切断钢筋。

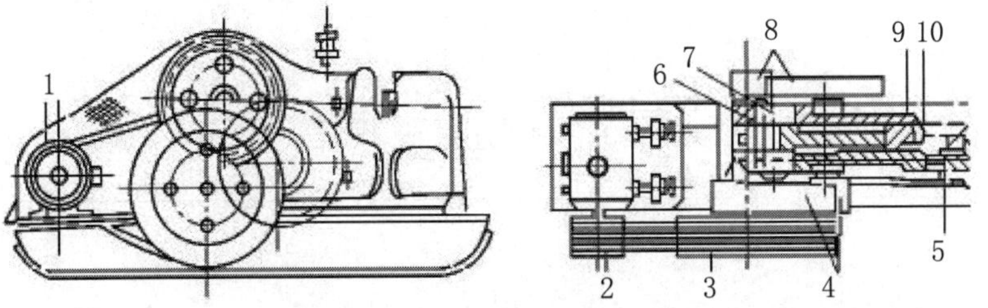

1—电机；2、3—皮带轮；4、8—减速齿轮；5—固定刀；6—连杆；7—偏心轴；9—滑块；10—活刀

图 4.7 曲柄连杆开式钢筋切断机结构示意图

二、钢筋切断机的操作要点

（1）接送料的工作台面应和切刀下部保持水平，工作台的长度可根据加工材料长度决定。

（2）启动前，必须检查切刀无裂纹，刀架螺栓紧固，防护罩牢靠。然后用于转动皮带轮，检查齿轮啮合间隙，调整切刀间隙。

（3）启动后，先空运转，检查各传动部分及轴承运转正常后，方可作业。

（4）机械未达到正常转速时，不可切料。切料时，必须使用切刀的中、下部位，紧握钢筋，对准刃口迅速投入。应在固定刀片一侧握紧并压住钢筋，以防钢筋末端弹出伤人。严禁用两手分在刀片两边握住钢筋俯身送料。

（5）不得剪切直径及强度超过机械铭牌规定的钢筋和烧红的钢筋。一次切断多根钢筋时，其总截面积应在规定范围内。

（6）剪切低合金钢时，应更换高硬度切刀，剪切直径应符合铭牌规定。

（7）切断短料时，手和切刀之间的距离应保持在 150 mm 以上，如手握端小于 400 mm 时，应采用套管或夹具将钢筋短头压住或夹牢。

（8）运转中，严禁直接清除切刀附近的断头和杂物，钢筋摆动周围和切刀周围不得停留非操作人员。

（9）发现机械运转不正常、有异常或切刀歪斜等情况，应立即停机检修。

（10）作业后，切断电源，用钢刷清除切刀间的杂物，进行整机清洁、润滑。

三、钢筋切断机的故障及排除

钢筋切断机常见故障及排除方法见表 4.4。

表 4.4 钢筋切断机常见故障及排除方法

故障	原因	排除方法
剪切不顺利	刀片安装不牢固，刀口损伤	紧固刀片或修磨刀口
	刀片侧间隙过大	调整间隙
切刀或衬刀打坏	一次切断钢筋太多	减少钢筋数量
	刀片松动	调整垫铁，拧紧刀片螺栓
	刀片质量不好	更换
切细钢筋时切口不直	切刀过钝	更换或修磨
	上、下刀片间隙太大	调整间隙
轴承及连杆瓦发热	润滑不良，油路不通	加油
	轴承不清洁	清洗
连杆发出撞击声	轴瓦磨损，间隙过大	研磨或更换轴瓦
	连接螺栓松动	紧固螺栓

第三节 钢筋弯曲机

钢筋弯曲机是将钢筋弯曲成所要求的尺寸和形状的设备。

一、钢筋弯曲机的构造及原理

常用的台式钢筋弯曲机按传动方式分为机械式和液压式两类。机械式钢筋弯曲机又有涡轮式和齿轮式。

（一）涡轮式钢筋弯曲机

（1）图 4.8 为 GW–40 型涡轮式钢筋弯曲机的结构，主要由电动机 11、涡轮箱 6、工作圆盘 9、孔眼条板 12 和机架 1 等组成。

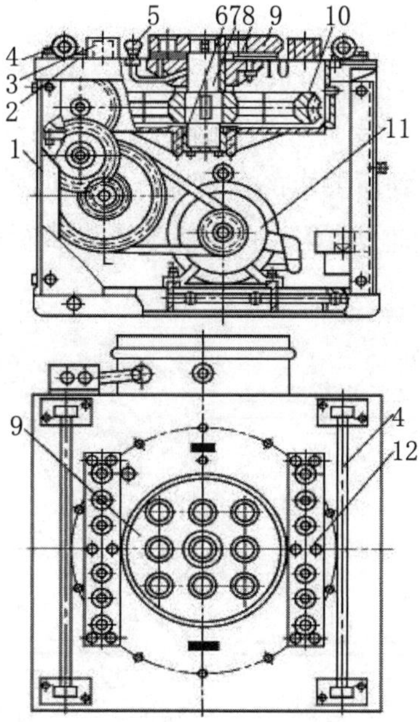

1—机架; 2—工作台; 3—插座; 4—滚轴; 5—油杯; 6—涡轮箱; 7—工作主轴; 8—立轴承; 9—工作圆盘; 10—涡轮; 11—电动机; 12—孔眼条板

图 4.8 GW-40 型涡轮式钢筋弯曲机

（2）图 4.9 为 GW–40 型钢筋弯曲机的传动系统。

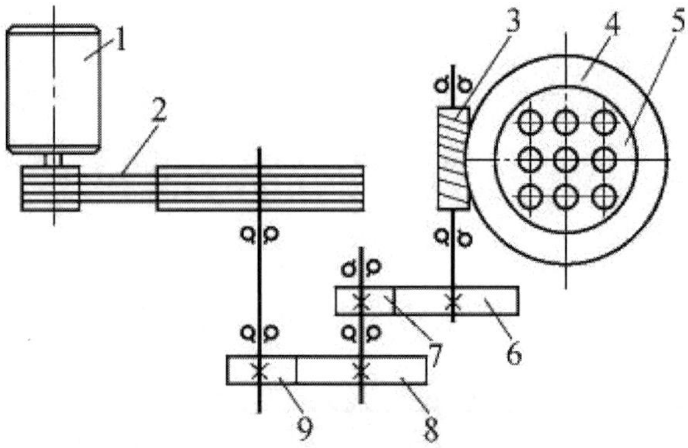

1—电动机；2—V 带；3—蜗杆；4—蜗轮；5—工作盘；6、7—配换齿轮；8、9—齿轮

图 4.9 传动系统

（3）电动机 1 经 V 带 2、齿轮 6 和 7、齿轮 8 和 9、蜗杆 3 和蜗轮 4 传动，带动装在蜗轮轴上的工作盘 5 转动。工作盘上一般有 9 个轴孔，中心孔用来插心轴，周围的 8 个孔用来插成形轴。当工作盘转动时，心轴的位置不变，而成形轴围绕着心轴作圆弧运动，通过调整成形轴位置，即可将被加工的钢筋弯曲成所需要的形状。更换相应的齿轮，可使工作盘获得不同转速。

（4）钢筋弯曲机的工作过程如图 4.10 所示。将钢筋 5 放在工作盘 4 上的心轴 1 和成型轴 2 之间，开动弯曲机使工作盘转动，由于钢筋一端被挡铁轴 3 挡住，因而钢筋被成型轴推压，绕心轴进行弯曲，当达到所要求的角度时，自动或手动使工作盘停止，然后使工作盘反转复位。如要改变钢筋弯曲的曲率，可以更换不同直径的心轴。

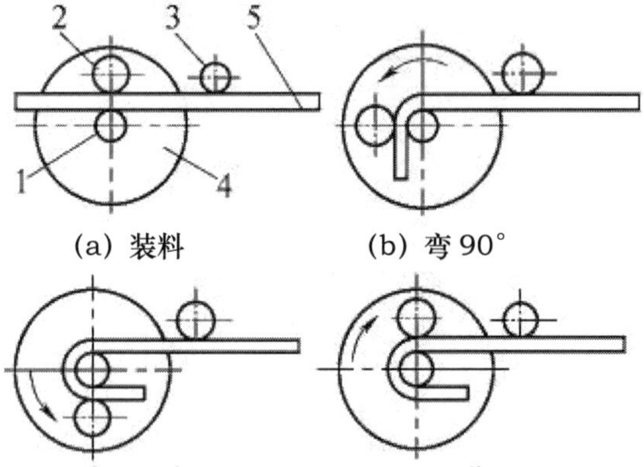

1—心轴；2—成型轴；3—挡铁轴；4—工作盘；5—钢筋

图 4.10 工作过程

（二）齿轮式钢筋弯曲机

图 4.11 为齿轮式钢筋切断机，主要由机架、工作台、调节手轮、控制配电箱、电动机和减速器等组成。

齿轮式钢筋弯曲机全部采用自动控制。工作台上左右两个插入座可通过手轮无级调节，并与不同直径的成形轴及挡料装置相配合，能适应各种不同规格的钢筋弯曲成形。

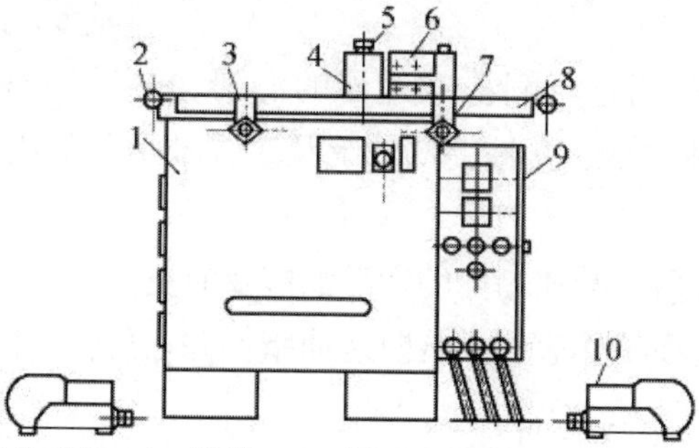

1—机架；2—滚轴；3、7—调节手轮；4—转轴；5—紧固手轮；6—夹持器；8—工作台；9—控制配电箱；10—电动机

图 4.11 齿轮式钢筋切断机

二、钢筋弯曲机的技术性能

钢筋弯曲机技术性能主要包括如下参数：弯曲钢筋直径（mm）、固定速比、挂轮速比、工作盘转速（r/min）、电动机、功率（kW）、控制电器、外形尺寸（mm）、整机质量（kg）等。其性能参数见表 4.5。

表 4.5 钢筋弯曲机主要技术性能

类别	弯曲机				
型号	GW32	GW40A	GW40B	GW40D	GW50A
弯曲钢筋直径 /mm	6 ～ 32	6 ～ 40	6 ～ 40	6 ～ 40	6 ～ 50
工作盘直径 /mm	360	360	350	360	360
工作盘转速 /（r/min^{-1}）	10.0/20.0	3.7/14.0	3.7/14.0	6.0	6.0

三、钢筋弯曲机的操作要点

（1）操作前，应对机械传动部分、各工作机构、电动机接地，以及各润滑部位进行全面检查，进行试运转，确认正常后，方可开机作业。

（2）钢筋弯曲机应设专人负责，非工作人员不得随意操作；严禁在机械运转过程中更换心轴、成形轴、挡铁轴；加注润滑油、保养工作必须在停机后方可进行。

（3）挡铁轴的直径和强度不能小于被弯钢筋的直径和强度；未经调直的钢筋，禁止在钢筋弯曲机上弯曲；作业时，应注意放入钢筋的位置、长度和回转方向，以免发生事故。

（4）倒顺开关的接线应正确，使用符合要求，必须按指示牌上“正转→停→反转”转动，不得直接由“正转→反转”而不在“停”位停留，更不允许频繁交换工作盘的旋转方向。

（5）工作完毕，要先将开关扳到“停”位，切断电源，然后整理机具，钢筋堆码应在指定地点，清扫铁锈等污物。

四、钢筋弯曲机的维护及故障排除

（一）维护要点

（1）按规定部位和周期进行润滑减速器的润滑，冬季用 HE–20 号齿轮油，夏季用 HL–30 号齿轮油。传动轴轴承、立轴上部轴承及滚轴轴承冬季用 ZG–1 号润滑脂润滑，夏季用 ZG–2 号润滑脂润滑。

（2）连续使用三个月后，减速箱内的润滑油应及时更换。

（3）长期停用时，应在工作表面涂装防锈油脂，并存放在室内干燥通风处。

（二）故障排除

钢筋弯曲机常见故障及排除方法见表 4.6。

表 4.6 钢筋弯曲机常见故障及排除方法

故障现象	故障原因	排除方法
弯曲的钢筋角度不合适	运用中心轴和挡铁轴不合理	按规定选用中心轴和挡铁轴
弯曲大直径钢筋时无力	传动带松弛	调整带的紧度
弯曲多根钢筋时，最上面的钢筋在机器开动后跳出	钢筋没有把住	将钢筋用力把住并保持一致
立轴上部与轴套配合处发热	润滑油路不畅，有杂物阻塞，不过油	清除杂物
	轴套磨损	更换轴套
传动齿轮噪声大	齿轮磨损	更换磨损齿轮
	弯曲的直径大，转速太快	按规定调整转速

五、钢筋弯曲机的安全操作要点

（1）工作台和弯曲工作盘台应保持水平，操作前应检查心轴、成型轴、挡铁轴、可变挡架有无裂纹或损坏，防护罩牢固可靠，经空运转确认正常后，方可作业。

（2）操作时要熟悉倒顺开关控制工作盘旋转的方向，钢筋旋转要和挡架、工作盘旋转方向相配合，不得放反。

（3）改变工作盘旋转方向时必须在停机后进行，即从正转→停→反转，不得直接从正转→反转或从反转→正转。

（4）弯曲机运转中严禁更换心轴、成型轴和变换角度及调速，严禁在运转时加油或清扫。

（5）弯曲钢筋时，严禁超过该机对钢筋直径、根数及机械转速的规定。

（6）严禁在弯曲钢筋的作业半径内和机身不设固定销的一侧站人。弯曲好的钢筋应堆放整齐，弯钩不得朝上。

第四节　钢筋冷拉机

钢筋冷拉机是对热轧钢筋在正常温度下进行强力拉伸的机械。冷拉是把钢筋拉伸到超过钢材本身的屈服点，然后放松，以使钢筋获得新的弹性阶段，提高钢筋强度（20% ~ 25%）。通过冷拉不但可使钢筋被拉直、延伸，而且还可以起到除锈和检验钢材的作用。

常用的冷拉机械有阻力轮式、卷扬机式、丝杠式、液压式等。以下介绍卷扬机式钢筋冷拉机和阻力轮式钢筋冷拉机。

一、卷扬机式钢筋冷拉机

（一）构造及原理

卷扬机式钢筋冷拉工艺是目前普遍采用的冷拉工艺。它具有适应性强，可按要求调节冷拉率和冷拉控制应力；冷拉行程大，不受设备限制，可冷拉不同长度和直径的钢筋；设备简单、效率高、成本低。

卷扬机式钢筋冷拉机构造见图 4.12，它主要由卷扬机、滑轮组、地锚、导向滑轮、夹具和测力装置等组成。

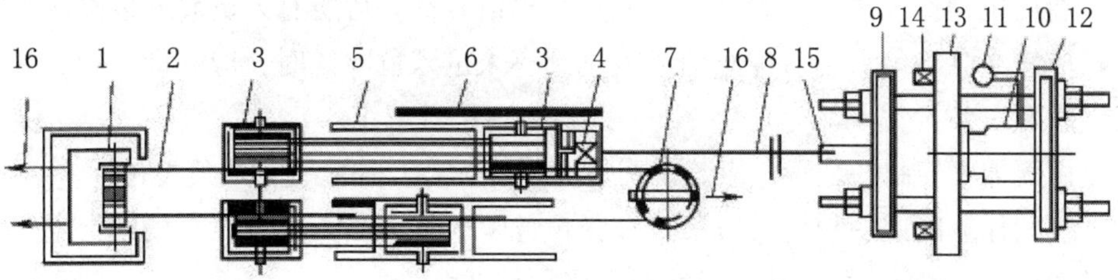

1—卷扬机；2—传动钢丝绳；3—滑轮组；4—夹具；5—轨道；6—标尺；7—导向轮；8—钢筋；9—活动前横梁；10—千斤顶；11—油压表；12—活动后横梁；13—固定横梁；14—台座；15—夹具；16—地锚

图 4.12　卷扬机式钢筋冷拉机

工作时，由于卷筒上传动钢丝绳是正、反穿绕在两副动滑轮组上，因此当卷扬机旋转时，夹持钢筋的一副动滑轮组被拉向卷扬机，使钢筋被拉伸；而另一副动滑轮组则被拉向导向滑轮，为下次冷拉时交替使用。钢筋所受的拉力经传力杆、活动横梁传送给测力装置，从而测出拉力的大小。对于拉伸长度，可通过标尺直接测量或用行程开关来控制。

（二）技术性能

卷扬机式钢筋冷拉机的主要技术性能见表 4.7。

表 4.7 卷扬机式钢筋冷拉机的主要技术性能

项目	粗钢筋冷拉	细钢筋冷拉
卷扬机型号规格	JM5（51 慢速）	JM3（31 慢速）
滑轮直径及门数	计算确定	计算确定
钢丝绳直径 /mm	24	15.5
卷扬机速度 /（$m\cdot min^{-1}$）	小于 10	小于 10
测力器形式	千斤顶式测力器	千斤顶式测力器
冷拉钢筋直径 /mm	12 ～ 36	6 ～ 12

（三）操作要点

（1）应根据冷拉钢筋的直径，合理选用卷扬机。卷扬钢丝绳应经封闭式导向滑轮并和被拉钢筋水平方向成直角。卷扬机的位置应使操作人员能见到全部冷拉场地，卷扬机与冷拉中线距离不得少于 5 m。

（2）冷拉场地应在两端地锚外侧设置警戒区，并应安装防护栏及警告标志。无关人员不得在此停留。操作人员在作业时必须离开钢筋 2 m 以外。

（3）用配重控制的设备应与滑轮匹配，并应有指示起落的记号，没有指示记号时应有专人指挥。配重框提起时高度应限制在离地面 300 mm 以内，配重架四周应有栏杆及警告标志。

（4）作业前，应检查冷拉夹具，夹齿应完好，滑轮、拖拉小车应润滑灵活，拉钩、地锚及防护装置均应齐全牢固。确认良好后，方可作业。

（5）卷扬机操作人员必须看到指挥人员发出信号，并待所有人员离开危险区后方可作业。冷拉应缓慢、均匀。当有停车信号或见到有人进入危险区时，应立即停拉，并稍稍放松卷扬钢丝绳。

（6）用延伸率控制的装置，应装设明显的限位标志，并应有专人负责指挥。

（7）夜间作业的照明设施，应装设在张拉危险区外。当需要装设在场地上空时，其高度应超过 3 m。灯泡应加防护罩，导线严禁采用裸线。

（8）作业后，应放松卷扬钢丝绳，落下配重，切断电源，锁好开关箱。

二、阻力轮式钢筋冷拉机

阻力轮式钢筋冷拉机的构造如图 4.13 所示。它由支承架、阻力轮、电动机、变速箱、绞轮等组成。主要适用于冷拉直径为 6 ～ 8 mm 的盘圆钢筋，冷拉率为 6% ～ 8%。若与两台调直机配合使用，可加工出所需长度的冷拉钢筋。阻力轮式冷拉机，是利用一个变速箱，其出头轴装有绞轮，由电动机带动变速箱高速轴，使绞轮随着变速箱低速轴一同旋转，使钢筋通过 4 个或 6 个不在一条直线上的阻力轮强力拉长。绞轮直径一般为 550 mm。阻力轮是固定在支承架上的滑轮，直径为 100 mm，其中一个阻力轮的高度可以调节，以便改变阻力大小，控制冷拉率。

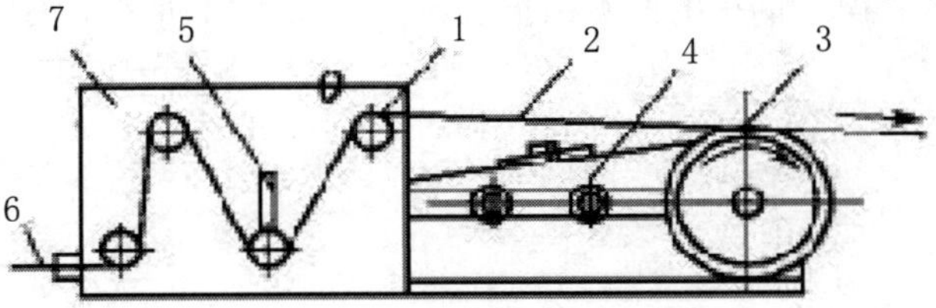

1—阻力轮；2—钢筋；3—绞轮；4—变速箱；5—调节槽；6—钢筋；7—支撑架

图 4.13　阻力轮式钢筋冷拉机构造示意图

第五节　钢筋对焊机

钢筋对焊机有 UN、UN1，UNs、UNg 等系列。钢筋对焊常用的是 UN1 系列，这种对焊机专用于电阻焊接或闪光焊接低碳钢、有色金属等，按其额定功率不同，有 UN1-25、UN1-75、UN1-100 型杠杆加压式对焊机和 UN1-150 型气压自动加压式对焊机等。以下重点介绍 UN1 系列对焊机。

一、钢筋对焊机的构造

UN1 系列对焊机构造（见图 4.14）主要由焊接变压器、固定电极、移动电极、送料机构（加压机构）、水冷却系统及控制系统等组成。左右两电极分别通过多层铜皮与焊接变压器次级线圈的导体连接，焊接变压器的次级线圈采用循环水冷却。在焊接处的两侧及下方均有防护板，以免熔化金属溅入变压器及开关中。焊工须经常清理防护板上的金属溅沫，以免造成短路等故障。

（一）送料机构

送料机构能够完成焊接中所需要的熔化及挤压过程，它主要包括操纵杆、可动横架、调节螺丝等，当将操纵杆在两极位置中移动时，可获得电极的最大工作行程。

（二）开关控制

按下按钮，此时接通继电器，使交流接触器吸合，于是焊接变压器接通。移动操纵杆，可实施电阻焊或闪光焊。当焊件因塑性变形而缩短，达到规定的顶锻留量，行程螺栓触动行程开关使电源自动切断。控制电源由次级电压为 36 V 的控制变压器供电，以保证操作者的人身安全。

（三）钳口（电极）

左右电极座 8 上装有下钳口 13、杠杆式夹紧臂 10、夹紧螺丝 9，另有带手柄的套钩 7，用以夹持夹紧臂。下钳口为铬锆铜，其下方为借以通电的铜块，由两楔形铜块组成，用以调节所需的钳口高度。楔形铜块的两侧由护板盖住，图 4.14 拆去了铜护板。

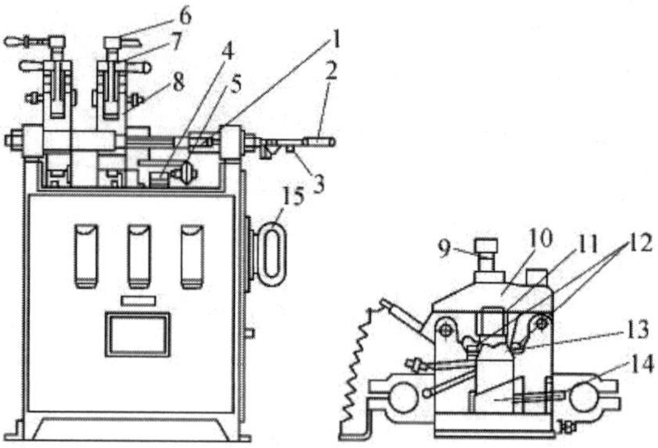

1—调节螺栓；2—操纵杆；3—按钮；4—行程开关；5—行程螺栓；6—手柄；7—套钩；8—电极座；9—夹紧螺栓；10—夹紧臂；11—上钳口；12—下钳口紧固螺栓；13—下钳口；14—下钳口调节螺杆；15—插头

图 4.14　UN1 系列对焊机构造示意图

（四）电气装置

焊接变压器为铁壳式，其初级电压为 380 V，变压器初级线圈为盘式绕组，次级绕组由三块周围焊有铜水管的铜板并联而成，焊接时按焊件大小选择调节级数，以取得所需要的空载电压。变压器至电极由多层薄铜片连接。焊接过程通电时间的长短，可由焊工通过按钮开关及行程开关控制。

上述开关控制中间继电器，由中间继电器使接触器接通或切断焊接电源。

二、钢筋对焊机的主要技术性能

UN1 系列钢筋对焊机的主要技术性能见表 4.8。

表 4.8　UN1 系列钢筋对焊机的主要技术性能表

技术性能	单位	UN1-25	UN1-40	UN1-75	UN1-100	UN1-150
额定容量	kV·A	25	40	75	100	150
初级电压	V	380	380	380	380	380
负载持续率	%	20	20	20	20	20
次级电压调节范围	V	3.28 ～ 5.13	4.30 ～ 6.50	4.30 ～ 7.30	4.50 ～ 7.60	7.04 ～ 11.50
次级电压调节级数	级	8	8	8	8	8
额定调节级数	级	7	7	7	7	7
最大顶锻力	kN	10	25	30	40	50
钳口最大距离	mm	35	60	70	70	70
最大送料行程	mm	15 ～ 20	25	30	40 ～ 50	50
低碳钢额定焊接截面	mm^2	260	380	500	800	1000
低碳钢最大焊接截面	mm^3	300	460	600	1000	1200
焊接生产率	次 / 时	110	85	75	30	30
冷却水消耗量	L/h	400	450	400	400	400
质量	kg	300	375	445	478	550

（续表）

技术性能		单位	UN1-25	UN1-40	UN1-75	UN1-100	UN1-150
外形尺寸	长	mm	1 590	1 770	1 770	1 770	1 770
	宽	mm	510	655	655	655	655
	高	mm	1 370	1 230	1 230	1 230	1 230

三、钢筋对焊机安装使用方法

（1）UN1-25 型对焊机为手动偏心轮夹紧机构。其底座和下电极固定在焊机座板上，当转动手柄时，偏心轮通过夹具上板对焊件加压，上下电极间距离可通过螺钉来调节。当偏心轮松开时，弹簧使电极压力去掉。

（2）UN1 系列其他型号对焊机先按焊件的形状选择钳口，如焊件为棒材，可直接用焊机配置钳口；如焊件异型，应按焊件形状定做钳口。

（3）调整钳口，使钳口两中心线对准，将两试棒放于下钳口定位槽内，观看两试棒是否对齐，如能对齐，对焊机即可使用；如对不齐，应调整钳口。调整时先松开紧固螺栓 12，再调整调节螺杆 14，并适当移动下钳口，获得最佳位置后，拧紧紧固螺栓 12。

（4）按焊接工艺的要求，调整钳口的距离。当操纵杆在最左端时，钳口（电极）间距应等于焊件伸出长度与挤压量之差；当操纵杆在最右端时，电极间距相当于两焊件伸出长度，再加 2 ~ 3 mm（即焊前之原始位置），该距离调整由调节螺栓 1 获得。焊接标尺可帮助调整参数。

（5）试焊。在试焊前为防止焊件的瞬间过热，应逐级增加调节级数。在闪光焊时须使用较高的次级空载电压。闪光焊过程中有大量熔化金属溅沫，焊工须戴深色防护眼镜。

低碳钢焊接时，最好采用闪光焊接法。在负载持续率为 20 % 时，可焊最大的钢件截面技术数据见表 4.8。

（6）钳口的夹紧动作如下。

① 先用手柄 6 转动夹紧螺栓 9，适当调节上钳口 11 的位置。

② 把焊件分别插入左右两上下钳口间。

③ 转动手柄，使夹紧螺栓夹紧焊件。焊工必须确保焊件有足够的夹紧力，方能施焊，否则可能导致烧损机件。

（7）焊件取出动作如下。

① 焊接过程完成后，用手柄松开夹紧螺栓。

② 将套钩 7 卸下，则夹紧臂受弹簧的作用而向上提起。

③ 取出焊件，拉回夹紧臂，套上套钩，进行下一轮焊接。

焊工也可按自己习惯装卡工件，但必须保证焊前工件夹紧。

（8）闪光焊接法。碳钢焊件的焊接规范可参考下列数据。

① 电流密度：烧化过程中，电流密度通常为 6 ~ 25 A/mm^2，较电阻焊时所需的电流密度低 20 % ~ 50 %。

② 焊接时间：无预热的闪光焊焊接时间视焊件的截面及选用的功率而定。当电流密度较小时，焊接时间即延长，通常约为 2 ~ 20 s。

③ 烧化速度：烧化速度取决于电流密度、预热程度及焊件大小，在焊接小截面焊件时，烧化速度最大可为 4 ~ 5 mm/s，而焊接大截面时，烧化速度则小于 2 mm/s。

④ 顶锻压力：顶锻压力不足，可能造成焊件的夹渣及缩孔。在无预热闪光焊时，顶锻压力应为 5 ~ 7 kg/mm^2。而预热闪光焊时，顶锻压力则为 3 ~ 4 k g/mm^2。

⑤ 顶锻速度：为减少接头处金属的氧化，顶锻速度应尽可能地高，通常等于 15 ~ 30 mm/s。

四、钢筋对焊机的维护与保养

UN1 系列对焊机的维护与保养见表 4.9。

表 4.9 UN1 系列对焊机的维护与保养

保养部位	保养工作技术内容	维护保养方法	保养周期
整机	擦拭外壳灰尘	擦拭	每日一次
	传动机构润滑	向油孔注油	每月一次
	机内清除飞溅物，灰尘	用铁铲去除飞溅物，用压缩气体吹除灰尘	每月一次
变压器	经常检查水龙头接头，防止漏水使变压器受潮	勤检查，发现漏水迹象及时排除	每日一次
	二次绕组与软铜带连接螺钉松动	拧紧松动螺钉	每季一次
	闪光对焊机要定期清理溅落在变压器上的飞溅物	消除飞溅堆积物	每月一次
电压调节开关	焊机工作时不许调节	焊机空载时可以调节	列入操作规程
	插座插入到位	插入开关时应用力插到位，插不紧应检修刀夹	每月一次
	开关接线螺钉防止松动	发现松动应紧固螺钉	每月一次
电极（夹具）	焊件接触面应保持光洁	清洁，磨修	每日一次
	焊件接触面勿粘连铁迹	磨修或更换电极	每日一次
水路系统	无冷却水不得使用焊机	先开水阀后开焊机	列入操作规程
	保证水路通畅	发现水路堵塞及时排除	每季一次
	出水口水温不得过高	加大水流量，保持进水口水温不高于 30 ℃，出水口温度不高于 45 ℃	每日检查
	冬季要防止水路结冰，以免水管冻裂	每日用完焊机应用压缩空气将机内存水吹除干净	冬季执行
接触器	主触点要防止烧损	研磨修理或更换触点	每季一次
	绕组接线头防止断线、掉头和松动	接好断线掉头处，拧紧松动的螺丝	每季一次

五、钢筋对焊机的检修

对焊机检修应在断电后进行，检修应由专业电工进行。

（1）按下控制按钮，焊机不工作。

① 检查电源电压是否正常；

② 检查控制线路接线是否正常；

③ 检查交流接触器是否正常吸合；

④ 检查主变压器线圈是否烧坏。

（2）松开控制按钮或行程螺栓触动行程开关，变压器仍然工作。

① 检查控制按钮、行程开关是否正常；

② 检查交流接触器、中间继电器衔铁是否被油污粘连不能断开，造成主变压器持续供电。

（3）焊接不正常，出现不应有飞溅。

① 检查工件是否不清洁，有油污、锈痕；

② 检查丝杆压紧机构是否能压紧工件；

③ 检查电极钳口是否光洁，有无铁迹。

（4）下钳口（电极）调节困难。

① 检查电极、调整块间隙是否被飞溅物阻塞；

② 检查调整块，下钳口调节螺杆是否烧损、烧结、变形严重。

（5）不能正常焊接交流，接触器出现异常响声。

① 焊接时测量交流接触器进线电压是否低于自身释放电压 300 V；

② 检查引线是否太细太长，压降太大；

③ 检查网络电压是否太低，不能正常工作；

④ 检查主变压器是否有短路，造成电流太大；

⑤ 根据检查出来的故障部位进行修理、换件、调整。

六、钢筋对焊机安全操作

（1）工作人员应熟知对焊机焊接工艺过程。

①连续闪光焊：连续闪光、顶锻，顶锻后在焊机上通电加热处理；

②预热闪光焊：一次闪光、烧化预热、二次闪光、顶锻。

（2）操作人员必须熟知所用机械的技术性能（如变压器级数、最大焊接截面、焊接次数、最大顶锻力、最大送料行程）和主要部件的位置及应用。

（3）操作人员应会根据机械性能和焊接物选择焊接参数。

（4）焊件准备：清除钢筋端头 120 mm 内的铁锈、油污和灰尘。如端头弯曲则应整直或切除。

（5）对焊机应安装在室内并应有可靠的接地（或接零），多台对焊机安装在一起时，机间距离要在 3 m 以上。分别接在不同的电源上。每台均应有各自的控制开关。开关箱至机身的导线应加保护套管。导线的截面应不小于规定的截面面积。

（6）操作前应对焊机各部件进行检查。

① 压力杠杆等机械部分是否灵活；

② 各种夹具是否牢固；

③ 供电、供水是否正常。

（7）操作场所附近的易燃物应清除干净，并备有消防设备。操作人员必须戴防护镜和手套，站立的地面应垫木板或其他绝缘材料。

（8）操作人员必须正确地调整和使用焊接电流，使之与所焊接的钢筋截面相适应。严禁焊接超过规定直径的钢筋。

（9）断路器的接触点应经常用砂纸擦拭，电极应定期锉光。二次电路的全部螺栓应定期拧紧，以免发生过热现象。

（10）冷却水温度不得超过 40 ℃，排水量应符合规定要求。

（11）较长钢筋对焊时应放在支架上。随机配合搬运钢筋的人员应注意防止火花烫伤。搬运时，应注意焊接处烫手。

（12）焊完的半成品应堆码整齐。

（13）闪光区内应设挡板，焊接时禁止其他人员入内。

（14）冬季焊接工作完毕后，应将焊机内的冷却水放净，以免冻坏冷却系统。

第六节　钢筋气压焊机

一、钢筋气压焊工艺简介

钢筋气压焊，是采用一定比例的氧 - 乙炔焰为热源，对需要接头的两钢筋端部接缝处进行加热烘烤，使其达到热塑状态，同时对钢筋施加 30 ~ 40 MPa 的轴向压力，使钢筋顶锻在一起。

钢筋气压焊分敞开式和闭式两种。前者是将两根钢筋端面稍加离开，加热到熔化温度加压完成的一种办法，属熔化压力焊；后者是将两根钢筋端面紧密闭合，加热到 1 200 ~ 1 250 ℃加压完成的一种方法，属固态压力焊。目前常用的方法为闭式气压焊，其机理是在还原性气体的保护下，加热钢筋，使其发生塑性流变后相互紧密接触，促使端面金属晶体相互扩散渗透，再结晶、再排列，进而形成牢固的对焊接头。

这项工艺不仅适用于竖向钢筋的连接，也适用于各种方向布置的钢筋的连接。适用于 HPB235、HRB335 级钢筋，其直径为 14 ~ 40 mm。当不同直径钢筋焊接时，两钢筋直径差不得大于 7 mm。另外，热轧 HRB400 级钢筋中的 20MnSiV、20MnTi 亦适用，但不包括含碳量、含硅量较高的 25MnSi。

二、钢筋气压焊设备

钢筋气压焊设备主要包括氧气和乙炔供气装置、加热器、加压器及钢筋卡具等，如图 4.15 所示。辅助设备包括用于切割钢筋的砂轮锯、磨平钢筋端头的角向磨光机等，下面分别介绍。

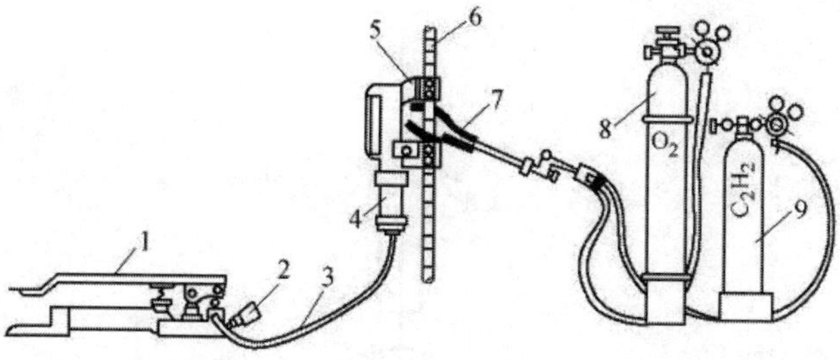

1—脚踏液压泵；2—压力表；3—液压胶管；4—油缸；5—钢筋卡具；6—被焊接钢筋；7—多火口烤钳；8—氧气瓶；9—乙炔瓶

图 4.15 钢筋气压焊设备工作示意图

（一）供气装置

供气装置包括氧气瓶、溶解乙炔气瓶（或中压乙炔发生器）、干式回火防止器、减压器、橡胶管等。溶解乙炔气瓶的供气能力，必须满足现场最粗钢筋焊接时的供气量要求，若气瓶供气不能满足要求时，可以并联使用多个气瓶。

（1）氧气瓶是用来储存、运输压缩氧（O_2）的钢瓶，常用容积为 40 L，储存氧气 6 m^3，瓶内公称压力为 14.7 MPa。

（2）乙炔气瓶是储存、运输溶解乙炔（C_2H_2）的特殊钢瓶，在瓶内填满浸渍丙酮的多孔性物质，其作用是防止气体爆炸及加速乙炔溶解于丙酮的过程。瓶的容积为 40 L，储存乙炔气为 6 m^3，瓶内公称压力为 1.52 MPa。乙炔钢瓶必须垂直放置，当瓶内压力降低到 0.2 MPa 时，应停止使用。氧气瓶和溶解乙炔气瓶的使用，应按《气瓶安全监察规程》的有关规定执行。

（3）减压器是用于将气体从高压降至低压，设有显示气体压力大小的装置，并有稳压作用。减压器按工作原理分正作用和反作用两种，常用的有如下两种单级反作用减压器：① QD–2A 型单级氧气减压器，高压额定压力为 15 MPa，低压调节范围为 0.1 ~ 1.0 MPa；② QD–2O 型单级乙炔减压器，高压额定压力为 1.6 MPa，低压调节范围为 0.01 ~ 0.15 MPa。

（4）回火防止器是装在燃料气体系统防止火焰向燃气管路或气源回烧的保险装置，分水封式和干式两种。其中水封式回火防止器常与乙炔发生器组装成一体，使用时一定要检查水位。

（5）乙炔发生器是利用电石中的主要成分碳化钙（CaC_2）与水相互作用，以制取乙炔的一种设备。使用乙炔发生器时应注意：每天工作完毕应放出电石渣，并经常清洗。

（二）加热器

加热器由混合气管和多火口烤钳组成，一般称为多嘴环管焊炬。为使钢筋接头处能均匀加热，多火口烤钳设计成环状钳形，如图 4.16 所示，并要求多束火焰燃烧均匀，调整方便。其火口数与焊接钢筋直径的关系见表 4.10。

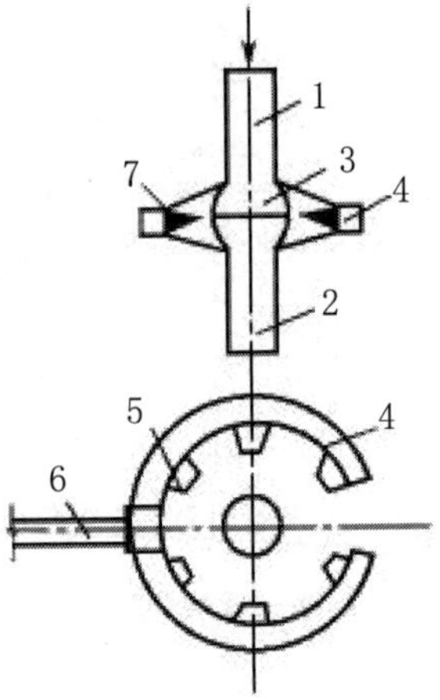

1—上钢筋；2—下钢筋；3—镦粗区；4—环形加热器（火钳）；5—火口；6—混气管；7—火焰

图 4.16　多火口烤钳

表 4.10 加热器火口数与焊接钢筋直径的关系

焊接钢筋直径 /mm	火口数
φ22 ～ φ25	6 ～ 8
φ26 ～ φ32	8 ～ 10
φ33 ～ φ40	10 ～ 12

（三）加压器

加压器由液压泵、压力表、液压胶管和油缸四部分组成。在钢筋气压焊接作业中，加压器作为压力源，通过连接夹具对钢筋进行顶锻，施加所需要的轴向压力。

液压泵分手动式、脚踏式和电动式三种。

（四）钢筋卡具（或称连接钢筋夹具）

由可动和固定卡子组成，用于卡紧、调整和压接钢筋。

连接钢筋夹具应对钢筋有足够握力，确保夹紧钢筋，并便于钢筋的安装定位，应能传递对钢筋施加的轴向压力，确保在焊接操作中钢筋不滑移，钢筋头不产生偏心和弯曲，同时不损伤钢筋的表面。

第七节　竖向钢筋电渣压力焊机具

一、钢筋电渣压力焊特点及适用范围

钢筋电渣压力焊是一项新的钢筋竖向连接技术，属于熔化压力焊，它是利用电流通过两根钢筋端部之间产生的电弧热和通过渣池产生的电阻热将钢筋端部熔化，然后施加压力使钢筋焊接为一体的方法。这种方法具有施工简便、生产效率高、节约电能、节约钢材、接头质量可靠、成本较低的特点。主要用于现浇钢筋混凝土结构中竖向或斜向（倾斜度在 4 ：1 范围内）钢筋的连接。

竖向钢筋电渣压力焊是一种综合焊接技术，它具有埋弧焊、电渣焊、压力焊三种焊接方法的特点。焊接开始时，首先在上、下两钢筋端之间引燃电弧，使电弧周围焊剂熔化形成空穴，随后在监视焊接电压的情况下，进行“电弧过程”的延时，利用电弧热量，一方面使电弧周围的焊剂不断熔化，以使渣池形成必要的深度；另一方面使钢筋端面逐渐烧平，为获得优良接头创造条件。接着将上钢筋端部潜入渣池中，电弧熄灭，进行“电渣过程”的延时，利用电阻热使钢筋全断面熔化并形成有利于保证焊接质量的端面形状。最后，在断电的同时迅速进行挤压，排除全部熔渣和熔化金属，形成焊接接头，如图 4.17 所示。

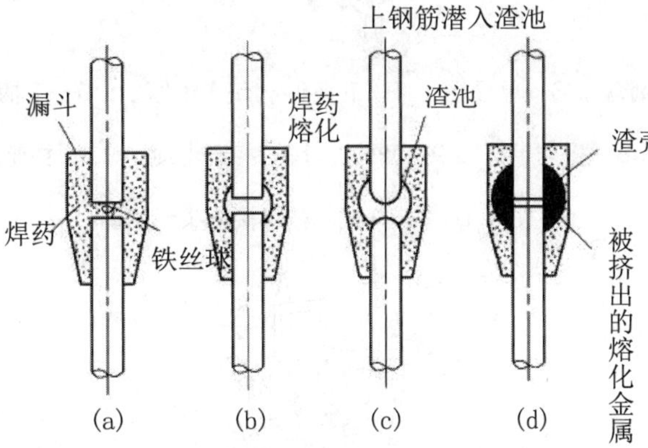

(a）引弧引燃过程；（b）造渣过程；（c）电渣过程；（d）挤压过程

图 4.17　电渣压力焊工艺过程

钢筋电渣压力焊接一般适用于 HPB235、HRB335 级直径为 14 ~ 40 mm 的钢筋的连接。

二、钢筋电渣压力焊设备

（一）焊机

目前的焊机种类较多，大致分类如下。

1．按整机组合方式分类。

（1）分体式焊机。包括焊接电源（包括电弧焊机）、焊接夹具、控制系统和辅件（焊剂盒、回收工具等几部分）。此外，还有控制电缆、焊接电缆等附件。其特点是便于充分利用现有电弧焊机，节省投资。

（2）同体式焊机。将控制系统的电气元件组合在焊接电源内，另配焊接夹具、电缆等。其特点是可以一次投资到位，购入即可使用。

2．按操作方式分类。

（1）手动式焊机。由焊工操作。这种焊机由于装有自动信号装置，又称半自动焊机，如图 4.18 和图 4.19 所示。

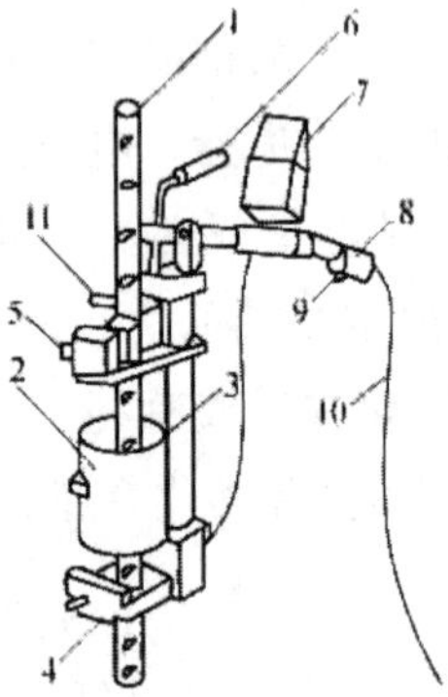

1—钢筋；2—焊剂盒；3—单导柱；4—下夹头；5—上夹头；6—手柄；7—监控仪表；8—操作手把；9—开关；10—控制电缆；11—插座

图 4.18　杠杆式单柱焊接机头示意图

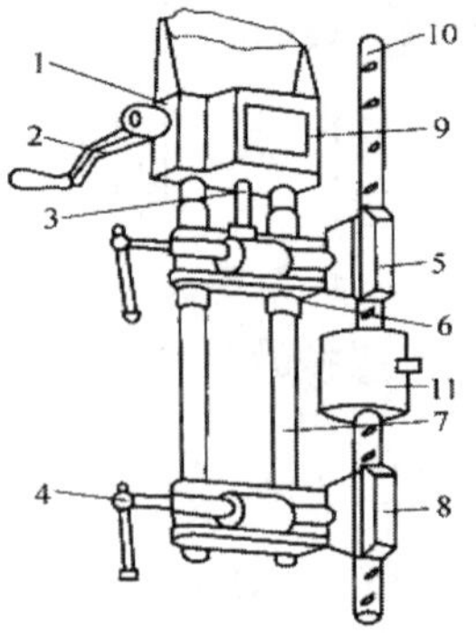

1—齿轮箱；2—手柄；3—升降丝杠；4—夹紧装置；5—上夹头；6—导管；7—双导柱；8—下夹头；9—操作盒；10—钢筋；11—熔剂盒

图 4.19　丝杠传动式双柱焊接机头示意图

（2）自动式焊机。这种焊机可自动完成电弧、电渣及顶压过程，可以减轻焊工劳动强度，但电气线路较复杂，自动焊机卡具构造如图 4.20 所示。

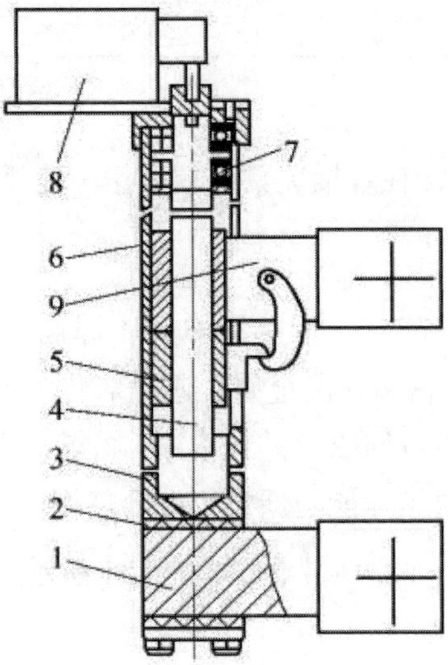

1—下卡头；2—绝缘层；3—支柱；4—丝杠；5—传动螺母；6—滑套；7—推力轴承；8—伺服电动机；9—上卡头

图 4.20　自动焊机卡具构造示意图

（二）焊接电源

可采用额定焊接电源为 500 A 或 500 A 以上的弧焊电源（电弧焊机）作为焊接电源，交流或直流均可。焊接电源的次级空载电压应较高，便于引弧。

焊机的容量，应根据所焊钢筋直径选定。常用的交流弧焊机有 BX3-500-2、BX3-650、BX2-700、BX2-1000 等，也可选用 JSD-600 型或 JSD-1000 型专用电源（见表 4.11）；直流弧焊电源可用 ZX5-630 型晶闸管弧焊整流器或硅弧焊整流器。

（三）焊接夹具

由立柱、传动机构、上下夹钳、焊剂（药）盒等组成，并装有监控装置，包括控制开关、次级电压表、时间指示灯（显示器）等。

夹具的主要作用是夹住上、下钢筋，使钢筋定位同心；传导焊接电流；确保焊药盒直径与钢筋直径相适应，便于装卸焊药；装有便于准确掌握各项焊接参数的监控装置。

表 4.11 电渣压力焊电源性能指标

项目	单位	JSD-600		JSD-1000	
电源电压	V	380		380	
相数	相	3		3	
输入容量	kV·A	45		76	
空载电压	V	80		78	
负载持续率	%	60	35	60	35

（续表）

项目	单位	JSD-600		JSD-1000	
初级电流	A	116		196	
次级电流	A	600	750	1 000	1 200
次级电压	V	22 ～ 45		22 ～ 45	
可焊接钢筋直径	mm	14 ～ 32		22 ～ 40	

（四）控制箱

它的作用是通过焊工操作（在焊接夹具上揿按钮），使弧焊电源的初级线路接通或断开。

（五）焊剂

焊剂（焊药）采用高锰、高硅、低氢型 HJ431 焊剂，其作用是使熔渣形成渣池，使钢筋接头良好，并保护熔化金属和高温金属，避免氧化、氮化作用的发生。使用前必须经 250 ℃烘烤 2 h。落地的焊剂可以回收，并经 5 mm 筛子筛去熔渣，再经铜箩筛筛一遍后烘烤 2 h，最后再用铜箩筛筛一遍，才能与新焊剂混合使用。

焊剂盒可制成合瓣圆柱体，下部为锥体，如图 4.21 所示。锥体口直径（d_2）可按表 4.12 选用。

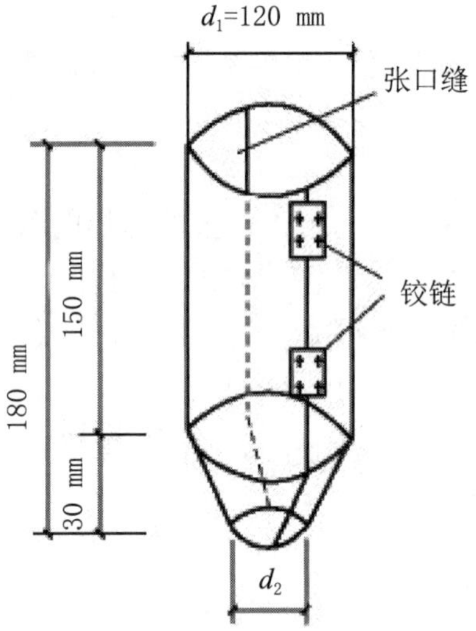

图 4.21　焊剂（药）盒

表 4.12 焊剂盒下锥体口尺寸

焊接钢筋直径 /mm	d_2 /mm
40	46
32	36
28	32

第八节　全自动钢筋竖、横向电渣焊机

全封闭自动钢筋电渣焊工艺由空军第一研究所研制开发，焊机配有竖向和横向卡具，可一机多用，既可用于钢筋竖向焊接，亦可用于钢筋水平方向焊接，并实现钢筋焊接过程自动化控制。其特点是操作简便，焊接过程全自动程序控制，不受人为因素影响；焊接卡具为全封闭结构，防尘、防砂，环境适应能力强；钢筋焊接端部无须进行任何处理；焊接卡具采用 28 V 低压直流电动机驱动，并设有上、下极限位置自动保护装置，工作安全性好；焊机控制电路设有过压、过流、挤压和熄弧等自动保护措施，一台控制箱可带 4 ~ 6 个卡具连续操作，生产效率高。

一、设备组成

全封闭自动钢筋电渣焊机的设备组成如图 4.22、图 4.23、表 4.13 所示。

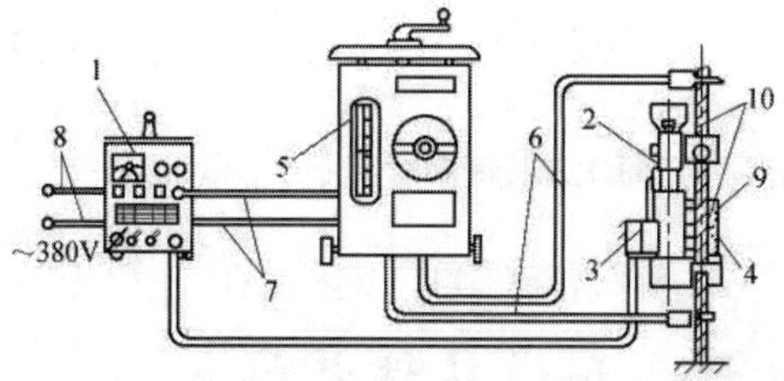

1—控制箱；2—焊接卡具；3—控制盒；4—焊剂盒；5—电焊机；6—焊钳电缆；7—控制箱输出电缆；8—电源电缆；9—焊剂；10—被焊钢筋

图 4.22　全自动钢筋竖向电渣焊机示意图

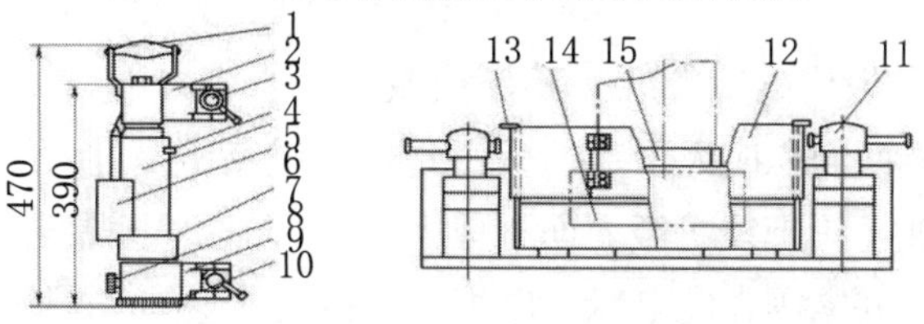

(a) 竖向焊接卡具；　(b) 横向焊接卡具

1—把手；2—上卡头；3—紧固螺栓；4—焊剂盒插口；5—电动机构；6—控制盒插座；7—下钢筋限位标记；8—下卡头顶丝；9—下卡头；10—端盖；11—横向卡具、卡头和基座；12—焊剂盒；13—挡板；14—铜模；15—横焊立管

图 4.23　卡具结构示意图

表 4.13 全封闭自动钢筋电渣焊机的设备组成

项目名称	数量	项目名称	数量
全自动钢筋电渣焊机控制箱	1 台	焊把线电缆（用户自备）S =70 mm^2，L =20 m）	1 刷（2 根）
带电缆控制盒	1 套 20 m		
钢筋卡具（竖向和横向）	各 1 套（含 H 剂盒，铲、钳）	电源电缆（用户自备）（S =16 mm^2）	1 刷（2 根）
控制箱输出电缆	1 刷（2 根）	普通电焊机（用户自备）（630 A 左右）	1 台

二、技术性能

全封闭自动钢筋电渣焊机基本技术性能见表 4.14。

表 4.14 全封闭自动钢筋电渣焊机基本技术性能

项目名称		指标	项目名称		指标
额定输入电压 /V		380	夹头的提升力和挤压力 /kN		不小于 15
额定输入电流 /A		小于 140	焊剂		H431
焊接工作电压 /V		20 ～ 40	焊剂消耗 / 克 • 头$^{-1}$		200
焊接工作电流 /A		350 ～ 700	焊接时间 / 秒 • 头$^{-1}$	竖向	不大于 50
焊接钢筋直径	竖向 /mm	16 ～ 36		横向	不大于 110
	横向 /mm	Φ16 ～ Φ32（建议应用范围 Φ16 ～ Φ25）	钢筋消耗 / 毫克 • 头$^{-1}$		20 ～ 30
			工作半径 /m		20
上夹头行程 /mm		不小于 70	配用焊机		BX3-630A

注：① 工作环境温度为 -10 ~ 50 ℃。

② 工作方式为断续工作制，卡具每次焊接间隔时间不小于 5 min。

③ 不允许雨天使用。

三、焊机的配电设备和线路技术要求

（1）工地供电变压器的容量要大于 100 kV · A，若与塔吊等用电设备共用时，变压器的容量还要相应加大，以保证焊机工作的正常供电，电源电压波动范围不应超出焊机配电的技术要求。

（2）从配电盘至电焊机的电源线，其导线截面面积应大于 16 mm^2；若电源线长度大于 100 m 时，其导线截面面积应大于 20 mm^2，以避免线路压降过大。

（3）焊钳电缆导线（焊把线）截面面积应大于 70 mm^2，电源线和焊钳电缆的接线头与导线连接要压实焊牢，并紧固在配电盘和电焊机的接线柱上。

（4）配电盘上的空气保险开关和漏电保护开关的额定电流均应大于 150 A。

（5）交流 380 V 电源电缆和控制箱至卡具控制电缆的走线位置要选择好，以防止工地上金属模板或其他重物砸坏电缆；若配电盘、电焊机和卡具相距较近时，电缆应拉开放置，不能盘成圆盘。

（6）电焊机和控制箱都要接地线，并接地良好。

四、焊接机具使用要点

（1）焊接机具应由专人使用和管理。使用人员应有上岗证书，非专业人员不得擅自操作。

（2）机具必须经试运转，调整正常后，才可正式使用。

（3）机具的电源部分要妥加保护，防止因操作不慎使钢筋和电源接触；不允许两台焊机使用一个电源闸刀。

（4）焊机必须有接地装置，其入土深度应在冻土线以下，地线的电阻不应大于 4 Ω。操作前要检查接地状态是否正常。停止工作或检查、调整焊接变压级次时，应将电源切断。对焊机及点焊机工作地点宜铺设木地板。

（5）操作时要穿防护工作服，在闪光焊区应设铁皮挡板。

（6）大量焊接生产时，焊接变压器不得超负荷工作，变压器温度不要超过 60 ℃。

（7）焊接工作房应用防火材料搭建。冬季施工时，棚内要采暖以防止焊机内冷却水冻结。

第九节　钢筋挤压连接机

一、带肋钢筋套筒径向挤压连接机具

带肋钢筋套筒径向挤压连接工艺是采用挤压机将钢套筒挤压变形，使之紧密地咬住变形钢筋的横肋，实现两根钢筋的连接，如图 4.24 所示。它适用于任何直径变形钢筋的连接，包括同径和异径（当套筒两端外径和壁厚相同时，被连接钢筋的直径相差不应大于 5 mm）钢筋。适用于直径为 16 ~ 40 mm 的 HPB235、HRB400 级带肋钢筋的径向挤压连接。设备主要由挤压机、超高压泵站、平衡器、吊挂小车等组成，如图 4.25 所示。

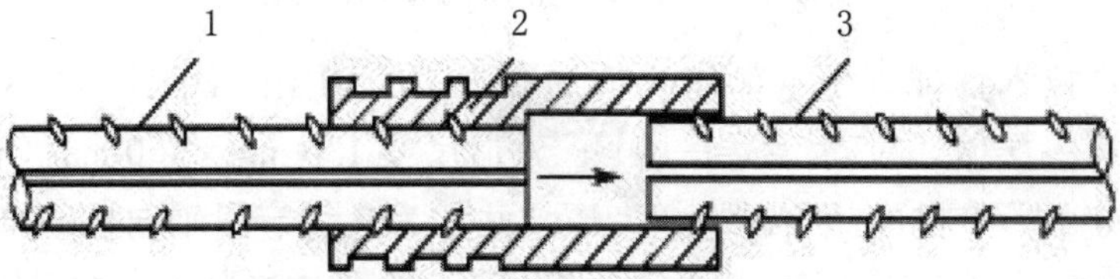

1—已挤压的钢筋；2—钢套筒；3—未挤压的钢筋

图 4.24　带肋钢筋套筒径向挤压连接

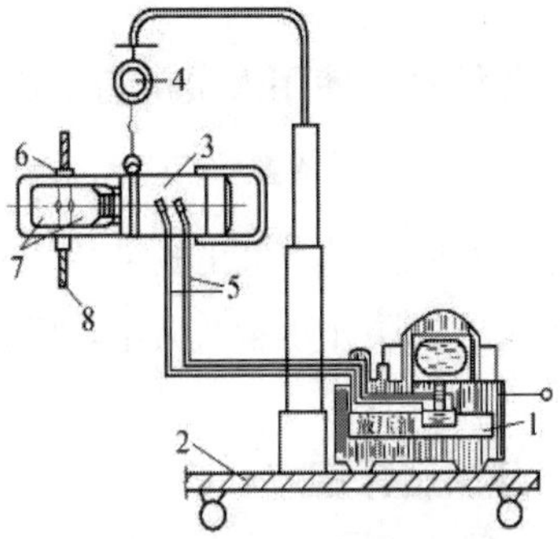

1—超高压泵站；2—吊挂小车；3—挤压机；4—平衡器；5—超高压软管；6—钢套筒；7—模具；

8—钢筋

图 4.25　带肋钢筋径向挤压连接设备示意图

（一）主要设备

1.YJ–32 型挤压机

（1）可用于直径为 25 ~ 32 mm 变形钢筋的挤压连接。该机由于采用双作用油路和双作用油缸体，所以压接和回程速度较快。但机架宽度较小，只可用于挤压间距较小（但净距必须大于 60 mm）的钢筋。YJ–32 型挤压机构造如图 4.26 所示。

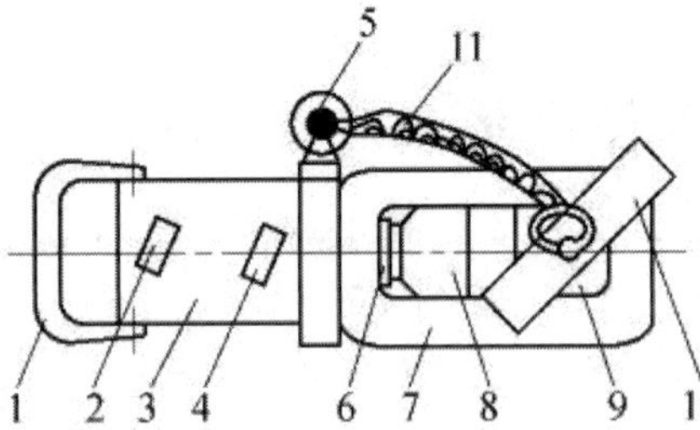

1—手把；2—进油口；3—缸体；4—回油口；5—吊环；6—活塞；7—机架；8、9—压模；10—卡板；

11—链条

图 4.26　YJ-32 型挤压机构造示意图

（2）其主要技术性能如下：额定工作油压力 108 MPa；额定压力 650 kN；工作行程 50 mm；挤压一次循环时间不大于 10 s；外形尺寸 130 mm × 160 mm（机架宽）× 426 mm；自重约 28 kg。该机的动力源（超高压泵站）为二级定量轴向柱塞泵，输出油压为 31.38 ~ 122.8 MPa，连续可调。它设有中、高压两级自动转换装置，在中压范围内输出流量可达 2.86 mm^3/min，使挤压机在中压范围内进入返程有较快的速度。当进入高压或超高压范围内，中压泵自动卸荷，用超高压的压力来保证足够的压接力。

2.YJ650 型挤压机

（1）用于直径 32 mm 以下变形钢筋的挤压连接，其构造如图 4.27 所示。

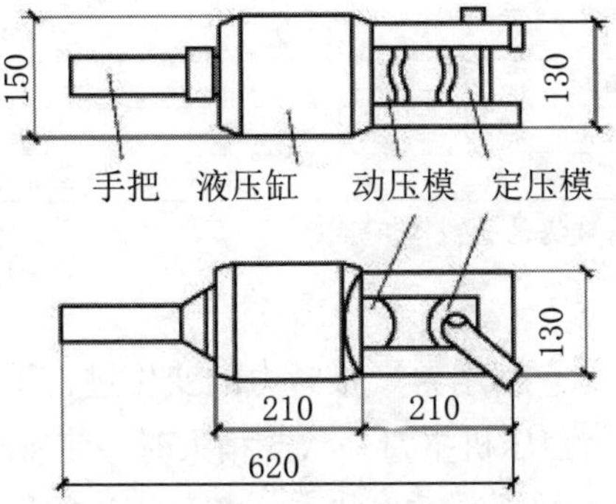

图 4.27　YJ650 型挤压机构造示意图（单位 mm）

（2）其主要技术性能如下：额定压力 650 kN；外形尺寸 144 mm × 450 mm；自重 43 kg。

（3）该机液压源可选用 ZB0.6/630 型油泵，额定油压 63 MPa。

3.YJ800 型挤压机

（1）用于直径 32 mm 以上变形钢筋的挤压连接。

（2）其主要技术性能如下：额定压力 800 kN；外形尺寸 170 mm × 468 mm；自重 55 kg。

（3）该机液压源可选用 ZB4/500 高压油泵，额定油压为 50 MPa。

4.YJH-25 型、YJH-32 型和 YJH-40 型径向挤压设备

其性能见表 4.15。

表 4.15 钢筋径向挤压设备主要技术参数

设备组成	项目	设备型号及技术参数		
		YJH-25	YJH-32	YJH-40
压接钳	额定压力 /MPa	80	80	80
	额定挤压力 /kN	760	760	900
	外形尺寸 /mm×mm	ϕ150×433	ϕ150×480	ϕ170×530
	质量 /kg	23（不带压模）	27（不带压模）	34（不带压模）
压模	可配压模型号	M18，M20，M22，M25	M20，M22，M25 M28，M32	M32，M36，M40
	可连接钢筋的直径 /mm	ϕ18，ϕ20、ϕ22，ϕ25	ϕ20，ϕ22.ϕ25，ϕ28，ϕ32	ϕ32，ϕ36，ϕ40
	质量 /（千克·副）	5.6	6	7
超高压泵站	电动机	输入电压：380 V，50 Hz（220 V，60 Hz） 功率：1.5 kW		
	高压泵	额定压力：80 MPa 高压流量：0.8 L/min		
	低压泵	定额压力：2.0 MPa 低压流量：4.0～6.0 L/min		
	外形尺寸（长 × 宽 × 高）/mmxmmxmm	790×540×785		
	质量 /kg	96		
	油箱容积 /L	20		

（续表）

设备组成	项目	设备型号及技术参数		
		YJH-25	YJH-32	YJH-40
超高压软管	额定压力 /MPa	100		
	内径 /mm	6		
	长度 /m	3.0（5.0）		

注：电动机项目中括号内的数据为出口型用。

5．平衡器

平衡器是一种辅助工具，它利用卷簧张紧力的变化进行平衡力调节。利用平衡器吊挂挤压机，将平衡重量调节到与挤压机重量一致或稍大时，使挤压机在任何位置均达到平衡，即操作人员手持挤压机处于不需承受重力状态，在被挤压的钢筋接头附近的空间进行挤压施工作业，从而大大减轻了操作人员的劳动强度，提高挤压效率。

6．吊挂小车

吊挂小车底盘下部有四个轮子，超高压泵放在车上，将挤压机和平衡器吊于挂钩下。这样，靠吊挂小车移动进行操作。

（二）钢筋

用于挤压连接的钢筋应符合国家标准《钢筋混凝土用钢第 2 部分：热轧带肋钢筋》（GB 1499.2—2007）及《钢筋混凝土用余热处理钢筋》（GB 13014—1991）的要求。

（三）钢套筒

钢套筒的材料宜选用强度适中、延性好的优质钢材，其力学性能应符合表 4.16 的要求。

表 4.16 钢套筒材料的力学性能

项目	力学性能指标	项目	力学性能指标
屈服点 /MPa	225 ～ 350	硬度	60 ～ 80 HRB （或 102 ～ 133 HB）
抗拉强度 /MPa	375 ～ 500		
断后伸长率 /%	≥ 20		

考虑到尺寸及强度偏差，钢套筒的设计屈服承载力和极限承载力应比钢筋的标准屈服承载力和极限承载力大 10%。

钢套筒的规格和尺寸应符合表 4.17 的规定。其允许偏差：当外径≤ 50 mm 时，为 ± 0.5 mm；外径＞ 50 mm 时，为 ± 0.01 mm；壁厚为 +12%、−10%；长度为 ± 2 mm。

表 4.17 钢套筒的规格和尺寸

钢套筒型号	钢套筒尺寸 /mm			压接标志道数
	外径	壁厚	长度	
G40	70	12.0	240	8×2
G36	63	11.0	216	7×2
G32	56	10.0	192	6×2
G28	50	8.0	168	5×2
G25	45	7.5	150	4×2
G22	40	6.5	132	3×2
G20	36	6.0	120	3×2

二、带肋钢筋套筒轴向挤压连接机具

钢筋轴向挤压连接，是采用挤压机和压模对套筒和插入的两根对接钢筋，沿其轴线方向进行挤压，使套筒咬合到变形钢筋的肋间，结合成一体，如图 4.28 所示。与钢筋径向挤压连接相同，适用于同直径或相差一个型号直径的钢筋连接，如 25 与 28、28 与 32。其适用材料及组成部件介绍如下。

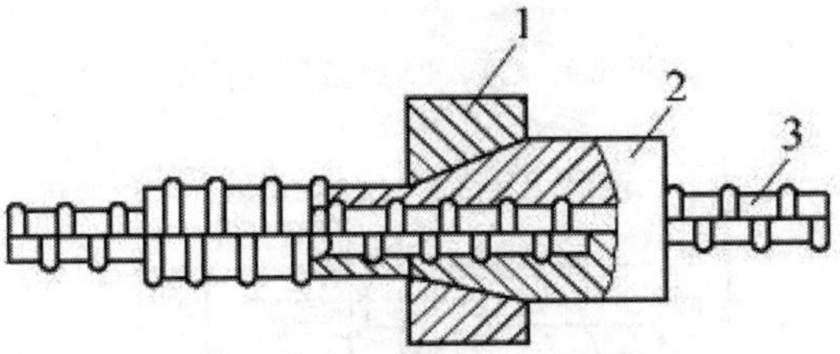

1—压模；2—套筒；3—钢筋

图 4.28 钢筋轴向挤压连接

（一）钢筋

与钢筋径向挤压连接相同。

（二）套筒

套筒材质应为符合现行标准的优质碳素结构钢，其力学性能应符合表 4.18 的要求。

表 4.18 套筒力学性能

项目	力学性能指标	项目	力学性能指标
屈服点	250 MPa	断后伸长率	≥ 24%
抗拉强度	≥ 420 ～ 560 MPa	硬度（HRB）	≤ 75

套筒的规格尺寸和要求见表 4.19。

表 4.19 套筒规格尺寸和要求

套筒尺寸		钢筋直径 /mm		
		Φ 25	Φ 28	Φ 32
外径 /mm		Φ $45_{0}^{+0.1}$	Φ $49_{0}^{+0.1}$	Φ $55.5_{0}^{+0.1}$
内径 /mm		Φ $33_{-0.1}^{0}$	Φ $35_{-0.1}^{0}$	Φ $39_{-0.1}^{0}$
长度	钢筋端面紧贴连接时 /mm	$190_{0}^{+0.3}$	$200_{0}^{+0.3}$	$210_{0}^{+0.3}$
	钢筋端面间隙≤ 30 mm 连接时 /mm	$200_{0}^{+0.3}$	$230_{0}^{+0.3}$	$240_{0}^{+0.3}$

（三）主要设备

其主要组成设备有挤压机、半挤压机、超高压泵站等。

（1）挤压机可用于全套筒钢筋接头的压接和少量半套筒钢筋接头的压接，如图 4.29 所示。其主要技术参数见表 4.20。

（2）半挤压机适用于半套筒钢筋接头的压接，如图 4.30 所示。其主要技术参数见表 4.21。

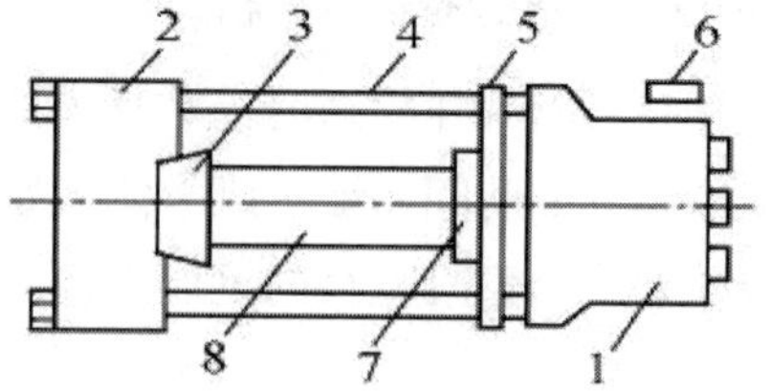

1—油缸；2—压模座；3—压模；4—导向杆；5—撑力架；6—管拉头；7—垫块座；8—套筒

图 4.29　GTZ32 型挤压机简图

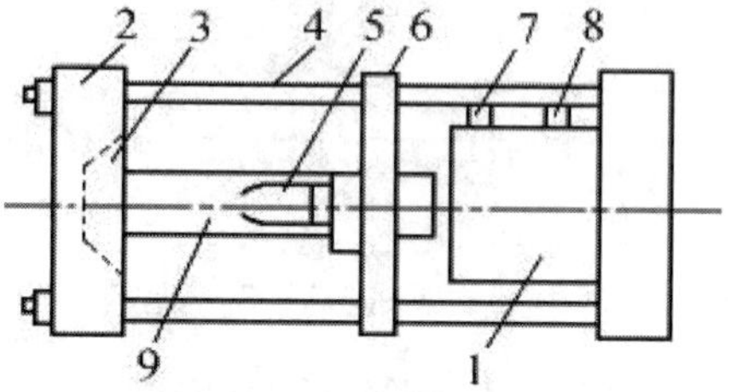

1—油缸；2—压模座；3—压模；4—导向杆；5—限位器；6—撑力架；7、8—管接头；9—套筒

图 4.30　GTZ32 型半挤压机简图

表 4.20 挤压机主要技术参数

钢筋公称直径 / mm	套管直径 /mm		压模直径 /mm	
	内径	外径	同径钢筋及异径钢筋接头粗径用	异径钢筋接头细径用
Φ25.0	Φ33.0	Φ45.0	38.4±0.02	40±0.02
Φ28.0	Φ35.0	Φ49.1	42.3±0.02	45±0.02
Φ32.0	Φ39.0	Φ55.5	48.3±0.02	—

超高压泵站为双泵双油路电控液压泵站。当三位四通换向阀左边接通时，油缸大腔进油，当压力达到 65 MPa 时，高压继电器断电，换向阀回到中位；当换向阀右边接通时，油缸小腔进油，当压力达到 35 MPa 时，低压继电器断电，换向阀又回到中位。其技术参数见表 4.21。

表 4.21 半挤压机主要技术参数

项目	单位	技术性能	
		挤压机	半挤压机
额定工作压力	MPa	70	70
额定工作推力	kN	400	470
油缸最大行程	mm	104	110
外形尺寸（长 × 宽 x 高）	mmxmmxmm	755×158×215	180×180×780
质量	kg	65	70

压模分半挤压机用压模和挤压机用压模，使用时要按钢筋的规格选用（见表 4.22）。

表 4.22 超高压泵站技术性能

项目	单位	技术性能	
		超高压油泵	低压泵
额定工作压力	MPa	70	7
额定流量	A	2.5	7
继电器调定压力	MPa	72	36

（续表）

项目		单位	技术性能	
			超高压油泵	低压泵
电动机（J10012-4-B5）	电压	V	380	—
	功率	kW	3	—
	频率	Hz	50	—

第十节 直螺纹连接机

一、工作性质

直螺纹连接是利用钢筋端部的外直螺纹和套筒上的内直螺纹来连接钢筋的一种方法。直螺纹连接是钢筋等强度连接的新技术，这种方法不仅接头强度高，而且施工操作简便，质量稳定可靠，可用于 φ20 ~ φ40 mm 的同径、异径、不能转动或位置不能移动钢筋的连接。

滚压直螺纹连接有直接制作、挤（碾）压肋滚压螺纹和剥肋滚压螺纹三种形式。目前在施工现场剥肋滚压螺纹连接比较普遍，一般在现场直接加工。主要设备为剥肋滚压直螺纹成型机，工具主要由量具、管钳和力矩扳手等组成。本文重点介绍剥肋滚压直螺纹成型机的结构、性质、使用方法。

二、剥肋滚压直螺纹成型机结构及工作原理

（一）结构组成

剥肋滚压直螺纹成型机的结构如图 4.31 所示。

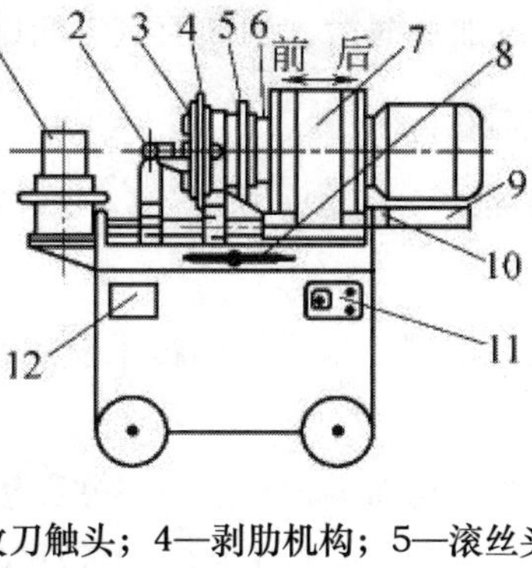

1—台钳；2—涨刀触头；3—收刀触头；4—剥肋机构；5—滚丝头；6—上水管；7—减速机；8—进给手柄；9—行程挡块；10—行程开关；11—控制面板；12—机座

图 4.31 剥肋滚压直螺纹成型机结构示意图

（二）工作原理

钢筋夹持在台钳 1 上，扳动进给手柄 8，减速机 7 向前移动，剥肋机构 4 对钢筋进行剥肋，

到调定长度后，通过涨刀触头 2 使剥肋机构停止剥肋，减速机继续向前进给，涨刀触头缩回，滚丝头 5 开始滚压螺纹，滚到设定长度时，行程挡块 9 与行程开关接触断电，设备自动停机并延时反转，将钢筋退出滚丝头，扳动进给手柄后退，通过收刀触头 3 收刀复位，减速机退到极限位置后停机，松开台钳、取出钢筋，完成螺纹加工。

三、使用要点及注意事项

（一）钢筋螺纹连接设备使用要点

（1）设备应有良好接地，防止漏电伤人。

（2）在加工前，电器箱上的正反开关置于规定位置。加工标准螺纹开关置于“标准螺纹”位置，加工左旋螺纹开关置于“左旋螺纹”位置。对剥肋滚压直螺纹成型机在加工左旋螺纹时，应更换左旋滚丝头及左剥肋机构。

（3）钢筋端头弯曲时，应调直或切去后才能加工，严禁用气割下料。

（4）出现紧急情况应立即停机，检查并排除故障后再使用。

（5）设备工作时不得检修、调整和加油。

（6）整机应设有防雨棚，防止雨水从箱体进入水箱。

（7）停止加工后，应关闭所有电源开关，并切断电源。

（二）钢筋螺纹连接设备维护要点

（1）开机前和停机后，擦洗设备，保持设备清洁；

（2）开机前，检查行程开关等各部件是否灵活、可靠，有无失灵情况；

（3）及时清理铁屑，定期清理水箱；

（4）加工丝头时，应采用水溶性切削液，不得用机油作润滑液或不加润滑液加工丝头；

（5）设备需定期按规定部位加油润滑，加油前应将油口、油嘴处的脏物清理干净。

（三）安全使用注意事项

（1）操作前应认真检查各部位安全装置是否良好，配电箱和电源线是否安全可靠，经检查确定无问题方可开机操作；

（2）操作人员必须经过技术培训，认真按照技术交底作业，未经项目领导批准，不得随意调换操作人员；

（3）套丝机械设备应在平整场地固定，并设防雨棚和接油装置；

（4）操作人员要思想集中，两人同机操作时应配合默契，后面的人听从前面人的指挥，出现机械故障时及时停机检修；

（5）工作完毕后整机清洁，把铁屑等杂物清扫干净，拉闸、断电、上锁方可离开。

第十一节　预应力钢筋加工机械

一、工作性质及原理

（1）预应力钢筋张拉设备是使预应力混凝土结构里的钢筋产生预应力，并使其保持预应力的设备，分手动、电动和液压传动张拉机等。液压张拉机拉力大、重量轻，使用灵活方便。按钢筋张拉工艺有先张法和后张法两种。先张法用的夹具可以重复使用；后张法用的锚具将成为构件的一部分，不能取下再用。

（2）施工现场常采用不同的夹具来锚固各种钢筋，圆锥形夹具用于锚固直径 12 ~ 16 mm 的钢筋；镦头梳筋板夹具适用于板类构件中张拉低碳冷拔钢丝；波形夹具可成批张拉和锚固钢丝；螺杆锥形夹具则用于钢筋束的后张自锚。

（3）作业时，钢筋的一端锚固，另一端由张拉机通过夹具把钢筋夹紧张拉。穿心式张拉机作业时将钢筋穿入，打开前油嘴，由液压泵把高压油送入后油嘴，使张拉缸后退，利用尾部锚具将钢筋锚固并张拉。张拉到所需应力值后，关闭后油嘴。前油嘴进油，活塞向前推出，顶压锚塞，使钢筋锚固。回程时，活塞靠弹簧复位，完成张拉。

二、设备类型

（一）机具类

包括穿心式千斤顶、前卡式千斤顶、台座式千斤顶、电动油泵、高压泵站、真空泵、搅拌机、制管机、挤压机、钢丝墩头器、灰浆泵等。

（二）锚具类

包括扁锚、挤压 P 形锚具、单孔工具锚、金属波纹管、钢质锥形锚具、墩头锚等。

（三）连接器类

包括 YML15（13）系列连接器、精轧螺纹钢连接器、线线连接器、线杆连接器、YGL25（32）系列连接器等。

三、施工方法

（一）先张法

先张法是在浇筑混凝土之前张拉钢筋（钢丝）产生预应力。一般用于预制梁、板等构件。

（1）先张法工艺流程如图 4.32 所示。

（2）先张法预应力张拉程序见表 4.23。

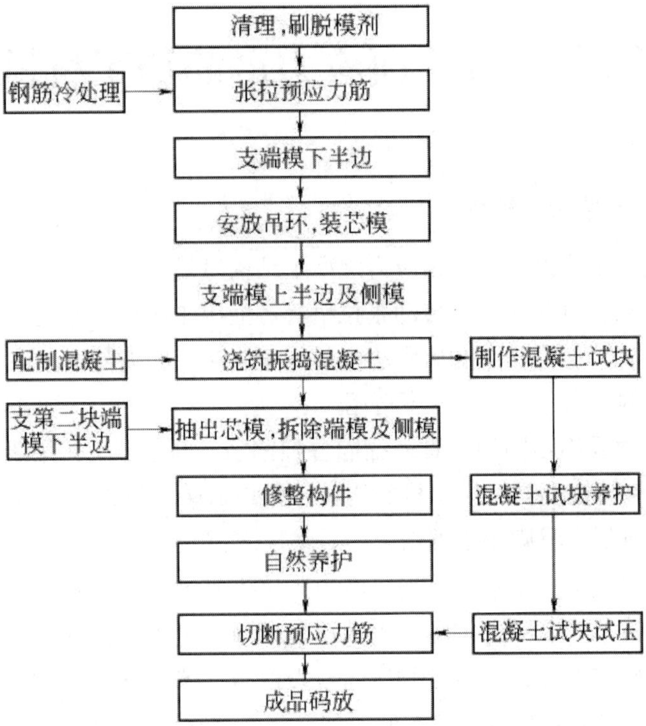

图 4.32 先张法工艺流程图

表 4.23 先张法预应力张拉程序

预应力钢筋种类	张拉程序
钢筋	0→初应力→1.05 σ_{con}（持荷 2 min）→0.9 σ_{con}→σ_{con}（锚固）
钢丝、钢绞线	对于夹片式等具有自锚性的锚具：普通松弛力筋：0→初应力→1.03 σ_{con}（锚固）； 低松弛力筋：0→初应力→σ_{con}（持荷 2 min 锚固）

注：① 表中 σ_{con} 为张拉时的控制应力，包括预应力损失值。

② 张拉钢筋时，为保证施工安全，应在超张拉放张至 0.96 σ_{con} 时安装模板、普通钢筋及预埋件等。③ 张拉时，钢丝、钢绞线在同一构件内断丝数不得超过钢丝总数的 1%；预应力钢筋不容许断筋。

（二）后张法

后张法是在混凝土浇筑的过程中，预留孔道，待混凝土构件达到设计强度后，在孔道内穿主要受力钢筋、张拉锚固建立预应力，并在孔道内进行压力灌浆，用水泥浆包裹保护预应力钢筋。

（1）后张法工艺流程如图 4.33 所示。

（2）后张法预应力张拉程序见表 4.24。

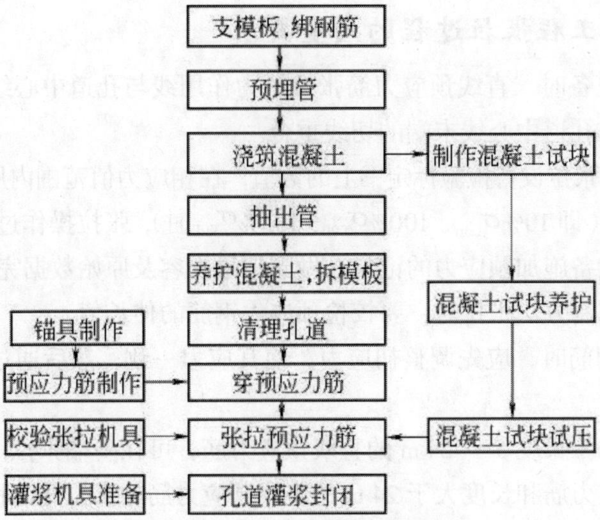

图 4.33　后张法工艺流程图

表 4.24　后张法预应力张拉程序

预应力筋		张拉程序
钢筋、钢筋束		0→初应力→1.05 σ_{con}（持荷 2 min）→ σ_{con}（锚固）
钢绞线束	对于夹片式等具有自锚性能的锚具	普通松弛力筋：0→初应力→1.03 σ_{con}（锚固）；低松弛力筋：0→初应力 σ_{con}→（持荷 2 min 锚固）
	其他锚具	0→初应力→1.05 σ_{con}（持荷 2 min）→ σ_{con}（锚固）
钢丝束	对于夹片式等具有自锚性能的锚具	普通松弛力筋：0→初应力→1.03 σ_{con}（C 锚固）；低松弛力筋：0→初应力 σ_{con}→（持荷 2 min 锚固）
	其他锚具	0→初应力→1.05 σ_{con}（持荷 2min）→0→ σ_{con}（锚固）
精轧螺纹钢筋	直线配筋时	0→初应力→ σ_{con}（持荷 2 min 锚固）
	曲线配筋时	0→ σ_{con}（持荷 2 min）→0（上述程序可反复几次）→初应力→ σ_{con}（持荷 2 min 锚固）

注：① 表中 σ_{con} 为张拉时的控制应力，包括预应力损失值。

② 两端同时张拉时，两端千斤顶升降压、划线、测伸长、插垫等工作基本一致。

③ 梁的竖向预应力筋可一次张拉到控制应力，然后于持荷 5 min 后测伸长和锚固。

四、施工要点

（一）工艺流程

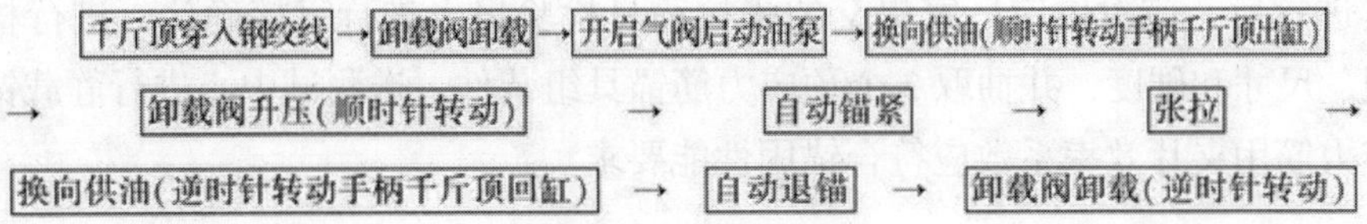

图 4.34　工艺流程

（二）预应力工程张拉过程的质量要求

（1）安装张拉设备时，直线预应力筋张拉的力作用线与孔道中心线重合，曲线预应力筋张拉的力作用线与孔道中心线末端的切线重合。

（2）根据预应力张拉设备检验标定书上的数值，在相应力值范围内用插入法计算各级荷载下的压力表读数值（即 $10\%\sigma_{con}$、$100\%\sigma_{con}$、$105\%\sigma_{con}$时），张拉操作过程要匀速施加荷载。

（3）填写张拉设备施加预应力的记录，做到记录内容及原始数据完整、真实、可靠。

（4）采用应力控制方法张拉时，要校检预应力钢筋的伸长值。

（5）张拉多根钢筋时，应先调整初应力，使其应力一致，然后通过钢横梁整体张拉至规定值。

（6）用后张法张拉长度 5 ~ 24 m 的直线预应力筋，可在一端张拉。

（7）对曲线预应力筋和长度大于 24 m 的直线预应力筋的张拉分两种情况：一个成形孔道时采用两台同型号的千斤顶张拉设备进行单向对称张拉；两个成形孔道时，配用四台同型号的预应力千斤顶设备双向对称张拉，避免结构裂缝开展与变形。

（8）多根预应力筋可分批张拉，采用同一张拉值逐根复位补足，保证预应力筋的张拉控制应力值。

（9）为保证张拉过程的质量，应对从事预应力工程的施工人员进行岗位操作技能培训，做到持证上岗；对预应力张拉设备在使用过程中的操作和检查情况做出记录，并予以保存。

五、预应力张拉设备的定期检修

（一）质量控制要求

（1）根据预应力施工需要，选定的预应力张拉设备应进行检定校验，以标定预应力张拉值与压力表之间的相关关系。

（2）检定校验单位应具有相应资质，检验时间应在工程施工之前，校验期限不宜超过半年。

（3）张拉设备校验要选用检定合格的压力表。检验时，千斤顶活塞的运行方向与实际张拉工作状态一致。

（4）建立预应力张拉设备的台账，新添置的张拉设备及时登记在册，以便进行质量跟踪。

（5）做好并保存预应力张拉设备的检定记录。包括千斤顶型号、编号、使用地点、检定日期、结果、环境条件、责任人员等。

（二）张拉锚具的质量验证

锚具进货后，应对供应厂家提交的张拉锚具检验报告进行审核确认，进行材料验收。检查外观、尺寸和硬度，并抽取 3 个预应力筋锚具组装件，送测试中心进行静载锚固试验，测定预应力筋用夹片效率系数应符合锚固性能要求。

（三）预应力千斤顶的维修

为了保证持续施工的要求，应注意预应力张拉设备必要的维修和保养，随时掌握千斤顶的使用状况，检查工作性能，必要时更换油封等易损件。对在用的预应力张拉设备配备有效使用周期的标志。准确度不符合要求或有故障时要及时修理，出示停用标志。

六、安全操作要点

（一）总体要求

（1）必须经过专业培训，掌握预应力张拉的安全技术知识并经考核合格后方可上岗。

（2）必须按照检测机构检验编号的配套组使用张拉机具。

（3）张拉作业区域应设明显警示牌，非作业人员不得进入作业区。

（4）张拉时必须服从统一指挥，严格按照技术交底要求读表。油压不得超过技术交底规定值。发现油压异常等情况时，必须立即停机。

（5）高压油泵操作人员应戴护目镜。

（6）作业前应检查高压油泵与千斤顶之间的连接件，连接件必须完好、紧固，确认安全后方可作业。

（7）施加荷载时，严禁敲击、调整施力装置。

（二）先张法

（1）张拉台座两端必须设置防护墙，沿台座外侧纵向每隔 2 ~ 3 m 设一个防护架。张拉时，台座两端严禁有人，任何人不得进入张拉区域。

（2）油泵必须放在台座的侧面，操作人员必须站在油泵的侧面。

（3）打紧夹具时，作业人员应站在横梁的上面或侧面，击打夹具中心。

（三）后张法

（1）作业前必须在张拉端设置 5 cm 厚的防护木板。

（2）操作千斤顶和测量伸长值的人员应站在千斤顶侧面操作，千斤顶顶力作用线方向不得有人。

（3）张拉时千斤顶行程不得超过技术交底的规定值。

（4）两端或分段张拉时，作业人员应明确联络信号，协调配合。

（5）高处张拉时，作业人员应在牢固、有防护栏的平台上作业，上下平台必须走安全梯或马道。

（6）张拉完成后应及时灌浆、封锚。

（7）孔道灌浆作业，喷嘴插入孔道后，喷嘴后面的胶皮垫圈必须紧压在孔口上，胶皮管与灰浆泵必须连接牢固。

（8）堵灌浆孔时应站在孔的侧面。

第五章 木工机械

木工机械的分类方法较多，按照机械的加工性质，即机械采用的切削方式或用途，《木工机床型号编制方法》(CB/T 12448—1990)将木工机械划分为十三类，分类方法见表5.1。根据施工现场的实际情况，本书主要介绍木工锯剖机械类中的圆锯机和木工刨削机械类中的平压刨、自动压刨机等设备。

表5.1 木工机械分类方法

类别	代号	类别	代号
木工锯	MU	木工联合机	ML
木工刨床	MB	水工结合组装涂布	MH
木工铣床	MX	木工辅机	MF
木工钻床	MZ	木工手提机具	MT
木工榫槽	MS	木工多工序机床	MD
木工车床	MC	其他木工机床	MQ
木工磨光机	MM		

第一节 锯剖机械

锯剖机械按照加工对象和适应范围，常用的有带锯机、截锯机和圆锯机等。

一、带锯机

带锯机是主要用来对木材进行直线纵向锯剖的设备，它是一种可以把原木锯剖成材的木工机械。带锯机按用途不同可分为原木带锯机、再剖带锯机和细木带锯机三种。按其组成不同又可分为台式带锯机、跑车带锯机和细木带锯机，由于锯剖木材的大小和用途不同，所以带锯机还有大、中、小之分。带锯机的大小依照锯齿轮的直径规格及送料系统的情况而定。

二、圆锯机

圆锯机主要用于纵向及横向锯割木材。

（一）圆锯机的构造

MJ109 型手动进料圆锯机由机架台面、锯片、锯比子（导板）、电动机、防护罩等组成，如图 5.1 所示。

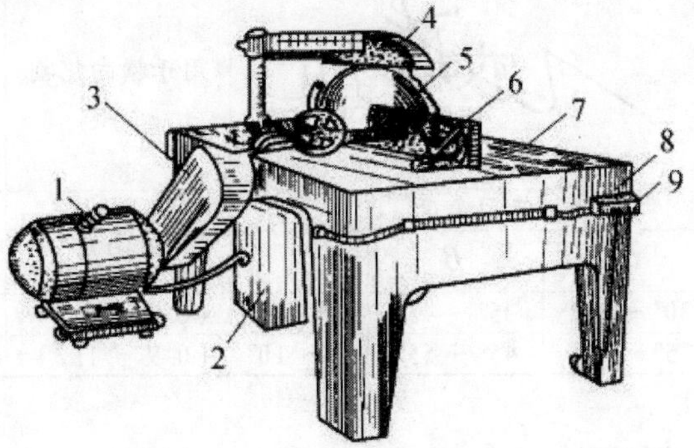

1—电动机；2—开关盒；3—带罩；4—防护罩；5—锯片；6—锯比子；7—台面；8—机架；

9—双联按钮

图 5.1 MJ109 型手动进料圆锯机

（二）圆锯片

圆锯机所用的圆锯片有普通平面圆锯片和刨锯片两种，普通平面圆锯机的两面都是平直的，锯齿经过拨料，用来纵向锯割和横向截断木料，是广泛采用的一种锯片。刨锯片是从锯齿中心部位逐渐变薄，不用拨料，锯条表面有凸棱，对锯割面兼有刨光作用。

圆锯片齿形与被锯割木料的硬度、进料速度等有关，应依使用要求选用。一般圆锯片齿形分纵割齿和横割齿两种。

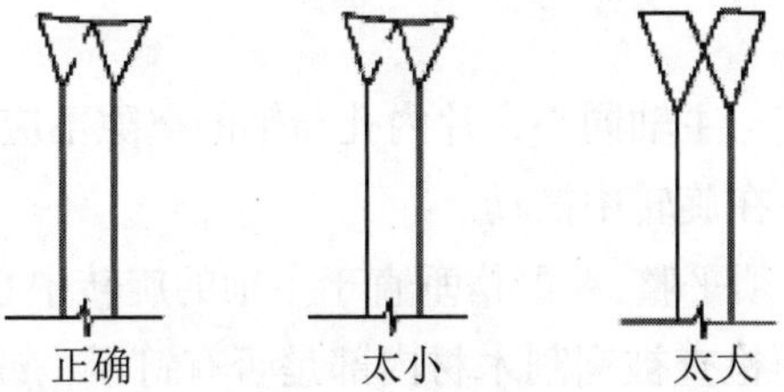

图 5.2 锯齿的拨料

（三）圆锯片的齿形与拨料。

锯齿的拨料是将相邻各齿的上部互相向左右拨弯，如图 5.2 所示。

圆锯片锯齿形状与锯割木材的软硬、进料速度、光洁度及纵割或横割等有密切关系。常用的几种齿形或齿形角度、齿高及齿距等有关数据见表 5.2。

表 5.2 齿高及齿距

<table>
<tr><td>锯片名称</td><td>类型</td><td colspan="3">简图</td><td>用途</td><td colspan="2">特征</td></tr>
<tr><td rowspan="2">圆锯片齿形</td><td>纵割锯</td><td colspan="3">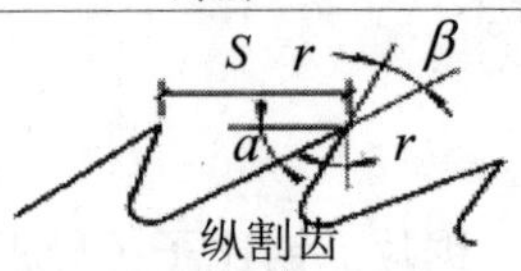</td><td>主要用于纵向锯割，亦用于横割</td><td colspan="2">以纵割为主，但亦可横割，齿形应用较广泛</td></tr>
<tr><td>横割锯</td><td colspan="3">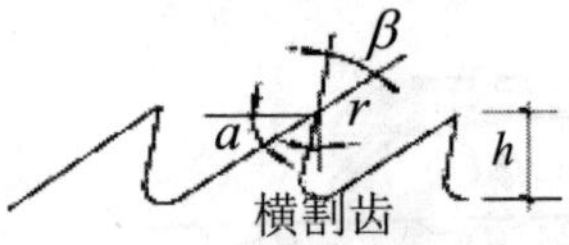</td><td>用于横向锯割</td><td colspan="2">锯割时速度较纵向慢，但较光洁</td></tr>
<tr><td rowspan="4">圆锯片齿形角度</td><td rowspan="2">锯割方法</td><td colspan="3">齿形角度</td><td rowspan="2">齿高 h</td><td rowspan="2">齿距 t</td><td rowspan="2">槽底圆弧半径 r</td></tr>
<tr><td>a</td><td>β</td><td>y</td></tr>
<tr><td>纵割</td><td>30° ~ 35°</td><td>35° ~ 45°</td><td>15° ~ 20°</td><td>（0.5 ~ 0.7）t</td><td>（8 ~ 14）s</td><td>0.2t</td></tr>
<tr><td>横割</td><td>35° ~ 45°</td><td>45° ~ 55°</td><td>5° ~ 10°</td><td>（0.9 ~ 1.2）t</td><td>（7 ~ 10）s</td><td>0.2t</td></tr>
</table>

注：表中 s 为锯片厚度。

正确拨料的基本要求如下。

（1）所有锯齿的每边拨料量都应相等。

（2）锯齿的弯折处不可在齿的根部，而应在齿高的一半以上处，厚锯约为齿高的 1/3，薄锯为齿高的 1/4。弯折线应向锯齿的前面稍微倾斜，所有锯齿的弯折线锯齿尖的距离都应当相等。

（3）拨料大小应与工作条件相适应，每一边的拨料量一般为 0.2 ~ 0.8 mm，约等于锯片厚度的 1.4 ~ 1.9 倍，最大不应超过 2 倍。软料、湿材取较大值，硬材与干材取较小值。

（4）锯齿拨料一般采用机械和手工两种方法，目前多以手工拨料为主，即用拨料器或锤打的方法进行。

（四）圆锯机的操作。

（1）圆锯机操作前，应先检查锯片是否安装牢固，以及锯片是否有裂纹，并装好防护罩及保险装置。

（2）安装锯片时应使其与主轴同心，片内孔与轴的空隙不应大于 0.15 ~ 0.2 mm，否则会产生离心惯性力，使锯片在旋转中摆动。

（3）法兰盘的夹紧面必须平整，要严格垂直于主轴的旋转中心，同时保持锯片安装牢固。

（4）如锯旧料时，必须检查被锯割木材内部是否有钉子，或表面是否有水泥渣，以防损伤锯齿，甚至发生伤人事故。

（5）操作时应站在锯片稍左的位置，不应与锯片站在同一直线上，以防木料弹出伤人。

（6）送料不要用力过猛、过快，木材相对台面要端平，不要摆动或抬高、压低。

（7）锯剖木节处要放慢速度，并应注意防止木节弹出伤人。

（8）纵向剖长料时，要两人配合，上手将木料沿着导板不偏斜地均匀送进。当木料端头露出锯片后，下手用拉钩抓住，均匀地拉过，待木料拉出锯台后方可用手接住。锯剖短木料时必须用推杆送料，不得一根接一根地送料，以防锯齿伤手。

（9）为了避免锯剖时锯片因摩擦发热产生变形，锯片两侧要装冷水管。

第二节　刨削机械

刨削机械主要有手压刨、压刨、三面刨和四面刨。

一、手压刨

手压刨又称平刨，由机座、台面（工作台）、刀轴、刨刀、导板、电动机等组成，现在工地已普遍应用，如图 5.3 所示。

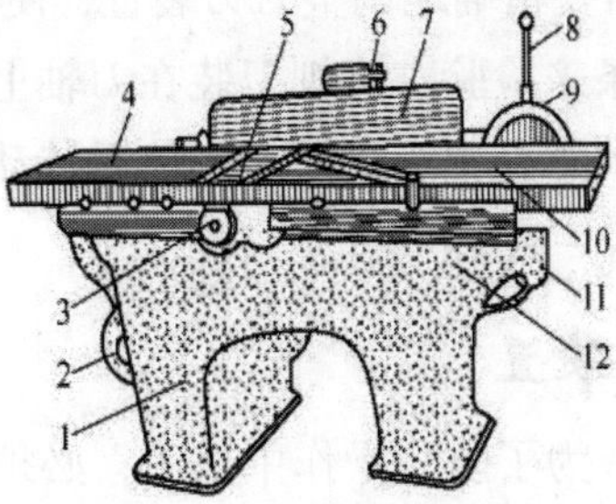

1—机座；2—电动机；3—刀轴轴承座；4—工作台面；5—扇形防护罩；6—导板支架；7—导板；

8—前台面调整手柄；9—刻度盘；10—工作台面；11—电钮；12—偏心轴架护罩

图 5.3　平刨机

（一）平刨机的组成

1. 机座

机座台面用铸铁制成。

2. 工作台

工作台可分为前工作台和后工作台，台面光滑平直，台面下部两边有角形轨道，与机座角槽配合在一起。台面底部前后两端装设手轮，通过手轮转动丝杠，使台面沿着轨道上升下降，用来调节刨刀露出台面的高低。在刨削时，后台面应与刨刀刃的高度一致，前台面低于后台面的高度就是刨层的厚度，这样可提高加工构件的精度。

3. 刀轴

机座顶部两侧装设轴承座，刀轴装在轴承内。刀轴的中部开有两个键槽，键槽内装配刨刀两片。当装在机座底部的电动机开动时，通过刀轴末端的 V 带轮，带动刀轴运转即可刨削。

4．导板

台面上装有活动导板，可根据刨削构件的角度要求来调整导板的立面角度。

5．刨刀

刨刀有两种：一是有孔槽的厚刨刀；一是无孔槽的薄刨刀。厚刨刀用于方刀轴及带弓形盖的圆刀轴；薄刨刀用于带楔形压条的圆刀轴。常用刨刀尺寸是长度 200 ~ 600 mm，厚刨刀厚度 7 ~ 9 mm，薄刨刀厚度 3 ~ 4 mm。

刨刀变钝一般使用砂轮磨刀机修磨。刨刀的磨修要求达到刨削锋利、角度正确、刃口成直线等。刃口角度：刨软木为35° ~ 37°，刨硬木为37° ~ 40°。斜度允许误差为0.02%。

修磨时在刨刀的全长上，压力应均匀一致，不宜过重，每次行程磨去的厚度不宜超过 0.015 mm，刃口形成时适当减慢速度。磨修时要防止刨刀过热退火，无冷却装置的应用冷水浇注退热。操作人员应站在砂轮旋转方向的侧边，以防止砂轮万一破碎飞出伤人。

为保证刨削木料的质量，需要精确地调整刀刃装置，使各刀刃离转动中心的距离一致。刀刃的位置，一般用平直的木条来检验，将刨刀装在刀轴上后，用木条的纵向放在后台面上伸出刨口，木条端头与刀轴的垂直中心线相交，然后转动刀轴，沿刨刀全长取两头及中间做三点检验，看其伸出量是否一致。

（二）平刨机安全防护装置

平刨机是用手推工件前进，为了防止操作中伤手，必须装有安全防护装置，确保操作安全。

平刨机的安全防护装置常用的有扇形罩、双护罩、护指键等，双护罩如图 5.4 所示。

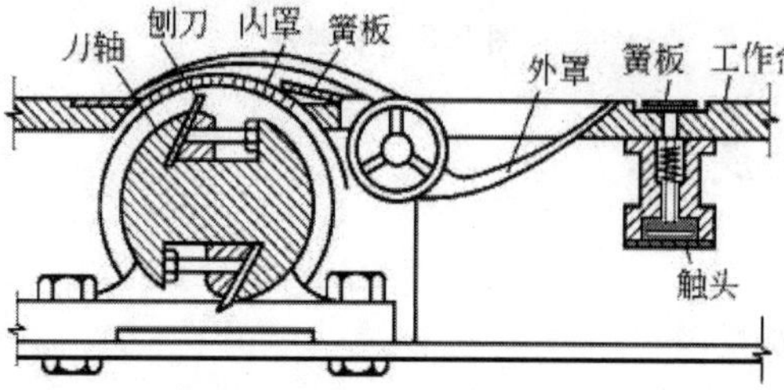

图 5.4　双护罩

（三）平刨机操作注意事项

（1）操作前必须检查安全保护装置，并试运转达到要求后再进行加工操作。

（2）操作前要进行工作台的调整，前台要比后台略低，高度差即为刨削厚度，一般控制在 1 ~ 2.5 mm 之间，一般经 1 ~ 2 次即可刨平刨直。

（3）刨削前，应对需加工材料进行检查，以确定正确加工方案，板厚在 30 mm 以下、长度不足 300 mm 的短料，禁止在手压刨上进行刨削，以防发生伤手事故。

（4）单人操作时，人要站在工作台的左侧中间，左脚在前，右脚在后，左手按住木料，右手均匀地推送，如图 5.5 所示。当右手离刨 15 cm 时，即应脱离料面，靠左手推送。

图 5.5 刨料手势

（5）无论何种材质的刨料，都应顺茬刨削，遇有戗茬、节疤、纹理不直、坚硬等材料时，要降低刨削的进料速度。一般进料速度控制在 4 ~ 15 m/min，刨时先刨大面，后刨小面。

（6）刨削较短、较薄的木料时，应用推棍、推板推送，如图 5.6 所示。长度不足 400 mm 或薄且窄的小料，不要在平刨上刨削，以免发生伤手事故。

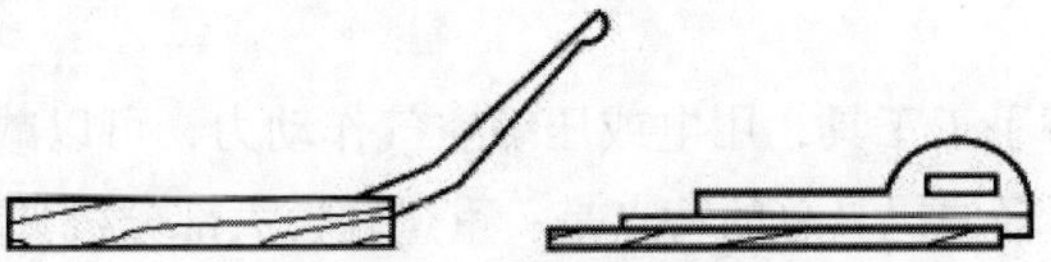

图 5.6 推棍与推板

（7）两人同时操作时，要互相配合，木料过刨刃 300 mm 后，下手方可接拉。

（8）同时刨削几个工件时，厚度应基本相等，以防薄的构件被刨刀弹回伤人。应尽量避免同时刨削多个工件。

二、自动压刨机

自动压刨机，它可以将经过手压刨刨过的两个相邻木料，刨削成一定厚度和一定宽度规格的木料。

（一）自动压刨机的构造

自动压刨机由机身、工作台、刀轴、刨刀滚筒、升降系统、防护罩、电动机等组合而成。常用的有 MB103 和 MB1065 两种，图 5.7 所示是 MB1065 型单面自动压刨机。

（二）自动压刨机操作注意事项

（1）操作前应检查安全装置，调试正常后再进行操作。

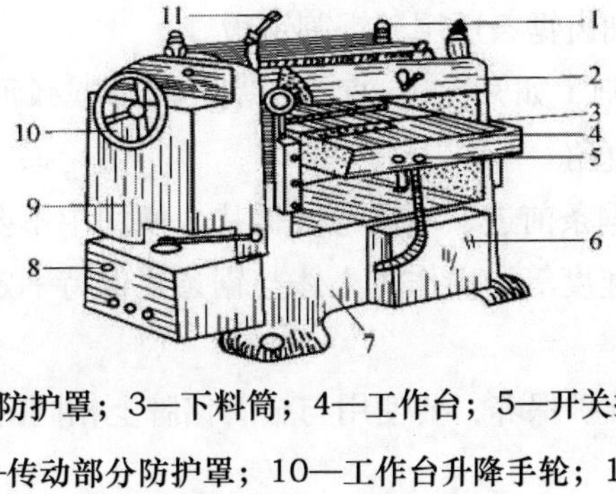

1—上滚筒压紧弹簧；2—进料防护罩；3—下料筒；4—工作台；5—开关按钮；6—电源箱；7—机身；8—变速箱；9—传动部分防护罩；10—工作台升降手轮；11—防护罩手柄

图 5.7 MB1065 型单面自动压刨机

（2）应按照加工木料的要求尺寸仔细调整机床刻度尺，每次吃刀深度应不超过 2 mm。

（3）自动压刨机由两人操作。一人进料，一人按料，人要站在机床左、右侧或稍后为宜。刨长的构件时，二人应协调一致，平直推进顺直拉送。刨短料时，可用木棒推进，不能用手推动。如发现横走时，应立即转动手轮，将工作台面降落或停车调整。

（4）操作人员工作时，思想要集中，衣袖要扎紧，不得戴手套，以免发生事故。

第三节　轻便机具

轻便机具用以代替手工工具，用电或压缩空气作动力，可以减轻劳动强度，加快施工进度，保证工程质量。轻便机具总的特点是：重量轻、大部分机具单手自由操作；体积小，便于携带与灵活运用；工效快，与手工工具相比，具有明显的优势。常用的有手锯、手电刨、手电钻、电动起子机、电动砂光机等。

一、锯

（一）曲线锯

曲线锯又称反复锯，分水平曲线锯和垂直曲线锯两种，如图 5.8 所示。

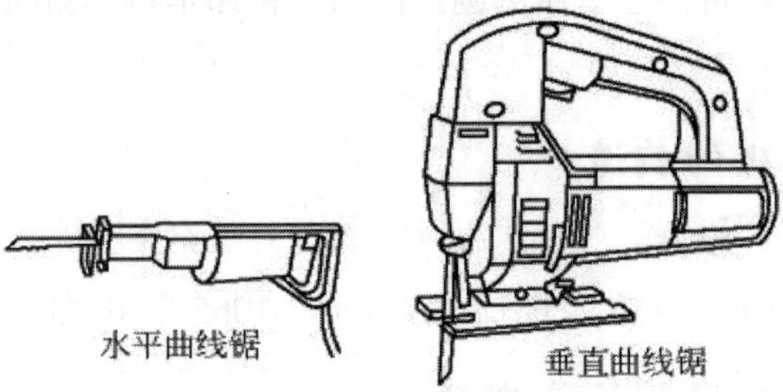

图 5.8　电动曲线锯

对不同材料，应选用不同的锯条，中、粗齿锯条适用于锯割木材；中齿锯条适用于锯割有色金属板、压层板；细齿锯条适用于锯割钢板。

曲线锯可以作中心切割（如开孔）、直线切割、圆形或弧形切割。为了切割准确，要始终保持体底面与工件成直角。

操作中不能强制推动锯条前进，不要弯折锯片，使用中不要覆盖排气孔，不要在开动中更换零件、润滑或调节速度等。操作时人体与锯条要保持一定的距离，运动部件未完全停下时不要把机体放倒。

对曲线锯要注意经常维护保养，要使用与金属铭牌上相同的电压。

（二）圆锯

手提式木工电动圆锯如图 5.9 所示。

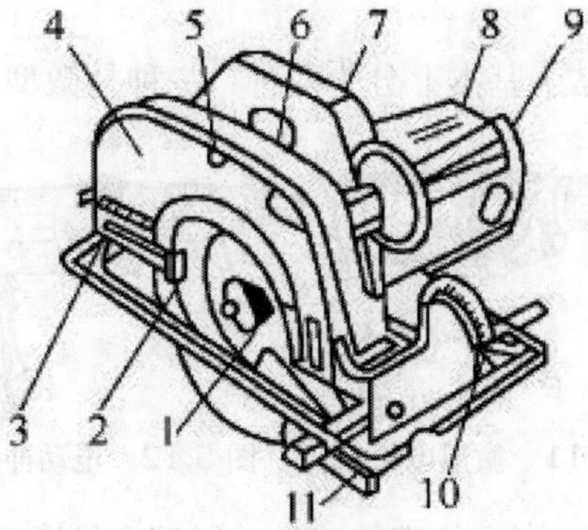

1—锯片；2—安全护罩；3—底架；4—上罩壳；5—锯切深度调整装置；6—开关；7—接线盒手柄；

8—电机罩壳；9—操作手柄；10—锯切角度调整装置；11—靠山

图 5.9　手提式木工电动圆锯

手提式电锯的锯片有圆形的钢锯片和砂轮锯片两种。钢锯片多用于锯割木材，砂轮锯片用于锯割铝、铝合金、钢铁等。

操作中要注意的事项同曲线锯。

二、手电刨

手提式木工电动刨（简称手电刨）如图 5.10 所示。手电刨多用于木工装修，专门刨削木材表面。

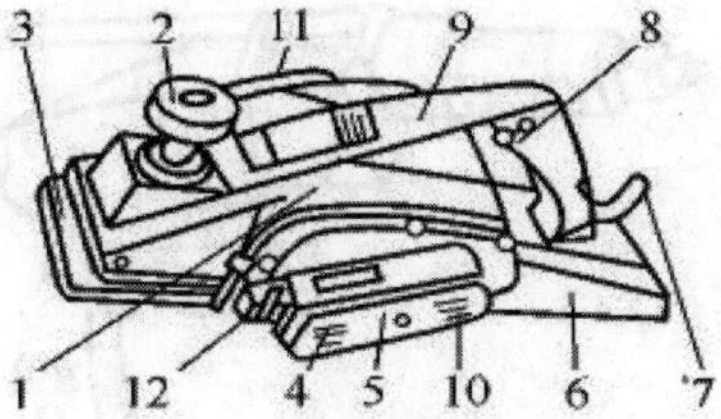

1—罩壳; 2—调节螺母; 3—前座板; 4—主轴; 5—皮带罩壳; 6—后座板; 7—接线头; 8—开关; 9—手柄;

10—电机轴；11—木屑出口；12—碳刷

图 5.10　手提式木工电动刨

使用方法及注意事项：

（1）两刨刀必须同时装上并且位置准确，刃口必须与底板成同一平面，伸出高度一致。

（2）刨削毛糙的表面，顺时针转动机头调节螺母，先取用较大的刨削深度，并用较慢的推进速度。刨出平整面后，再用较小的刨削深度，即逆时针转动调节螺母，并用适当的速度均匀地刨削。

（3）刨刀的刀刃必须锐利。

（4）电刨必须经常保持清洁，使用完毕后应进行清理。

（5）使用时要戴绝缘手套，以防触电。

三、手电钻

手提式电钻（简称手电钻）基本上分为两种：一种是微型电钻；另一种是电动冲击钻，如图 5.11 和图 5.12 所示。

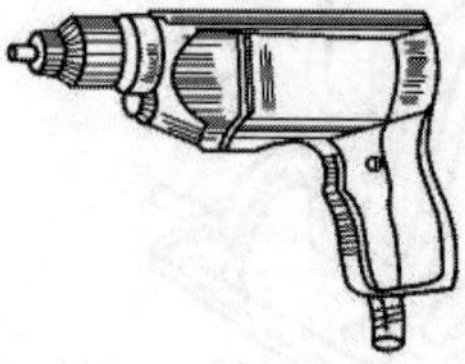
图 5.11　微型电钻

图 5.12　电动冲击钻

手提式电钻是开孔、钻孔、固定的理想工具。微型电钻适用于金属、塑料、木材等钻孔，有各种不同型号，钻孔的最大直径为 13 mm。

电动冲击钻适用于金属、塑料、木材、混凝土、砖墙等钻孔，最大直径可达 22 mm。

电动冲击钻是可以调节并旋转带冲击的特种电钻。当把旋钮调到旋转位置，装上钻头，像普通电钻一样，可以对部件进行钻孔。如果把旋钮调到冲击位置，装上合金冲击钻头，可以对混凝土砖墙进行钻孔。

操作时先接上电源，双手端正机体，将钻头对准钻孔中心，打开开关，双手加压，以增加钻入速度。操作时要戴好绝缘手套，防止电钻漏电发生触电事故。

四、电动起子机

电动起子机具有正反转按钮，主要作用是紧固木螺丝和螺母，如图 5.13 所示。

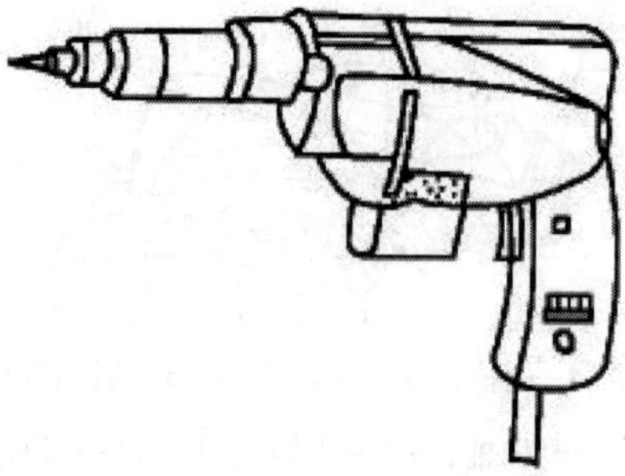
图 5.13　电动起子机

五、电动砂光机

电动砂光机（见图 5.14）的主要作用是将工件表面磨光。操作时，拿起砂光机离开工件并启动电机，当电机达到最大转速时，以稍微向前的动作把砂光机放在工件上，先让主动滚轴接触工件，向前一动后，就让平板部分充分接触工件。砂光机平行于木材的纹理来回移动，前后轨迹稍微搭接。不要给机具施加压力或停留在一个地方，以免造成凹凸不平。

为达到木制品表面磨光要求，可用粗砂先做快磨，用细砂磨最后一遍。安装和调换砂带时，一定要切断电源。

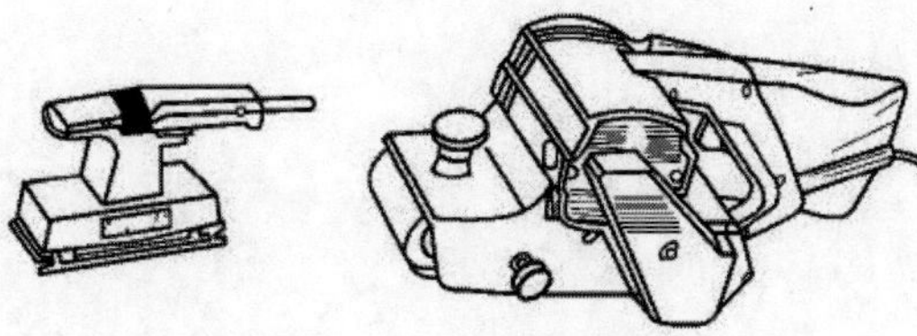

图 5.14 电动砂光机

六、应注意的安全事项

（1）操作人员必须戴绝缘手套、穿绝缘鞋或站在绝缘垫上。

（2）刀具应刃磨锋利，完好无损、安装正确、牢固。机具上传动部分不许有防护罩，作业时不得随意拆卸。

（3）启动后，空载运转并检查工具联动应灵活无阻，操作时加力要平稳，不得用力过猛；不得用手触摸刃具、模具、砂轮。发现磨钝、破损情况时，立即停机修换。

（4）作业时间过长，应待冷却后再行作业。发现异常现象，应立即停机检查。

第六章　装修机械

第一节　灰浆搅拌机

一、构造与工作原理

灰浆搅拌机是将砂、水、胶合材料(包括水泥、白灰等)均匀地搅拌成为灰浆的一种机械，在搅拌过程中，拌筒固定不动，而由旋转的条状拌叶对物料进行搅拌。

（一）灰浆搅拌机的类型

灰浆搅拌机按卸料方式的不同分两种：一种是使拌筒倾翻、筒口倾斜出料方式的“倾翻卸料灰浆搅拌机”；另一种是拌筒不动、打开拌筒底侧出料的“活门卸料灰浆搅拌机”。

目前，常使用的有 100 L、200 L 与 325 L（均为装料容量）规格的灰浆搅拌机。100 L 与 200 L 容量多数为倾翻卸料式，325 L 容量多数为活门卸料式。根据不同的需要，灰浆搅拌机还可制成固定式与移动式两种形式。

常用的倾翻卸料灰浆搅拌机有 HJ1-200 型、HJ1-200A 型、HJ1-200B 型和活门卸料搅拌机 HJ1-325 型等 [代号意义: H 表示灰浆；J 表示搅拌机；数字表示容量（L）]。

（二）灰浆搅拌机的构造

图 6.1 所示为活门卸料灰浆搅拌机，由装料、水箱、搅拌和卸料等四部分组成。

（三）灰浆搅拌机的工作原理

（1）拌筒 1 装在机架 2 上，拌筒内沿纵向的中心线方向装一根轴，上面有若干拌叶，用以进行搅拌；机器上部装有虹吸式配水箱 9，可自动供拌和用水；装料是由进料斗 4 进行。

（2）装有拌叶的轴支承在拌筒两端的轴承中，并与减速箱输出轴相连接，由电动机 10

经V形带驱动搅拌轴旋转进行拌和。

（3）卸料时，拉动卸料手柄12可使出料活门11开启，灰浆由此卸出，然后推压卸料手柄12便将出料活门11关闭。

（4）进料斗的升降机构由制动带抱合轴7、制动轮5、卷扬筒6、离合器8等组成，并由料斗升降手柄3操纵。

（5）钢丝绳围绕在料斗边缘外侧，其两端分别卷绕在卷扬筒上。减速箱另一输出轴端安装主动链轮，传动被动链轮14而旋转，被动链轮同时又是离合器鼓（其内部为内锥面）。

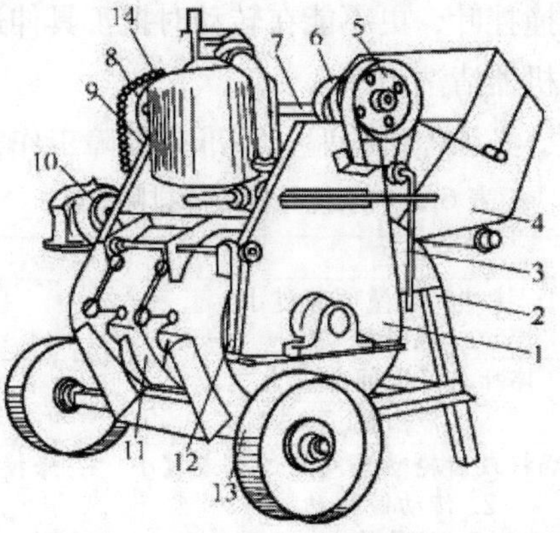

1—拌筒；2—机架；3—料斗升降手柄；4—进料斗；5—制动轮；6—卷扬筒；7—制动带抱合轴；8—离合器；9—配水箱；10—电动机；11—出料活门；12—卸料手柄；13—行走轮；14—被动链轮

图6.1 活门卸料灰浆搅拌机示意图

（6）装料时，推压料斗升降手柄3，使常闭式制动器上的制动带松开，而制动带抱合轴7与离合器8的鼓接通使料斗上升。当放松手柄，制动轮被制动带抱合轴7抱合停止转动，进料斗4亦停住不动进行装料。料斗下降时，只需轻提料斗升降手柄3，制动带松开，料斗即下降。

二、灰浆搅拌机的技术性能

各种灰浆搅拌机主要技术性能见表6.1。

表6.1 各种灰浆搅拌机主要技术性能

技术规格		类型		
		HJ1-200	HJ1-200B	HJ1-325
工作容量	L	200	200	325
拌叶转速	r/min	25～30	34	32
搅拌时间	分/次	1.5～2	2	2
电动机 型号		$J0_2$-32-4	J0-42-4	J0-42-4
电动机 功率	kW	3	2.8	2.8
电动机 转速	r/min	1 430	1 440	1 440
外形尺寸（长×宽×高）	mm×mm×mm	2 280×1 100×1 170	1 620×850×1 050	2 700×1 700×1 350
质量	kg	600	560	760
生产率	m^3/h	—	3	6

三、灰浆搅拌机的操作要点

（1）安装机械的地点应平整夯实，安装应平稳牢固。

（2）行走轮要离开地面，机座应高出地面一定距离，便于出料。

（3）开机前应对各种转动活动部位加注润滑剂，检查机械部件是否正常。

（4）开机前应检查电气设备绝缘和接地是否良好，皮带轮的齿轮必须有防护罩。

（5）开机后，先空载运输，待机械运转正常，再边加料边加水进行搅拌，所用砂子必须过筛。

（6）加料时工具不能碰撞拌叶，更不能在转动时把工具伸进斗里扒浆。

（7）工作后必须用水将机器清洗干净。

灰浆搅拌机发生故障时，必须停机检验，不准带故障工作，故障排除方法见表 6.2。

表 6.2 灰浆搅拌机故障排除方法

故障现象	原因	排除方法
拌叶和筒壁摩擦碰撞	1. 拌叶和筒壁间隙过小 2. 螺栓松动	1. 调整间隙 2. 紧固螺栓
刮不净灰浆	拌叶与筒壁间隙过大	调整间隙
主轴转数不够或不转	带松弛	调整电动机底座螺栓
传动不平稳	1. 蜗轮蜗杆或齿轮啮合间隙过大或过小 2. 传动键松动 3. 轴承磨损	1. 修换或调整中心距、垂直底与平行度 2. 修换键 3. 更换轴承
拌筒两侧轴孔漏浆	1. 密封盘根不紧 2. 密封盘根失效	1. 压紧盘根 2 更换盘根
主轴承过热或有杂音	1. 渗入砂粒 2. 发生干磨	1. 拆卸清洗并加满新油（脂） 2. 补加润滑油（脂）
减速箱过热且有杂音	1. 齿轮（或蜗轮）啮合不良 2. 齿轮损坏 3. 发生干磨	1. 拆卸调整，必要时加垫或修换 2. 修换 3. 补加润滑油

第二节　单盘磨石机

一、磨石机的构造与工作原理

水磨石地面是在地面上浇注带小石子的水泥砂浆，待其凝固并具有一定的强度之后，使用磨石机将地面磨光制成的。

（1）磨石机有单盘和双盘两种，图 6.2 所示为单盘磨石机。

（2）使用时，电动机 5 经过齿轮减速后带动磨石转盘旋转，转盘的转速约为 300 r/min，在转盘底部装有 3 个磨石夹具 8，每个夹具夹有一块三角形的金刚砂磨石 7。转盘旋转时另有水管向地面喷水，保证磨石机在磨光过程中不致发热。这种磨石机每小时可磨地面 3.5 ~ 4.5 m^2。

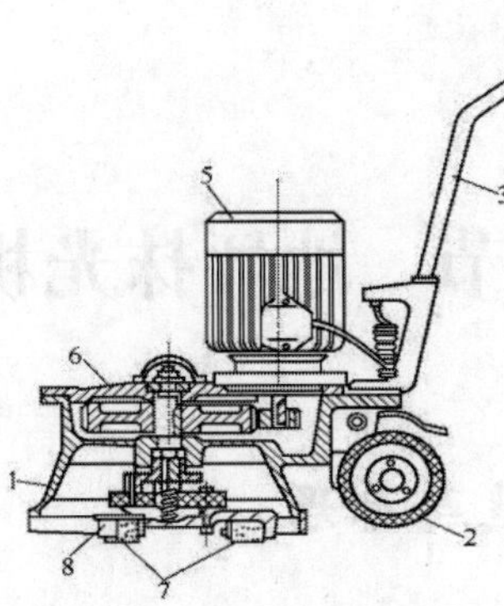

1—磨盘外罩；2—移动滚轮；3—操纵杆；4—电气开关；5—电动机；6—变速箱；7—金刚砂磨石；8—磨石夹具

图 6.2　单盘磨石机示意图

（3）使用时，先检查开关、导线的情况，保证安全可靠；检查磨石是否装牢，最好在夹爪（或螺栓顶尖）和磨石之间垫以木楔，不要直接硬卡，以免在运动中发生松动；注意润滑各部销轴，磨石机一般每工作 200 ~ 400 h 进行一级保养。在一级保养中，要拆检电动机、减速箱、磨石夹具以及行走机构和调节手轮等。拆检无误后须加注新的润滑油（脂），磨石装进夹具的深度不能小于 15 mm，减速箱的油封必须良好，否则应予更换。

二、磨石机的安全使用要点

（1）在磨石机工作前，应仔细检查其各机件的情况。

（2）导线、开关等应绝缘良好，熔断丝规格适当。

（3）导线应用绳子悬空吊起，不应放在地上，以免拖拉磨损，造成触电事故。

（4）在工作前，应进行试运转，待运转正常后，才能开始正式工作。

（5）操作人员工作时必须穿胶鞋、戴手套。

（6）检查或修理时必须停机，电器的检查与修理由电工进行。

（7）磨石机使用完毕，应清理干净，放置在干燥处，用方木垫平放稳，并用油布等遮盖物加以覆盖。

（8）磨石机应有专人负责操作，其他人不准开动机器。

第三节　地坪抹光机

一、地坪抹光机的构造与原理

（一）构造

地坪抹光机也称地面收光机，是水泥砂浆铺摊在地面上、经过大面积刮平后，进行压平与抹光用的机械，图 6.3 为该机的外形示意图。它是由传动部分、抹刀及机架所组成。

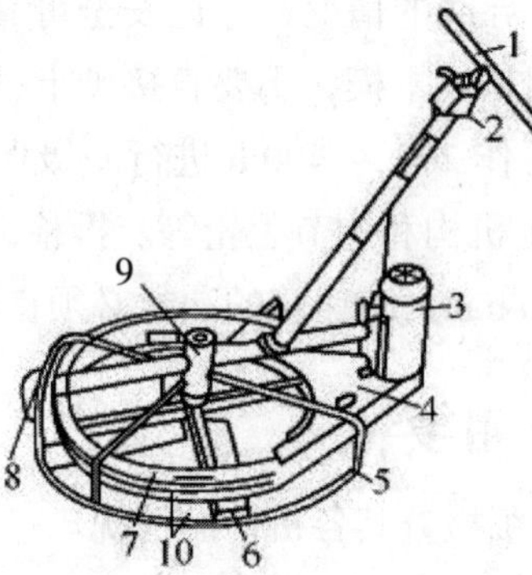

1—操纵手柄；2—电气开关；3—电动机；4—防护罩；5—保护圈；6—抹刀；7—抹刀转子；8—配重；9—轴承架；10—V 带

图 6.3　地坪抹光机外形示意图

（二）工作原理

使用时，电动机通过 V 带驱动抹刀转子，在转动的十字架底面上装有 2 ~ 4 片抹刀片，抹刀倾斜方向与转子旋转方向一致，抹刀的倾角与地面呈 10° ~ 15°。

使用前，首先检查电动机旋转的方向是否正确。使用时，先握住操纵手柄，启动电动机，抹刀片随之旋转而进行水泥地面抹光工作。抹第一遍时，要求能起到抹平与出浆的作用，如有低凹不平处，应找补适量的砂浆，再抹第二遍、第三遍。

二、地坪抹光机的技术性能

地坪抹光机主要技术性能，见表 6.3。

表 6.3 地坪抹光机主要技术性能

型号	69-1 型	HM-66
传动方式	V 带	V 带
抹刀片数	4	4
抹刀倾角	10°	0° ～ 15° 可调
抹刀转速	104 r/min	50 ～ 100 r/min
质量	46 kg	80 kg
动力	电动机 550 W 1 400 r/min	汽油机 H00301 型 3 马力 3 000 r/min
生产率	100 ～ 300 m^2/h （按抹一遍计）	320 ～ 450 m^2/ 台班
外形尺寸 （长 × 宽 × 高）	105 mm×70 mm×85 mm	220 mm×98 mm×82 mm

三、地坪抹光机的操作要点

（1）抹光机使用前，应先仔细检查电器开关和导线的绝缘情况。因为施工场地水多，地面潮湿，导线最好用绳子悬挂起来，不要随着机械的移动在地面上拖拉，以防止漏电，造成触电事故。

（2）使用前应对机械部分进行检查，检查抹刀以及工作装置是否安装牢固，螺栓、螺母等是否拧紧，传动件是否灵活有效，同时还应充分进行润滑。在工作前应先试运转，待转速达到正常时再放落到工作部位。工作中发现零件有松动或声音不正常时，必须立即停机检查，以防发生机械损坏和伤人事故。

（3）机械长时间工作后，如发生电动机或传动部位过热现象，必须停机冷却后再工作。操作抹光机时，应穿胶鞋、戴绝缘手套，以防触电。每班工作结束后，要切断电源，并将抹光机放到干燥处，防止电动机受潮。

四、建筑机械操作工安全基本知识

（一）施工现场安全生产的基本特点

1. 建筑产品的多样性。

建筑结构是多样的，有混凝土结构、钢结构、木结构等；规模是多样的，从几百平方米到数百万平方米不等；建筑功能和工艺方法也同样是多样的。

建造不同的建筑产品，对人员、材料、机械设备、防护用品、施工技术等有不同的要求，而且建筑现场环境也千差万别，这些差别决定了建设过程中总会面临新的建筑安全问题。

2. 施工条件的多变性。

随着施工的推进，施工现场会从最初的地下十几米的深基坑变成耸立几百米的大楼，建设过程中的周边环境、作业条件、施工技术都在不断变化，包含着较高的风险。

3. 施工环境的危险性。

建筑施工的高耗能、施工作业的高强度、施工现场的噪声、热量、有害气体和尘土等，以及施工工作露天作业，这些都是工人经常面对的不利工作环境。严寒和高温使得工人体力和注意力下降，雨雪天气会导致工作面的湿滑，这些都容易导致事故的发生。

4. 施工人员的流动性。

建筑业属于劳动密集型行业，需要大量的人力资源。工人与施工单位间的短期雇佣关系，造成施工单位对施工作业培训严重不足，使得施工人员违章操作时有发生。

（二）工人上岗的基本安全要求

（1）新工人上岗前必须签订劳动合同，《中华人民共和国劳动法》规定：劳动合同是劳动者与用人单位确立劳动关系，明确双方权利和义务的协议。建立劳动关系应当订立劳动合同。

（2）新工人上岗前的“三级”教育记录

新进场的劳动者必须经过上岗前的“三级”安全教育，即：公司教育、项目部教育、班组教育。教育时间分别不少于15学时、15学时、20学时。有条件的企业应建立“民工安全流动学校”，加强对职工的安全教育，经统一考核、统一发证后，方可上岗。

（3）重新上岗、转岗应接受安全教育

转换工作岗位和离岗后重新上岗人员，必须重新经过“三级”安全教育后才允许上岗工作。同时各个工种（瓦工、木工、钢筋工、中小型机械操作工等）应熟悉各自的安全操作规程。

（4）特种作业是指对操作者和其他工种作业人员，以及对周围设施的安全有重大危险因素的作业。特种作业人员包括：电工、锅炉司炉工、起重工（包括各种起重司机、起重指挥和司索人员）、压力容器工、金属焊接（气割）工、安装拆卸工、场内机动车辆驾驶和建筑登高架设人员等。

（5）特种作业操作证，每两年复审一次。连续从事本工种10年以上的，经用人单位进行知识更新教育后，复审时间可延长至每四年一次。

（6）《中华人民共和国劳动法》规定：从事特种作业的劳动者，必须经过专门培训，并取得特种作业资格。

（三）进入施工现场的基本安全纪律

（1）进入施工现场必须戴好安全帽，系好帽带，并正确使用个人劳动防护用品。

（2）穿拖鞋、高跟鞋、赤脚或赤膊不准进入施工现场。

（3）未经安全教育培训合格不得上岗，非操作者严禁进入危险区域；特种作业必须持特种作业资格证上岗。

（4）凡2 m以上的高处作业无安全设施，必须系好安全带；安全带必须先挂牢后再作业。

（5）高处作业材料和工具等物件不得上抛下掷。

（6）穿硬底鞋不得进行登高作业。

（7）机械设备、机具使用，必须做到“定人、定机”制度；未经有关人员同意，非操作人员不得使用。

（8）电动机械设备，必须有漏电保护装置和可靠保护接零，方可启动使用。

（9）未经有关人员批准，不得随意拆除安全设施和安全装置；因作业需要拆除的，作业完毕后，必须立即恢复。

（10）井字架吊篮、料斗不准乘人。

（11）酒后不准上班作业。

（12）作业前应对相关的作业人员进行安全技术交底。

五、现场施工安全操作基本规定

（一）杜绝“三违”现象

员工遵章守纪，是实现安全生产的基础。员工在生产过程中，不仅要有熟练的技术，而且必须自觉遵守各项操作规程和劳动纪律，远离“三违”，即违章指挥、违章操作、违反劳动纪律。

1．违章指挥。

企业负责人和有关管理人员法治观念淡薄，缺乏安全知识，思想上存有侥幸心理，对国家、集体的财产和人民群众的生命安全不负责任。明知不符合安全生产有关条件，仍指挥作业人员冒险作业。

2．违章作业。

作业人员没有安全生产常识，不懂安全生产规章制度和操作规程，或者在知道基本安全知识的情况下，在作业过程中，违反安全生产规章制度和操作规程，不顾国家、集体的财产和他人、自己的生命安全，擅自作业，冒险蛮干。

3．违反劳动纪律。

上班时不知道劳动纪律，或者不遵守劳动纪律，违反劳动纪律进行冒险作业，造成不安全因素。

（二）牢记“三宝”和“四口、五临边”

1．“三宝”指安全帽、安全带、安全网。

安全帽、安全带、安全网是工人的三件宝，只有正确佩戴和使用，才可以保证个人安全。

2．“四口”指楼梯口、电梯井口、预留洞口、通道口。

“五临边”是指尚未安装栏杆的阳台周边、无外架防护的层面周边、框架工程楼层周边、上下跑道及斜道的两侧边、卸料平台的侧边。

“四口、五临边”是施工现场最危险和最容易发生事故的地方，因此对施工现场重要危险部位进行正确的防护，可以有效地减少事故发生，为工人作业提供一个安全的环境。

（三）做到“三不伤害”

“三不伤害”是指不伤害自己、不伤害他人、不被他人伤害。

施工现场每一个操作人员和管理人员都要增强自我保护意识，同时也要对安全生产自觉负起监督的责任，才能达到全员安全的目的。

施工时经常有上下层或者不同工种、不同队伍互相交叉作业的情况，要避免这时候发生危险。相互间协调好，上层作业时，要对作业区域围蔽，有人值守，防止人员进入作业区下方。此外落物伤人，也是工地经常发生的事故之一，进入施工现场，一定要戴好安全帽。作业过程中，观察周围，不伤害他人，也不被他人伤害，这是工地安全的基本原则。自己不违章，只能保证不伤害自己，不伤害别人。要做到不被别人伤害，就要及时制止他人违章。制止他人违章既保护了自己，也保护了他人。

（四）加强“三懂三会”能力

“三懂三会”即懂得本岗位和部门有什么火灾危险性，懂得灭火知识，懂得预防措施；会报火警，会使用灭火器材，会处理初起火灾。

（五）掌握“十项安全技术措施”

（1）按规定使用安全“三宝”。

（2）机械设备防护装置一定要齐全有效。

（3）塔吊等起重设备必须有限位保险装置，不准带病运转，不准超负荷作业，不准在运转中维修保养。

（4）架设电线线路必须符合当地电业局的规定，电气设备必须全部接零接地。

（5）电动机械和手持电动工具要设置漏电保护器。

（6）脚手架材料及脚手架的搭设必须符合规程要求。

（7）各种缆风绳及其设置必须符合规程要求。

（8）在建工程的楼梯口、电梯口、预留洞口、通道口，必须有防护设施。

（9）严禁赤脚或穿高跟鞋、拖鞋进入施工现场，高空作业不准穿硬底和带钉易滑的鞋靴。

（10）施工现场的悬崖、陡坎等危险地区应设警戒标志，夜间要设红灯示警。

（六）施工现场行走或上下的“十不准”

（1）不准从正在起吊、运吊中的物件下通过。

（2）不准从高处往下跳或奔跑作业。

（3）不准在没有防护的外墙和外壁板等建筑物上行走。

（4）不准站在小推车等不稳定的物体上操作。

（5）不得攀登起重臂、绳索、脚手架、井字架、龙门架和随同运料的吊盘及吊装物上下。

（6）不准进入挂有“禁止出入”或设有危险警示标志的区域、场所。

（7）不准在重要的运输通道或上下行走通道上逗留。

（8）未经允许不准私自进入非本单位作业区域或管理区域，尤其是存有易燃、易爆物品的场所。

（9）严禁在无照明设施、无足够采光条件的区域、场所内行走、逗留。

（10）不准无关人员进入施工现场。

（七）做到“十不盲目操作”

做到“十不盲目操作”，是防止违章和事故的基本操作要求。

（1）新工人未经三级安全教育，复工换岗人员未经安全岗位教育，不盲目操作。

（2）特殊工种人员、机械操作工未经专门安全培训，无有效安全上岗操作证，不盲目操作。

（3）施工环境和作业对象情况不清，施工前无安全措施或作业安全交底不清，不盲目操作。

（4）新技术、新工艺、新设备、新材料、新岗位无安全措施，未进行安全培训教育、交底，不盲目操作。

（5）安全帽和作业所必需的个人防护用品不落实，不盲目操作。

（6）脚手、吊篮、塔吊、井字架、龙门架、外用电梯、起重机械、电焊机、钢筋机械、木工平刨、圆盘锯、搅拌机、打桩机等设施设备和现浇混凝土模板支撑、搭设安装后，未经验收合格，不盲目操作。

（7）作业场所安全防护措施不落实，安全隐患不排除，威胁人身和国家财产安全时，不盲目操作。

（8）凡上级或管理干部违章指挥，有冒险作业情况时，不盲目操作。

（9）高处作业、带电作业、禁火区作业、易燃易爆作业、爆破性作业、有中毒或窒息危险的作业和科研实验等其他危险作业的，均应由上级指派，并经安全交底；未经指派批准、未经安全交底和无安全防护措施，不盲目操作。

（10）隐患未排除，有自己伤害自己、自己伤害他人、自己被他人伤害的不安全因素存在时，不盲目操作。

（八）“防止坠落和物体打击”的十项安全要求

（1）高处作业人员必须着装整齐，严禁穿硬塑料底等易滑鞋、高跟鞋，工具应随手放入工具袋中。

（2）高处作业人员严禁相互打闹，以免失足发生坠落事故。

（3）在进行攀登作业时，攀登用具结构必须牢固可靠，使用必须正确。

（4）各类手持机具使用前应检查，确保安全牢靠。洞口临边作业应防止物件坠落。

（5）施工人员应从规定的通道上下，不得攀爬脚手架、跨越阳台，不得在非规定通道攀登、行走。

（6）进行悬空作业时，应有牢靠的立足点并正确系挂安全带；现场应视具体情况配置防护栏网、栏杆或其他安全设施。

（7）高处作业时，所有物料应该堆放平稳，不可放置在临边或洞口附近，且不可妨碍通行。

（8）高处拆除作业时，对拆卸下的物料、建筑垃圾都要加以清理和及时运走，不得在走道上任意放置或向下丢弃，保持作业走道畅通。

（9）高处作业时，不准往下或向上乱抛材料和工具等物件。

（10）各施工作业场所内，凡有坠落可能的任何物料，都应先行撤除或加以固定，拆卸作业要在设有禁区、有人监护的条件下进行。

（九）防止机械伤害的“一禁、二必须、三定、四不准”

（1）一禁。不懂电器和机械的人员严禁使用和摆弄机电设备。

（2）二必须。

①机电设备应完好，必须有可靠有效的安全防护装置。

②机电设备停电、停工休息时必须拉闸关机，按要求上锁。

（3）三定。

①机电设备应做到定人操作，定人保养、检查。

②机电设备应做到定机管理、定期保养。

③机电设备应做到定岗位和岗位职责。

（4）四不准。

①机电设备不准带病运转。

②机电设备不准超负荷运转。

③机电设备不准在运转时维修保养。

④机电设备运行时，操作人员不准将头、手、身伸入运转的机械行程范围内。

（十）“防止车辆伤害”的十项安全要求

（1）未经劳动、公安交通部门培训合格的持证人员，不熟悉车辆性能者不得驾驶车辆。

（2）应坚持做好例保工作，车辆制动器、喇叭、转向系统、灯光等影响安全的部件如作用不良，不准出车。

（3）严禁翻斗车、自卸车的车厢乘人，严禁人货混装，车辆载货应不超载、超高、超宽，捆扎应牢固可靠，应防止车内物体失稳跌落伤人。

（4）乘坐车辆应坐在安全处，头、手、身不得露出车厢外，要避免车辆启动制动时跌倒。

（5）车辆进出施工现场，在场内掉头、倒车，在狭窄场地行驶时应有专人指挥。

（6）现场行车进场要减速，并做到“四慢”，即道路情况不明要慢，线路不良要慢，起步、会车、停车要慢，在狭路、桥梁弯路、坡路、岔道、行人拥挤地点及出入大门时要慢。

（7）临近机动车道的作业区和脚手架等设施以及道路中的路障，应加设安全色标、安全标志和防护措施，并要确保夜间有充足的照明。

（8）装卸车作业时，若车辆停在坡道上，应在车轮两侧用楔形木块加以固定。

（9）人员在场内机动车道应避免右侧行走，并做到不平排结队妨碍交通；避让车辆时，应不避让于两车交会之中，不站于旁有堆物无法退让的死角。

（10）机动车辆不得牵引无制动装置的车辆，牵引物体时物体上不得有人，人不得进入正在牵引的物与车之间，坡道上牵引时，车和被牵引物下方不得有人作业和停留。

（十一）"防止触电伤害"的十项安全操作要求

根据安全用电"装得安全、拆得彻底、用得正确、修得及时"的基本要求，为防止触电伤害的操作要求有：

（1）非电工严禁拆接电气线路、插头、插座、电气设备、电灯等。

（2）使用电气设备前必须检查线路、插头、插座、漏电保护装置是否完好。

（3）电气线路或机具发生故障时，应找电工处理，非电工不得自行修理或排除故障。

（4）使用振捣器等手持电动机械和其他电动机械从事湿作业时，要由电工接好电源，安装上漏电保护器，操作者必须穿戴好绝缘鞋、绝缘手套后再进行作业。

（5）搬迁或移动电气设备必须先切断电源。

（6）搬运钢筋、钢管及其他金属物时，严禁触碰到电线。

（7）禁止在电线上挂晒物料。

（8）禁止使用照明器烘烤、取暖，禁止擅自使用电炉和其他电加热器。

（9）在架空输电线路附近工作时，应停止输电，不能停电时，应有隔离措施，要保持安全距离，防止触碰。

（10）电线必须架空，不得在地面、施工楼面随意乱拖，若必须通过地面、楼面时，应有过路保护，物料、车、人不准压踏碾磨电线。

（十二）施工现场防火安全规定

（1）施工现场要有明显的防火宣传标志。

（2）施工现场必须设置临时消防车道。其宽度不得小于 3.5 m，并保证临时消防车道的畅通，禁止在临时消防车道上堆物、堆料或挤占临时消防车道。

（3）施工现场必须配备消防器材，做到布局合理。要害部位应配备不少于 4 具的灭火器，要有明显的防火标志，并经常检查、维护、保养，保证灭火器材灵敏有效。

（4）施工现场消火栓应布局合理，消防干管直径不小于 100 mm，消火栓处昼夜要设有明显标志，配备足够的水龙带，周围 3 m 内不准存放物品。地下消火栓必须符合防火规范。

（5）高度超过 24 m 的建筑工程，应安装临时消防竖管。管径不得小于 75 mm，每层设消火栓口，配备足够的水龙带。消防水要保证足够的水源和水压，严禁消防竖管作为施工用水管线。消防泵房应使用非燃材料建造，位置设置合理，便于操作，并设专人管理，保证消防供水。消防泵的专用配电线路应引自施工现场总断路器的上端，要保证连续不间断供电。

（6）电焊工、气焊工从事电气设备安装的电焊、气焊切割作业，要有操作证和用火证。

用火前，要对易燃、可燃物采取清除、隔离等措施，配备看火人员和灭火器具，作业后必须确认无火源隐患后方可离去。用火证当日有效。用火地点变换，要重新办理用火证手续。

（7）氧气瓶、乙炔瓶工作间距不小于 5 m，两瓶与明火作业距离不小于 10 m。建筑工程内禁止氧气瓶、乙炔瓶存放，禁止使用液化石油气“钢瓶”。

（8）施工现场使用的电气设备必须符合防火要求。临时用电必须安装过载保护装置，电闸箱内不准使用易燃、可燃材料。严禁超负荷使用电气设备。

（9）施工材料的存放、使用应符合防火要求。库房应采用非燃材料支搭，易燃易爆物品应专库储存，分类单独存放，保持通风，用电符合防火规定。不准在工程内、库房内调配油漆、烯料。

（10）工程内部不准作为仓库使用，不准存放易燃、可燃材料，因施工需要进入工程内部的可燃材料，要根据工程计划限量进入并采取可靠的防火措施。废弃材料应及时消除。

（11）施工现场使用的安全网、密目式安全网、密目式防尘网、保温材料，必须符合消防安全规定，不得使用易燃、可燃材料。

（12）施工现场严禁吸烟，不得在建筑工程内部设置宿舍。

（13）施工现场和生活区，未经有关部门批准不得使用电热器具。严禁工程中明火保温施工及宿舍内明火取暖。

（14）从事油漆粉刷或防水等有毒及易燃危险作业时，要有具体的防火要求，必要时派专人看护。

（15）生活区的设置必须符合消防管理规定。严禁使用可燃材料搭设，宿舍内不得卧床吸烟，房间内住 20 人以上必须设置不少于 2 处的安全门，居住 100 人以上，要有消防安全通道及人员疏散预案。

（16）生活区的用电要符合防火规定。食堂使用的燃料必须符合使用规定，用火点和燃料不能在同一房间内，使用时要有专人管理，停火时将总开关关闭，经常检查有无泄漏。

六、高处作业安全知识

（一）高处作业的一般施工安全规定和技术措施

按照《高处作业分级》（GB/T3608—2008）规定：凡在坠落高度基准面 2 m 以上（含 2 m）的可能坠落的高处所进行的作业，都称为高处作业。

在施工现场高处作业中，如果未防护、防护不好或作业不当都可能发生人或物的坠落。人从高处坠落的事故，称为高处坠落事故。物体从高处坠落砸着下面人的事故，称为物体打击事故。建筑施工中的高处作业主要包括临边、洞口、攀登、悬空、交叉作业等类型，这些是高处作业伤亡事故可能发生的主要地点。

高处作业时的安全措施有设置防护栏杆，孔洞加盖，安装安全防护门，满挂安全平立网，必要时设置安全防护棚等。

（1）施工前，应逐级进行安全技术教育及交底，落实所有安全技术措施和个人防护用品，未经落实时不得进行施工。

（2）高处作业中的安全标志、工具、仪表、电气设施和各种设备，必须在施工前加以检查，确认其完好，方能投入使用。

（3）悬空、攀登高处作业，以及搭设高处安全设施的人员必须按照国家有关规定，经过专门的安全作业培训，并取得特种作业操作资格证书后，方可上岗作业。

（4）从事高处作业的人员必须定期进行身体检查，诊断患有心脏病、贫血、高血压、癫痫病、恐高症及其他不适宜高处作业的疾病时，不得从事高处作业。

（5）高处作业人员应头戴安全帽，身穿紧口工作服，脚穿防滑鞋，腰系安全带。

（6）高处作业场所有坠落可能的物体，应一律先行撤除或予以固定。所用物件均应堆放平稳，不妨碍通行和装卸。工具应随手放入工具袋，拆卸下的物件及余料和废料均应及时清理运走，清理时应采用传递或系绳提溜方式，禁止抛掷。

（7）遇有六级以上强风、浓雾和大雨等恶劣天气，不得进行露天悬空与攀登高处作业。台风暴雨后，应对高处作业安全设施逐一检查，发现有松动、变形、损坏或脱落、漏雨、漏电等现象，应立即修理完善或重新设置。

（8）所有安全防护设施和安全标志等，任何人都不得损坏或擅自移动和拆除。因作业必须临时拆除或变动安全防护设施、安全标志时，必须经有关施工负责人同意，并采取相应的可靠措施，作业完毕后立即恢复。

（9）施工中发现高处作业的安全技术设施有缺陷和隐患时，必须立即报告，及时解决。危及人身安全时，必须立即停止作业。

（二）高处作业的基本安全技术措施

（1）凡是临边作业，都要在临边处设置防护栏杆，一般上杆离地面高度为 1.0 ~ 1.2 m，下杆离地面高度为 0.5 ~ 0.6 m；防护栏杆必须自上而下用安全网封闭，或在栏杆下边设置严密固定的高度不低于 18 cm 的挡脚板或 40 cm 的挡脚竹笆。

（2）对于洞口作业，可根据具体情况采取设防护栏杆、加盖板、张挂安全网与装栅门等措施。

（3）进行攀登作业时，作业人员要从规定的通道上下，不能在阳台之间等非规定通道进行攀登，也不得任意利用吊车车臂架等施工设备进行攀登。

（4）进行悬空作业时，要设有牢靠的作业立足处，并视具体情况设防护栏杆，搭设脚手架、操作平台，使用马凳，张挂安全网或其他安全措施；作业所用索具、脚手板、吊篮、吊笼、平台等设备，均需经技术鉴定方能使用。

（5）进行交叉作业时，注意不得在上下同一垂直方向上操作，下层作业的位置必须处于依上层高度确定的可能坠落范围之外。不符合以上条件时，必须设置安全防护层。

（6）结构施工自二层起，凡人员进出的通道口（包括井架、施工电梯的进出口），均应搭设安全防护棚。高度超过 24 m 时，防护棚应设双层。

（7）建筑施工进行高处作业之前，应进行安全防护设施的检查和验收。验收合格后，方可进行高处作业。

（三）高处作业安全防护用品使用常识

由于建筑行业的特殊性，高处作业中发生高处坠落、物体打击事故的比例最大。要避免伤亡事故，作业人员必须正确佩戴安全帽，调好帽箍，系好帽带；正确使用安全带，高挂低用；按规定架设安全网。

（1）安全帽。对人体头部受外力伤害（如物体打击）起防护作用的帽子。使用时要注意：

① 选用经有关部门检验合格，其上有“安鉴”标志的安全帽。

② 使用安全帽前先检查外壳是否破损，有无合格帽衬，帽带是否齐全，如果不符合要求则立即更换。

③ 调整好帽箍、帽衬（4 ~ 5 cm），系好帽带。

（2）安全带。高处作业人员预防坠落伤亡的防护用品。使用时要注意：

① 选用经有关部门检验合格的安全带，并保证在使用有效期内。

② 安全带严禁打结、续接。

③ 使用中，要可靠地挂在牢固的地方，高挂低用，且要防止摆动，避免明火和刺割。

④ 2 m 以上的悬空作业，必须使用安全带。

⑤ 在无法直接挂设安全带的地方，应设置挂安全带的安全拉绳、安全栏杆等。

（3）安全网。用来防止人、物坠落或用来避免、减轻坠落及物体打击伤害的网具。使用时要注意：

① 要选用有合格证的安全网；在使用时，必须按规定到有关部门检测、检验合格，方可使用。

② 安全网若有破损、老化，应及时更换。

③ 安全网与架体连接不宜绷得太紧，系结点要沿边分布均匀、绑牢。

④ 立网不得作为平网使用。

⑤ 立网必须选用密目式安全网。

七、脚手架作业安全技术常识

（一）脚手架的作用及常用架型

脚手架的搭设、拆除作业属悬空、攀登高处作业，其作业人员必须按照国家有关规定经过专门的安全作业培训，并取得特种作业操作资格证书后，方可上岗作业。其他无资格证书的作业人员只能做一些辅助工作，严禁悬空、登高作业。

脚手架的主要作用是在高处作业时供堆料、短距离水平运输及作业人员在上面进行施工作业。高处作业的五种基本类型的安全隐患在脚手架上作业中都会发生。

脚手架应满足以下基本要求：

（1）要有足够的牢固性和稳定性，保证施工期间在所规定的荷载和气候条件下，不产生变形、倾斜和摇晃。

（2）要有足够的使用面积，满足堆料、运输、操作和行走的要求。

（3）构造要简单，搭设、拆除和搬运要方便。

常用脚手架有扣件式钢管脚手架、门型钢管脚手架、碗扣式钢管架等。此外还有附着升降脚手架、吊篮式脚手架、挂式脚手架等。

（二）脚手架作业一般安全技术常识

（1）每项脚手架工程都要有经批准的施工方案并严格按照此方案搭设和拆除，作业前必须组织全体作业人员熟悉施工和作业要求，进行安全技术交底。班组长要带领作业人员对施工作业环境及所需工具、安全防护设施等进行检查，消除隐患后方可作业。

（2）脚手架要结合工程进度搭设，结构施工时脚手架要始终高出作业面一步架，但不宜一次搭得过高。未完成的脚手架，作业人员离开作业岗位（休息或下班）时，不得留有未固定的构件，并应保证架子稳定。脚手架要经验收签字后方可使用。分段搭设时应分段验收。在使用过程中要定期检查，较长时间停用、台风或暴雨过后使用前要进行检查加固。

（3）落地式脚手架基础必须坚实，若是回填土，必须平整夯实，并做好排水措施，以防止地基沉陷引起架子沉降、变形、倒塌。当基础不能满足要求时，可采取挑、吊、撑等技术措施，将荷载分段卸到建筑物上。

（4）设计搭设高度较小（15 m 以下）时，可采用抛撑；当设计高度较大时，采用既抗拉又抗压的连墙点（根据规范用柔性或刚性连墙点）。

（5）施工作业层的脚手板要满铺、牢固，离墙间隙不大于 15 cm，并不得出现探头板；在架子外侧四周设 1.2 m 高的防护栏杆及 18 cm 的挡脚板，且在作业层下装设安全平网；架体外排立杆内侧挂设密目式安全立网。

（6）脚手架出入口须设置规范的通道口防护棚；外侧临街或高层建筑脚手架，其外侧应设置双层安全防护棚。

（7）架子使用中，通常架上的均布荷载，不应超过规范规定。人员、材料不要太集中。

（8）在防雷保护范围之外，应按规定安装防雷保护装置。

（9）脚手架拆除时，应设警戒区和醒目标志，有专人负责警戒；架体上的材料、杂物等应消除干净；架体若有松动或危险的部位，应予以先行加固，再进行拆除。

（10）拆除顺序应遵循“自上而下，后装的构件先拆，先装的后拆，一步一清”的原则，依次进行。不得上下同时拆除作业，严禁用踏步式、分段、分立面拆除法。

（11）拆下来的杆件、脚手板、安全网等应用运输设备运至地面，严禁从高处向下抛掷。

八、施工现场临时用电安全知识

（一）现场临时用电安全基本原则

（1）建筑施工现场的电工、电焊工属于特种作业工种，必须按国家有关规定经专门安全作业培训，取得特种作业操作资格证书，方可上岗作业。其他人员不得从事电气设备及电气线路的安装、维修和拆除。

（2）建筑施工现场必须采用 TN-S 接零保护系统，即具有专用保护零线（PE 线）、电源中性点直接接地的 220/380 V 三相五线制系统。

（3）建筑施工现场必须按“三级配电二级保护”设置。

（4）施工现场的用电设备必须实行“一机、一闸、一漏、一箱”制，即每台用电设备必须有自己专用的开关箱，专用开关箱内必须设置独立的隔离开关和漏电保护器。

（5）严禁在高压线下方搭设临建、堆放材料和进行施工作业；在高压线一侧作业时，必须保持至少 6 m 的水平距离，达不到上述距离时，必须采取隔离防护措施。

（6）在宿舍工棚、仓库、办公室内，严禁使用电饭煲、电水壶、电炉、电热杯等较大功率电器。如需使用，应由项目部安排专业电工在指定地点安装，可使用较高功率电器的电气线路和控制器。严禁使用不符合安全要求的电炉、电热棒等。

（7）严禁在宿舍内乱拉、乱接电源，非专职电工不准乱接或更换熔丝，不准以其他金属丝代替熔丝（保险丝）。

（8）严禁在电线上晾衣服和挂其他东西等。

（9）搬运较长的金属物体，如钢筋、钢管等材料时，应注意不要碰触到电线。

（10）在临近输电线路的建筑物上作业时，不能随便往下扔金属类杂物；更不能触摸、拉动电线或与电线接触的钢丝和电杆的拉线。

（11）移动金属梯子和操作平台时，要观察高处输电线路与移动物体的距离，确认有足够的安全距离，再进行作业。

（12）在地面或楼面上运送材料时，不要踏在电线上；停放手推车，堆放钢模板、跳板、钢筋时，不要压在电线上。

（13）移动有电源线的机械设备，如电焊机、水泵、小型木工机械等，必须先切断电源，不能带电搬动。

（14）当发现电线坠地或设备漏电时，切不可随意跑动和触摸金属物体，并应保持 10 m 以上距离。

（二）安全电压

安全电压是为防止触电事故而采用的 50 V 以下特定电源供电的电压系列，分为 42 V、36 V、24 V、12 V 和 6 V 五个等级，根据不同的作业条件，选用不同的安全电压等级。建筑施工现场常用的安全电压有 12 V、24 V、36 V。

以下特殊场所必须采用安全电压照明供电：

（1）室内灯具离地面低于 2.4 m、手持照明灯具、一般潮湿作业场所（地下室、潮湿室内、潮湿楼梯、隧道、人防工程，以及有高温、导电灰尘等）的照明，电源电压应不大于 36 V。

（2）潮湿和易触及带电体场所的照明电源电压，应不大于 24 V。

（3）在特别潮湿的场所、锅炉或金属容器内、导电良好的地面使用手持照明灯具等，照明电源电压不得大于 12 V。

（三）电线的相色

（1）正确识别电线的相色。

电源线路可分为工作相线（火线）、专用工作零线和专用保护零线。一般情况下，工作相线（火线）带电危险，专用工作零线和专用保护零线不带电（在不正常情况下，工作零线也可以带电）。

（2）相色规定。

一般相线（火线）分为 A、B、C 三相，分别为黄色、绿色、红色；工作零线为黑色；专用保护零线为黄绿双色线。严禁用黄绿双色、黑色、蓝色线充当相线，也严禁用黄色、绿色、红色线作为工作零线和保护零线。

（四）插座的使用

要正确使用与安装插座。

（1）插座分类。

常用的插座分为单相双孔、单相三孔和三相三孔、三相四孔等。

（2）选用与安装接线。

① 三孔插座应选用“品字形”结构，不应选用等边三角形排列的结构，因为后者容易发生三孔互换，造成触电事故。

② 插座在电箱中安装时，必须首先固定安装在安装板上，接地极与箱体一起作可靠的 PE 保护。

③ 三孔或四孔插座的接地孔（较粗的一个孔），必须置于顶部位置，不可倒置，两孔插座应水平并列安装，不准垂直并列安装。

④ 插座接线要求：对于两孔插座，左孔接零线，右孔接相线；对于三孔插座，左孔接零线，右孔接相线，上孔接保护零线；对于四孔插座，上孔接保护零线，其他三孔分别接 A、B、C 三根相线。

（五）“用电示警”标志

正确识别“用电示警”标志或标牌，不得随意靠近、随意损坏和挪动标牌。进入施工现场的每个人都必须认真遵守用电管理规定，见到用电示警标志或标牌时，不得随意靠近，更不准随意损坏、挪动标牌。

（六）电气线路的安全技术措施

（1）施工现场电气线路全部采用“三相五线制”（TN–S 系统）专用保护接零（PE 线）系统供电。

（2）施工现场架空线采用绝缘铜线。

（3）架空线设在专用电杆上，严禁架设在树木、脚手架上。

（4）导线与地面保持足够的安全距离。

导线与地面最小垂直距离：施工现场应不小于 4 m；机动车道应不小于 6 m；铁路轨道应不小于 7.5 m。

（5）无法保证规定的电气安全距离时，必须采取防护措施。

如果由于在建工程位置限制而无法保证规定的电气安全距离，必须采取设置防护性遮拦、栅栏，悬挂警告标志牌等防护措施，发生高压线断线落地时，非检修人员要远离落地处 10 m 以外，以防跨步电压危害。

（6）为了防止设备外壳带电发生触电事故，设备应采用保护接零，并安装漏电保护器等措施。作业人员要经常检查保护零线连接是否牢固可靠，漏电保护器是否有效。

（7）在电箱等用电危险地方,挂设安全警示牌。如“有电危险”“禁止合闸,有人工作”等。

（七）照明用电的安全技术措施

施工现场临时照明用电的安全要求如下：

（1）临时照明线路必须使用绝缘导线。户内（工棚）临时线路的导线必须安装在离地 2 m 以上的支架上；户外临时线路必须安装在离地 2.5 m 以上的支架上，零星照明线不允许使用花线，一般应使用软电缆线。

（2）建设工程的照明灯具宜采用拉线开关。拉线开关距地面高度为 2 ～ 3 m，与出口、入口的水平距离为 0.15 ～ 0.2 m。

（3）严禁在床头设立开关和插座。

（4）电器、灯具的相线必须经过开关控制。

不得将相线直接引入灯具，也不允许以电气插头代替开关来分合电路，室外灯具距地面不得低于 3 m；室内灯具不得低于 2.4 m。

（5）使用手持照明灯具（行灯）应符合一定的要求：

①电源电压不超过 36 V。

②灯体与手柄应坚固，绝缘良好，并耐热防潮湿。

③灯头与灯体结合牢固。

④灯泡外部要有金属保护网。

⑤金属网、反光罩、悬吊挂钩应固定在灯具的绝缘部位上。

（6）照明系统中每一单相回路上，灯具和插座数量不宜超过 25 个，并应装设熔断电流为 15 A 以下的熔断保护器。

（八）配电箱与开关箱的安全技术措施

施工现场临时用电一般采用三级配电方式，即总配电箱（或配电室），下设分配电箱，再以下设开关箱，开关箱以下就是用电设备。

配电箱和开关箱的使用安全要求如下：

（1）配电箱、开关箱的箱体材料，一般应选用钢板，亦可选用绝缘板，但不宜选用木质材料。

（2）配电箱、开关箱应安装端正、牢固，不得倒置、歪斜。固定式配电箱、开关箱的下底与地面垂直距离应大于或等于 1.3 m 且小于或等于 1.5 m；移动式配电箱、开关箱的下底与地面的垂直距离应大于或等于 0.6 m 且小于或等于 1.5 m。

（3）进入开关箱的电源线，严禁用插销连接。

（4）电箱之间的距离不宜太远。配电箱与开关箱的距离不得超过 30 m。开关箱与固定式用电设备的水平距离不宜超过 3 m。

（5）每台用电设备应有各自专用的开关箱，且必须满足“一机、一闸、一漏、一箱”的要求，严禁用同一个开关电器直接控制两台及两台以上用电设备（含插座）。开关箱中必须设漏电保护器，其额定漏电动作电流应不大于 30 mA，漏电动作时间应不大于 0.1 s。

（6）所有配电箱门应配锁，不得在配电箱和开关箱内挂接或插接其他临时用电设备，开关箱内严禁放置杂物。

（7）配电箱、开关箱的接线应由电工操作，非电工人员不得乱接。

（九）配电箱和开关箱的使用要求

（1）在停电、送电时，配电箱、开关箱之间应遵守合理的操作顺序。

送电操作顺序：总配电箱→分配电箱→开关箱。

断电操作顺序：开关箱→分配电箱→总配电箱。

正常情况下，停电时首先分断自动开关，然后分断隔离开关；送电时先合隔离开关，后合自动开关。

（2）使用配电箱、开关箱时，操作者应接受岗前培训，熟悉所使用设备的电气性能和掌握有关开关的正确操作方法。

（3）及时检查、维修，熔断器的熔丝更换必须用原规格的熔丝，严禁用铜线、铁线代替。

（4）配电箱的工作环境应经常保持设置时的要求，不得在其周围堆放任何杂物，保持必要的操作空间和通道。

（5）维修机器停电作业时，要与电源负责人联系停电，要悬挂警示标志，卸下保险丝，锁上开关箱。

（十）手持电动机具的安全使用要求

（1）一般场所应选用Ⅰ类手持式电动工具，并应装设额定漏电动作电流不大于 15 mA、额定漏电动作时间小于 0.1 s 的漏电保护器。

（2）在露天、潮湿场所或金属构架上操作时，必须选用Ⅱ类手持式电动工具，并装设漏电保护器，严禁使用Ⅰ类手持式电动工具。

（3）负荷线必须采用耐用的橡皮护套铜芯软电缆。

单相用三芯（其中一芯为保护零线）电缆；三相用四芯（其中一芯为保护零线）电缆；电缆不得有破损或老化现象，中间不得有接头。

（4）手持电动工具应配备装有专用的电源开关和漏电保护器的开关箱，严禁一台开关接两台以上设备，其电源开关应采用双刀控制。

（5）手持电动工具开关箱内应采用插座连接，其插头、插座应无损坏、无裂纹，且绝缘良好。

（6）使用手持电动工具前，必须检查外壳、手柄、负荷线、插头等是否完好无损，接线是否正确（防止相线与零线错接）；发现工具外壳、手柄破裂，应立即停止使用并进行更换。

（7）非专职人员不得擅自拆卸和修理工具。

（8）作业人员使用手持电动工具时，应穿绝缘鞋，戴绝缘手套，操作时握其手柄，不得利用电缆提拉。

（9）长期搁置不用或受潮的工具在使用前应由电工测量绝缘阻值是否符合要求。

（十一）触电事故及原因分析

（1）缺乏电气安全知识，自我保护意识淡薄。

电气设施安装或接线不是由专业电工操作，而是由非专业人员安装。安装人又无基本的电气安全知识，装设不符合电气基本要求，造成意外的触电事故。发生这种触电事故的原因都是缺乏电气安全知识，无自我保护意识。

（2）违反安全操作规程。

施工现场中，有人图方便，不用插头，在电箱乱拉乱接电线。还有人在宿舍私自拉接电线照明，在床上接音响设备、电风扇，有的甚至烧水、做饭等，极易造成触电事故。也有人凭经验用手去试探电器是否带电或不采取安全措施带电作业，或带着侥幸心理，在带电体（如高压线）周围，不采取任何安全措施，违章作业，造成触电事故等。

（3）不使用“TN-S”接零保护系统。

有的工地未使用“TN-S”接零保护系统，或者未按要求连接专用保护接零线，无有效的安全保护系统。不按“三级配电二级保护”“一机、一闸、一漏、一箱”设置，造成工地用电使用混乱，易造成误操作，并且在触电时，使得安全保护系统未起可靠的安全保护效果。

（4）电气设备安装不合格。

电气设备安装必须遵守安全技术规定，否则由于安装错误，当人身接触带电部分时，就会造成触电事故。如电线高度不符合安全要求，太低，架空线乱拉、乱扯，有的还将电线拴在脚手架上，导线的接头只用老化的绝缘布包上，以及电气设备没有做保护接地、保护接零等，一旦漏电就会发生严重触电事故。

（5）电气设备缺乏正常检修和维护。

由于电气设备长期使用，易出现电气绝缘老化、导线裸露、胶盖刀闸胶木破损、插座盖子损坏等。如不及时检修，一旦漏电，将造成严重后果。

（6）偶然因素。

电力线被风刮断，导线接触地面引起跨步电压，当人走近该地区时就会发生触电事故。

九、起重吊装机械安全操作常识

（一）基本要求

塔式起重机、施工电梯、物料提升机等施工起重机械的操作（也称为司机）、指挥、司索等作业人员属特种作业，必须按国家有关规定经专门安全作业培训，取得特种作业操作资格证书，方可上岗作业。

施工起重机械（也称垂直运输设备）必须由有相应的制造（生产）许可证的企业生产，并有出厂合格证。其安装、拆除、加高及附墙施工作业，必须由有相应作业资格的队伍作业，作业人员必须按国家有关规定经专门安全作业培训，取得特种作业操作资格证书，方可上岗作业。其他非专业人员不得上岗作业。安装、拆卸、加高及附墙施工作业前，必须有经审批、审查的施工方案，并进行方案及安全技术交底。

（二）塔式起重机使用安全常识

（1）起重机“十不吊”。

① 起重臂和吊起的重物下面有人停留或行走不准吊。

② 起重指挥应由技术培训合格的专职人员担任，无指挥或信号不清不准吊。

③ 钢筋、型钢、管材等细长和多根物件必须捆扎牢靠，多点起吊。单头“千斤”或捆扎不牢靠不准吊。

④ 多孔板、积灰斗、手推翻斗车不用四点吊或大模板外挂板不用卸甲不准吊。预制钢筋混凝土楼板不准双拼吊。

⑤ 吊砌块必须使用安全可靠的砌块夹具，吊砖必须使用砖笼，并堆放整齐。木砖、预埋件等零星物件要用盛器堆放稳妥，叠放不齐不准吊。

⑥ 楼板、大梁等吊物上站人不准吊。

⑦ 埋入地下的板桩、井点管等以及粘连、附着的物件不准吊。

⑧ 多机作业，应保证所吊重物距离不小于 3 m，在同一轨道上多机作业，无安全措施不准吊。

⑨ 六级以上强风不准吊。

⑩ 斜拉重物或超过机械允许荷载不准吊。

（2）塔式起重机吊运作业区域内严禁无关人员入内，起吊物下方不准站人。

（3）司机（操作）、指挥、司索等工种应按有关要求配备，其他人员不得作业。

（4）六级以上强风不准吊运物件。

（5）作业人员必须听从指挥人员的指挥，吊物起吊前作业人员应撤离。

（6）吊物的捆绑要求。

① 吊运物件时，应清楚重量，吊运点及绑扎应牢固可靠。

② 吊运散件物时，应用铁制合格料斗，料斗上应设有专用的牢固的吊装点；料斗内装物高度不得超过料斗上口边，散粒状的轻浮易撒物盛装高度应低于上口边线 10 cm。

③ 吊运长条状物品（如钢筋、长条状木方等），所吊物件应在物品上选择两个均匀、平衡的吊点，绑扎牢固。

④ 吊运有棱角、锐边的物品时，钢丝绳绑扎处应做好防护措施。

（三）施工电梯使用安全常识

施工电梯也称外用电梯，也有称为（人、货两用）施工升降机，是施工现场垂直运输人员和材料的主要机械设备。

（1）施工电梯投入使用前，应在首层搭设出入口防护棚，防护棚应符合有关高处作业规范。

（2）电梯在大雨、大雾、六级以上大风以及导轨架、电缆等结冰时，必须停止使用，并将梯笼降到底层，切断电源。暴风雨后，应对电梯各安全装置进行一次检查，确认正常，方可使用。

（3）电梯底笼周围 2.5 m 范围，应设置防护栏杆。

（4）电梯各出料口运输平台应平整牢固，还应安装牢固可靠的栏杆和安全门，使用时安全门应保持关闭。

（5）电梯使用应有明确的联络信号，禁止用敲打、呼叫等方式联络。

（6）乘坐电梯时，应先关好安全门，再关好梯笼门，方可启动电梯。

（7）梯笼内乘人或载物时，应使载荷均匀分布，不得偏重；严禁超载运行。

（8）等候电梯时，应站在建筑物内，不得聚集在通道平台上，也不得将头手伸出栏杆和安全门外。

（9）电梯每班首次载重运行时，当梯笼升离地面 1 ~ 2 m 时，应停机试验制动器的可靠性；当发现制动效果不良时，应调整或修复后方可投入使用。

（10）操作人员应根据指挥信号操作。作业前应鸣声示意。在电梯未切断总电源开关前，操作人员不得离开操作岗位。

（11）施工电梯发生故障的处理。

①当运行中发现异常情况时，应立即停机并采取有效措施，将梯笼降到底层，排除故障后方可继续运行。

②在运行中发现电梯失控时，应立即按下急停按钮；在未排除故障前，不得打开急停按钮。

③ 在运行中发现制动器失灵时，可将梯笼开至底层维修；或者让其下滑防坠安全器制动。

④ 在运行中发现故障时，不要惊慌，电梯的安全装置将提供可靠的保护；应听从专业人员的安排，或等待修复，或听从专业人员的指挥撤离。

（12）作业后，应将梯笼降到底层，各控制开关拨到零位，切断电源，锁好开关箱，闭锁梯笼门和围护门。

（四）物料提升机使用安全常识

物料提升机有龙门架、井字架式的，也有的称为（货用）施工升降机，是施工现场物料垂直运输的主要机械设备。

（1）物料提升机用于运载物料，严禁载人上下；装卸料人员、维修人员必须在安全装置可靠或采取了可靠的措施后，方可进入吊笼内作业。

（2）物料提升机进料口必须加装安全防护门，并按高处作业规范搭设防护棚，并设安全通道，防止从棚外进入架体中。

（3）物料提升机在运行时，严禁对设备进行保养、维修，任何人不得攀登架体或从架体内穿过。

（4）运载物料的要求。

① 运送散料时，应使用料斗装载，并放置平稳；使用手推斗车装置于吊笼时，必须将手推斗车平稳并制动放置，注意车把手及车不能伸出吊笼。

② 运送长料时，物料不得超出吊笼；物料立放时，应捆绑牢固。

③ 物料装载时，应均匀分布，不得偏重，严禁超载运行。

（5）物料提升机的架体应有附墙或缆风绳，并应牢固可靠，符合说明书和规范的要求。

（6）物料提升机的架体外侧应用小网眼安全网封闭，防止物料在运行时坠落。

（7）禁止在物料提升机架体上进行焊接、切割或者钻孔等作业，防止损伤架体的任何构件。

（8）出料口平台应牢固可靠，并应安装防护栏杆和安全门。运行时安全门应保持关闭。

（9）吊笼上应有安全门，防止物料坠落；并且安全门应与安全停靠装置联锁。安全停靠装置应灵敏可靠。

（10）楼层安全防护门应有电气或机械锁装置，在安全门未可靠关闭时，禁止吊笼运行。

（11）作业人员等待吊笼时，应在建筑物内或者平台内距安全门 1 m 以外处等待。严禁将头、手伸出栏杆或安全门。

（12）进出料口应安装明确的联络信号，高架提升机还应有可视系统。

（五）起重吊装作业安全常识

起重吊装是指建筑工程中，采用相应的机械设备和设施来完成结构吊装和设施安装，属于危险作业，作业环境复杂，技术难度大。

（1）作业前应根据作业特点编制专项施工方案，并对参加作业人员进行方案和安全技术交底。

（2）作业时周边应设置警戒区域，设置醒目的警示标志，防止无关人员进入；特别危险处应设监护人员。

（3）起重吊装作业大多数作业点都必须由专业技术人员作业；属于特种作业的人员必须按国家有关规定经专门安全作业培训，取得特种作业操作资格证书，方可上岗作业。

（4）作业人员应根据现场作业条件选择安全的位置作业。在卷扬机与地滑轮穿越钢丝绳的区域，禁止人员站立和通行。

（5）吊装过程必须设有专人指挥，其他人员必须服从指挥。起重指挥不能兼作其他工种，并应确保起重司机清晰准确地听到指挥信号。

（6）作业过程必须遵守起重机“十不吊”原则。

（7）被吊物的捆绑要求，按塔式起重机被吊物捆绑作业要求。

（8）构件存放场地应该平整坚实。构件叠放用方木垫平，必须稳固，不准超高（一般不宜超过 1.6 m）。构件存放除设置垫木外，必要时要设置相应的支撑，提高其稳定性。禁止无关人员在堆放的构件中穿行，防止发生构件倒塌事故。

（9）在露天遇六级以上大风或大雨、大雪、大雾等天气时，应停止起重吊装作业。

（10）起重机作业时，起重臂和吊物下方严禁有人停留、工作或通过。重物吊运时，严禁人从上方通过。严禁用起重机载运人员。

（11）经常使用的起重工具注意事项。

① 手动倒链：操作人员应经培训合格后方可上岗作业，吊物时应挂牢后慢慢拉动倒链，不得斜向拽拉。当一人拉不动时，应查明原因，禁止多人一齐猛拉。

② 手扳葫芦：操作人员应经培训合格后方可上岗作业，使用前检查自锁夹钳装置的可靠性，当夹紧钢丝绳后，应能往复运动，否则禁止使用。

③ 千斤顶：操作人员应经培训合格后方可上岗作业，千斤顶置于平整坚实的地面上，并垫木板或钢板，防止地面沉陷。顶部与光滑物接触面应垫硬木，防止滑动。开始操作应逐渐顶升，注意防止顶歪，始终保持重物的平衡。

十、中小型施工机械安全操作常识

（一）基本安全操作要求

施工机械的使用必须按“定人、定机”制度执行。操作人员必须经培训合格，方可上岗作业，其他人员不得擅自使用。机械使用前，必须对机械设备进行检查，各部位确认完好无损，并空载试运行，符合安全技术要求，方可使用。

施工现场机械设备必须按其控制的要求，配备符合规定的控制设备，严禁使用倒顺开关。在使用机械设备时，必须严格按照安全操作规程，严禁违章作业；发现有故障、有异常响动、温度异常升高时，都必须立即停机，经过专业人员维修，并检验合格后，方可重新投入使用。

操作人员应做到“调整、紧固、润滑、清洁、防腐”十字作业的要求，按有关要求对机械设备进行保养。操作人员在作业时，不得擅自离开工作岗位。下班时，应先将机械停止运行，然后断开电源，锁好电箱，方可离开。

（二）混凝土（砂浆）搅拌机安全操作要求

（1）搅拌机的安装一定要平稳、牢固。长期固定使用时，应埋置地脚螺栓；短期使用时，应在机座上铺设木枕或撑架找平，牢固放置。

（2）料斗提升时，严禁在料斗下工作或穿行。清理料斗坑时，必须先切断电源，锁好电箱，并将料斗双保险钩挂牢或插上保险插销。

（3）运转时，严禁将头或手伸入料斗与机架之间查看，不得用工具或物件伸入搅拌筒内。

（4）运转中严禁保养维修。维修保养搅拌机，必须拉闸断电，锁好电箱，挂好“有人工作，严禁合闸”牌，并有专人监护。

（三）混凝土振动器安全操作要求

常用的混凝土振动器有插入式和平板式。

（1）振动器应安装漏电保护装置，保护接零应牢固可靠。作业时操作人员应穿戴绝缘胶鞋和绝缘手套。

（2）使用前，应检查各部位无损伤，并确认连接牢固，旋转方向正确。

（3）电缆线应满足操作所需的长度。严禁用电缆线拖拉或吊挂振动器。振动器不得在初凝的混凝土、地板、脚手架和干硬的地面上进行试振。在检修或作业间断时，应断开电源。

（4）作业时，振动棒软管的弯曲半径不得小于 500 mm，并不得多于两个弯，操作时应将振动棒垂直地沉入混凝土，不得用力硬插、斜推或让钢筋夹住棒头，也不得全部插入混凝土中，插入深度不应超过棒长的 3/4，不宜触及钢筋、芯管及预埋件。

（5）作业停止需移动振动器时，应先关闭电动机，再切断电源。不得用软管拖拉电动机。

（6）平板式振动器工作时，应使平板与混凝土保持接触，待表面出浆，不再下沉后，即可缓慢移动；运转时，不得搁置在已凝或初凝的混凝土上。

（7）移动平板式振动器应使用干燥绝缘的拉绳，不得用脚踢电动机。

（四）钢筋切断机安全操作要求

（1）机械未达到正常转速时，不得切料。切料时，应使用切刀的中、下部位，紧握钢筋对准刃口迅速投入，操作者应站在固定刀片一侧用力压住钢筋，应防止钢筋末端弹出伤人。严禁用两手在刀片两边握住钢筋俯身送料。

（2）不得剪切直径及强度超过机械铭牌规定的钢筋和烧红的钢筋。一次切断多根钢筋时，其总截面积应在规定范围内。

（3）切断短料时，手和切刀之间的距离应保持在 150 mm 以上，如手握端小于 400 mm 时，应采用套管或夹具将钢筋短头压住或夹牢。

（4）运转中严禁用手直接清除切刀附近的断头和杂物。钢筋摆动周围和切刀周围，不得停留非操作人员。

（五）钢筋弯曲机安全操作要求

（1）应按加工钢筋的直径和弯曲半径的要求，装好相应规格的心轴和成型轴、挡铁轴。心轴直径应为钢筋直径的2.5倍。挡铁轴应有轴套，挡铁轴的直径和强度不得小于被弯钢筋的直径和强度。

（2）作业时，应将钢筋需弯曲一端插入转盘固定销的间隙内，另一端紧靠机身固定销，并用手压紧；应检查机身固定销并确认安放在挡住钢筋的一侧，方可开动。

（3）作业中，严禁更换轴芯、销子和变换角度以及调整，也不得进行清扫和加油。

（4）对超过机械铭牌规定直径的钢筋严禁进行弯曲。不直的钢筋不得在弯曲机上弯曲。

（5）在弯曲钢筋的作业半径内和机身不设固定销的一侧严禁站人。

（6）转盘换向时，应待停稳后进行。

（7）作业后，应及时清除转盘及插入座孔内的铁锈、杂物等。

（六）钢筋调直切断机安全操作要求

（1）应按调直钢筋的直径，选用适当的调直块及传动速度。调直块的孔径应比钢筋直径大2 ~ 5 mm，传动速度应根据钢筋直径选用，直径大的宜选用慢速，经调试合格，方可作业。

（2）在调直块未固定、防护罩未盖好前不得送料。作业中严禁打开各部防护罩并调整间隙。

（3）当钢筋送入后，手与轮应保持一定的距离，不得接近。

（4）送料前应将不直的钢筋端头切除。导向筒前应安装一根1 m长的钢管，钢筋应穿过钢管再送入调直机前端的导孔内。

（七）钢筋冷拉安全操作要求

（1）卷扬机的位置应使操作人员能见到全部的冷拉场地，卷扬机与冷拉中线的距离不得少于5 m。

（2）冷拉场地应在两端地锚外侧设置警戒区，并应安装防护栏及醒目的警示标志。严禁非作业人员在此停留。操作人员在作业时必须离开钢筋2 m以外。

（3）卷扬机操作人员必须看到指挥人员发出的信号，并待所有的人员离开危险区后方可作业。冷拉应缓慢、均匀。当有停车信号或有人进入危险区时，应立即停拉，并稍稍放松卷扬机钢丝绳。

（4）夜间作业的照明设施，应装设在张拉危险区外。当需要装设在场地上空时，其高度应超过5 m。灯泡应加防护罩。

参考文献

[1] 陈裕成，李伟，唐文，等. 建筑机械与设备 [M]. 2 版. 北京：北京理工大学出版社，2019.

[2] 王东升. 建筑工程机械设备安全生产技术 [M]. 青岛：中国海洋大学出版社，2017.

[3] 线登洲，刘承华. 建筑施工常用机械设备管理及使用 [M]. 北京：中国建筑工业出版社，2008.

[4] 职大庆. 建筑机械与设备 [M]. 武汉：华中科技大学出版社，2008.

图书在版编目（CIP）数据

建筑机械设备操作 / 蔡林茂，贾政勇，罗尚书主编．-- 湘潭 : 湘潭大学出版社，2022.2
ISBN 978-7-5687-0765-7

Ⅰ．①建… Ⅱ．①蔡… ②贾… ③罗… Ⅲ．①建筑机械②建筑设备 Ⅳ．① TU6 ② TU8

中国版本图书馆 CIP 数据核字 (2022) 第 075129 号

建筑机械设备操作

JIANZHU JIXIE SHEBEI CAOZUO

蔡林茂 贾政勇 罗尚书 主编

责任编辑：丁立松
封面设计：中 航
出版发行：湘潭大学出版社
社　　址：湖南省湘潭大学工程训练大楼
电　　话：0731-58298960 0731-58298966（传真）
邮　　编：411105
网　　址：http://press.xtu.edu.cn/
印　　刷：长沙鸿和印务有限公司
经　　销：湖南省新华书店
开　　本：787 mm×1092 mm 1/16
印　　张：14
字　　数：335 千字
版　　次：2022 年 2 月第 1 版
印　　次：2022 年 2 月第 1 次印刷
书　　号：ISBN 978-7-5687-0765-7
定　　价：39.80 元